Aus Freude am Lesen

Der jährliche Hungertod von mehreren zehn Millionen Menschen ist der Skandal unseres Jahrhunderts. Alle fünf Sekunden verhungert ein Kind unter zehn Jahren. Und das auf einem Planeten, der grenzenlosen Überfluss produziert. Dieser Massenvernichtung von menschlichem Leben begegnet die öffentliche Meinung mit eisiger Gleichgültigkeit. Jean Ziegler verbindet seine Erfahrungen aus acht Jahren als UN-Sonderberichterstatter für das Recht auf Nahrung mit seinem unermüdlichen Kampf für eine friedliche, gerechte Welt. Er erinnert an die dramatische ungleiche Verteilung von Reichtum, an die strukturelle Gewalt unserer Weltordnung, an Milliardenzocker, die Nahrungsmittel monströs verteuern, und er zeichnet das brutale Bild des Hungers.

JEAN ZIEGLER, geboren 1934 im schweizerischen Thun, lehrte bis zu seiner 2002 erfolgten Emeritierung Soziologie an der Universität Genf und als ständiger Gastprofessor an der Sorbonne/Paris. Seine Publikationen lösten erbitterte Kontroversen aus und ihm internationales Ansehen. Ziegler gehört zu den international profiliertesten und charismatischsten Kritikern weltweiter Profitgier und ist derzeit Mitglied des UN-Menschenrechtsrates.

Jean Ziegler

Wir lassen sie verhungern

Die Massenvernichtung
in der Dritten Welt

*Aus dem Französischen übertragen
von Hainer Kober*

btb

Die Originalausgabe erschien 2011 unter dem Titel
»Destruction massive. Géopolitique de la faim«
bei Éditions du Seuil, Paris.

Verlagsgruppe Random House FSC® N001967
Das für dieses Buch verwendete FSC®-zertifizierte
Papier *Lux Cream* liefert Stora Enso, Finnland.

1. Auflage
Genehmigte Taschenbuchausgabe November 2013,
btb Verlag in der Verlagsgruppe Random House GmbH, München
Copyright © 2011 by Jean Ziegler
Copyright © der deutschsprachigen Ausgabe by C. Bertelsmann
Verlag, München, in der Verlagsgruppe Random House GmbH
Umschlaggestaltung: semper smile, München, nach einem
Entwurf von R·M·E Rosemarie Kreuzer und Carla Nagel
Druck und Einband: CPI – Clausen & Bosse, Leck
LW · Herstellung: sc
Printed in Germany
ISBN 978-3-442-74717-7

www.btb-verlag.de
www.facebook.com/btbverlag
Besuchen Sie auch unseren LiteraturBlog www.transatlantik.de

Gewidmet ist dieses Buch dem Andenken von

Facundo Cabral, ermordet in Guatemala-Stadt
Michel Riquet, S. J.
Didar Fawzy Rossano
Sebastiâo Hoyos
Isabelle Vichniac
Chico Mendes, ermordet in Xapuri, Brasilien
Edmond Kaiser
Resfel Pino Alvarez
Juliano Mer Khamis,
ermordet in Jenin, Palästina

»Und wer von uns verhungert ist,
der fiel in einer Schlacht.
Und wer von uns gestorben ist,
der wurde umgebracht.«

Bertolt Brecht

INHALT

Die Kinder von Saga 11

ERSTER TEIL
DAS MASSAKER 23

1. Geographie des Hungers 25
2. Der unsichtbare Hunger 49
3. Dauerkrisen 54
    Nachtrag 1: Das Getto von Gaza 64
    Nachtrag 2: Die Hungerflüchtlinge aus Nordkorea 68
4. Der Weg zum Himmel 71
5. Gott ist kein Bauer 75
6. »In der Schweiz hungert doch niemand« 81
7. Die Noma-Tragödie 85

ZWEITER TEIL
DAS ERWACHEN DES BEWUSSTSEINS 95

1. Der Hunger als Schicksal
    Malthus und die natürliche Auslese 97
2. Josué de Castro, Epoche eins 103
3. Hitlers »Hungerplan« 117
4. Ein Licht in der Nacht: die Vereinten Nationen 126
5. Josué de Castro, Epoche zwei: Ein sehr lästiger Sarg 131

DRITTER TEIL
DAS RECHT AUF NAHRUNG
UND SEINE FEINDE 137

1. Die Kreuzritter des Neoliberalismus 139
2. Die apokalyptischen Reiter 157
3. Wenn der Freihandel tötet 167
4. Savonarola am Ufer des Genfer Sees 172

VIERTER TEIL
DER RUIN DES WFP
UND DIE OHNMACHT DER FAO 179

1. Das Entsetzen eines Milliardärs 181
2. Der große Sieg des Raubgesindels 192
3. Die neue Selektion 199
4. Jalil Jilani und ihre Kinder 202
5. Dioufs Niederlage 208
   Nachtrag: Der Mord an den irakischen Kindern 214

FÜNFTER TEIL
DIE GEIER DES »GRÜNEN GOLDES« 223

1. Die Lüge 225
2. Die Obsession des Barack Obama 230
3. Der Fluch des Zuckerrohrs 233
   Nachtrag: Die Hölle von Gujarat 242
4. Rekolonisierung 244

SECHSTER TEIL
DIE SPEKULANTEN 255

1. Die »Tigerhaie« 257
2. Genf, Welthauptstadt der »Tigerhaie« 276

3. Raub des Bodens, Widerstand der Verdammten 281

4. Die westlichen Staaten als Komplizen 295

Die Hoffnung 299

Danksagung 309

Personenregister 311

Sachregister 314

Die Kinder von Saga

Ich erinnere mich an einen klaren Tagesanbruch während der Trockenzeit in dem kleinen Dorf Saga, etwa 100 Kilometer südlich von Niamey, im Niger. Die ganze Region ist notleidend. Dabei wirken mehrere Faktoren zusammen: eine Hitze, wie es sie seit Menschengedenken nicht gegeben hat, bis zu 47,5 Grad im Schatten, eine seit zwei Jahren herrschende Dürre, eine schlechte Hirseernte, zur Neige gehende Futtervorräte für das Vieh, eine Überbrückungszeit[1] von mehr als vier Monaten und sogar eine Heuschreckenplage. Die Mauern der Hütten aus Banco[2], die Strohdächer, die Böden sind glühend heiß. Die Kinder werden von der Malaria, von Fieberanfällen und Schüttelfrost gepeinigt. Menschen und Tiere leiden unter Hunger und Durst.

Ich warte vor dem Ambulatorium der Schwestern der Mutter Teresa. Den Termin hat der Vertreter des UN-Welternährungsprogramms (WFP) in Niamey verabredet.

Drei weiße Gebäude mit Wellblechdächern. Ein Hof mit einem riesigen Affenbrotbaum in der Mitte. Eine Kapelle, Lagerschuppen und rund herum eine Betonmauer mit einem Eisentor.

Ich warte vor dem Tor, inmitten der Menge, von Müttern umgeben.

Der Himmel ist rot. Die große, purpurfarbene Sonnenscheibe schiebt sich langsam über den Horizont.

---

1 Als Überbrückungszeit bezeichnet man die Periode, die zwischen dem Aufbrauchen der letzten Ernte und der neuen Ernte liegt – ein Zeitraum, in dem die Bauern Lebensmittel auf dem Markt kaufen müssen.
2 Ziegelsteine aus einer Mischung von Lehm, sandigem Laterit und Kuhfladen.

Vor dem grauen Eisentor drängen sich die Frauen, Angst ist ihnen ins Gesicht geschrieben. Einige mit hektischen Bewegungen, andere dagegen mit leeren Augen und unendlicher Mutlosigkeit. Alle halten sie ein Kind im Arm, manchmal zwei, mit Lumpen bedeckt. Diese Stoffbündel heben sich im Rhythmus des Atmens. Viele Frauen sind die ganze Nacht gegangen, manche sogar mehrere Tage. Sie kommen aus Dörfern, über die die Heuschrecken hergefallen sind, 30 bis 50 Kilometer entfernt. Offensichtlich sind sie erschöpft. Vor dem hartnäckig verschlossenen Tor können sie sich kaum aufrecht halten. Die kleinen, zum Skelett abgemagerten Geschöpfe, die sie in ihren Armen halten, scheinen ihnen eine unverhältnismäßige Last zu sein. Fliegen umschwirren die Lumpen. Trotz der frühen Stunde ist die Hitze drückend. Ein Hund läuft vorbei und wirbelt eine Staubwolke auf. Schweißgeruch hängt in der Luft.

Dutzende Frauen haben eine oder mehrere Nächte in Löchern verbracht, die sie mit bloßen Händen in den harten Savannenboden gegraben haben. Am Vortag oder am Tag davor zurückgewiesen, versuchen sie an diesem Morgen ihr Glück mit unendlicher Geduld von neuem.

Endlich höre ich Schritte im Hof. Ein Schlüssel dreht sich im Schloss.

Eine Schwester europäischer Herkunft mit schönen, ernsten Augen erscheint und öffnet das Tor einen Spalt weit. Die Menschentraube gerät in Bewegung, vibriert, drängt nach vorn, klebt am Tor.

Die Schwester nimmt einen Stofffetzen hoch, dann noch einen und noch einen. Mit einem raschen Blick versucht sie, die Kinder herauszufinden, die noch eine Überlebenschance haben.

Leise, in perfektem Hausa, spricht sie zu den verängstigten Müttern. Schließlich werden etwa fünfzehn Kinder und ihre Mütter hereingelassen. Die deutsche Ordensschwester hat Tränen in den Augen. Die etwa hundert Frauen, die an diesem Tag abgewiesen werden, bleiben stumm, würdevoll, aber völlig verzweifelt zurück.

In der Stille bildet sich eine Kolonne. Diese Mütter geben den Kampf auf. Sie gehen wieder in die Savanne. Sie kehren in ihr Dorf zurück, in dem es noch immer keine Nahrung gibt.

Eine kleine Gruppe beschließt, sich nicht von der Stelle zu rühren, in diesen mit ein paar Zweigen oder einem Stück Plastik gegen die Sonne geschützten Löchern auszuharren.

Die nächste Morgendämmerung wird kommen. Ein neuer Tag wird beginnen. Das Tor wird sich wieder einen Spalt und einen Augenblick lang öffnen. Und sie werden abermals ihr Glück versuchen.

Bei den Schwestern der Mutter Teresa in Saga braucht ein Kind, das unter schwerer Unter- und Mangelernährung leidet, höchstens zwölf Tage für seine Genesung. Auf einer Matte liegend, wird es in regelmäßigen Abständen intravenös mit einer Nährlösung versorgt. Unermüdlich verjagt seine fürsorgliche Mutter, im Schneidersitz an seiner Seite, die großen glänzenden Fliegen, die in den Baracken umherschwirren.

Die Schwestern sind freundlich, sanft und rücksichtsvoll. Sie tragen einen Sari und das weiße, mit drei blauen Streifen geschmückte Kopftuch, das durch Mutter Teresa, die in Kalkutta wirkende Gründerin des Ordens der Missionarinnen der Nächstenliebe, bekannt wurde.

Das Alter der Kinder liegt zwischen sechs Monaten und zehn Jahren. Die meisten sind zu Skeletten abgemagert. Unter der Haut zeichnen sich die Knochen ab, und bei einigen sieht man das rötlichbräunliche Haar und den aufgeblähten Bauch des Kwashiorkor – neben Noma eine der schlimmsten durch Unterernährung hervorgerufenen Krankheiten.

Einige haben die Kraft zu lächeln. Andere liegen zusammengekrümmt und stoßen ein leises, kaum hörbares Röcheln aus.

Über jedem hängt ein Plastikbeutel mit der Infusionslösung, die tropfenweise über einen dünnen Schlauch zur Kanüle in dem kleinen Arm gelangt.

Auf den Matten der drei Baracken sind rund sechzig Kinder in Dauerbehandlung.

»Sie werden fast alle gesund«, informiert mich voller Stolz eine junge Schwester aus Sri Lanka, die die Kinder auf der in der Mitte der Hauptbaracke hängenden Waage täglich wiegt.

Sie bemerkt meinen ungläubigen Blick.

Auf der anderen Seite des Hofs, am Fuß der kleinen weißen Kapelle, sind zahlreiche Gräber zu sehen.

Trotzdem beharrt sie: »In diesem Monat haben wir nur zwölf verloren, im letzten Monat acht.«

Als ich später im Süden durch Maradi komme, wo die Ärzte ohne Grenzen (MSF) gegen die Geißel der schweren Unter- und Mangelernährung im Kindesalter kämpfen, erfahre ich, dass die Sterblichkeitsziffer bei den Schwestern von Saga im Vergleich zum Landesdurchschnitt tatsächlich sehr niedrig ist.

Die Ordensschwestern arbeiten Tag und Nacht. Es ist deutlich zu erkennen, dass sich einige am Rande vollkommener Erschöpfung befinden.

Sie kennen keine Hierarchie. Jede geht ihrer Aufgabe nach. Keine übt irgendeine Befehlsgewalt aus. Es gibt weder Äbtissin noch Priorin.

Drückende Schwüle herrscht in der Baracke. Das Stromaggregat und die wenigen Ventilatoren, die es betreibt, sind ausgefallen.

Ich gehe in den Hof hinaus. Die Luft flirrt vor Hitze.

Aus der Küche unter freiem Himmel weht der Geruch des Hirsebreis herüber, den eine junge Schwester für das Mittagessen bereitet. Die Mütter der Kinder und die Schwestern sitzen auf den Matten der Mittelbaracke und essen gemeinsam.

Mich blendet das weiße Licht des Sahelmittags.

Unter dem Affenbrotbaum steht eine Bank. Erschöpft sitzt dort die deutsche Schwester, die ich am Morgen gesehen habe. Sie spricht in ihrer Muttersprache mit mir. Die anderen Schwestern sollen sie nicht verstehen. Sie befürchtet, sie zu entmutigen.

»Haben Sie gesehen?« fragt sie mich mit müder Stimme

»Habe ich.«

Sie schweigt, die Arme um ihre Knie geschlungen. Ich frage:

»Ich habe in jeder Baracke leere Matten gesehen … warum haben Sie heute Morgen nicht mehr Mütter und Kinder hereingelassen?«

»Die Infusionsbeutel sind teuer«, sagt sie. »Niamey ist weit. Und dann die schlechten Straßen. Die Lastwagenfahrer verlangen horrende Transportgebühren … Unsere Mittel sind begrenzt.«

Der jährliche Hungertod von mehreren zehn Millionen Männern, Frauen und Kindern ist der Skandal unseres Jahrhunderts.

Alle fünf Sekunden verhungert ein Kind unter zehn Jahren. Und das auf einem Planeten, der grenzenlosen Überfluss produziert…

In ihrem augenblicklichen Zustand könnte die Weltlandwirtschaft problemlos zwölf Milliarden Menschen ernähren, was gegenwärtig fast der doppelten Weltbevölkerung entspräche.

Insofern ist die Situation alles andere als unabwendbar.

Ein Kind, das am Hunger stirbt, wird ermordet.

Dieser Massenvernichtung begegnet die öffentliche Meinung des Westens mit eisiger Gleichgültigkeit. Allenfalls reagiert sie mit zerstreuter Aufmerksamkeit, wenn die Katastrophen besonders »sichtbar« werden – wie die Hungersnot, die seit dem Sommer 2011 für mehr als zwölf Millionen Menschen in fünf Ländern am Horn von Afrika eine tödliche Bedrohung darstellt.

Gestützt auf zahlreiche Statistiken, Diagramme, Berichte, Resolutionen und andere sorgfältige Studien der Vereinten Nationen, der UN-Sonderorganisationen, anderer Forschungsinstitute, aber auch etlicher Nichtregierungsorganisationen (NGOs), widme ich mich im ersten Teil des Buchs der Aufgabe, die Katastrophe zu beschreiben, das Ausmaß der Massenvernichtung zu bestimmen.

Fast ein Drittel der 56 Millionen zivilen und militärischen Toten während des Zweiten Weltkriegs gehen auf das Konto des Hungers und seiner unmittelbaren Folgen.

1942/43 ist fast die Hälfte der weißrussischen Bevölkerung an der von den Nazis organisierten Hungersnot zugrunde gegangen.[1] In ganz Europa starben Millionen Kinder, Männer und Frauen an Unterernährung, Tuberkulose und Anämie. In den Kirchen von Amsterdam, Rotterdam, Den Haag stapelten sich im Winter 1944/45 die Särge der Hungertoten.[2] In Polen und Norwegen aßen die Menschen Ratten und Baumrinde,[3] um zu überleben. Viele starben.

---

1 Timothy Snyder, *Bloodland, New York*, Basic Books, 2010.
2 Max Nord, *Amsterdam timjens den Hongerwinter*, Amsterdam, 1947.
3 Else Margrete Roed, »The food situation in Norway«, *Journal of American Dietetic Association*, New York, Dezember 1943.

Wie die biblische Heuschreckenplage sind die Nazi-Plünderer über die besetzten Länder hergefallen und haben Lebensmittelvorräte, Ernten, Vieh beschlagnahmt.

Für die KZ-Häftlinge hatte Adolf Hitler, noch bevor er mit der systematischen Vernichtung der Juden und Zigeuner begann, einen *Hungerplan* entwickelt, der den Zweck hatte, durch vorsätzlichen und andauernden Nahrungsentzug eine möglichst große Zahl von Häftlingen zu vernichten.

Doch die kollektive Leidenserfahrung der hungernden europäischen Völker hatte in der unmittelbaren Nachkriegszeit auch positive Folgen. Plötzlich erlebten bedeutende Forscher – geduldige Propheten, auf die zuvor niemand oder fast niemand gehört hatte –, dass ihre Bücher zu Hunderttausenden verkauft und in viele Sprachen übersetzt wurden.

Einer der bekanntesten Vertreter dieser Bewegung ist Josué Apolônio de Castro, ein Arzt europäisch-indianischer Herkunft aus dem verarmten Nordosten Brasiliens, dessen Buch *Geopolitik des Hungers* aus dem Jahr 1951 (deutsch 1973) in der ganzen Welt gelesen wurde. Später haben auch andere – Angehörige einer jüngeren Generation und verschiedener Nationen – das Kollektivbewusstsein des Westens nachhaltig beeinflusst: Tibor Mende, René Dumont, Abbé Pierre und andere.

Die im Juni 1945 geschaffene Organisation der Vereinten Nationen (UNO) gründete schon bald die *Food and Agricultural Organization* (FAO, Ernährungs- und Landwirtschaftsorganisation der Vereinten Nationen) und, etwas später, das World Food Programme (WFP, Welternährungsprogramm).

1946 begann die UNO ihren ersten weltweiten Feldzug gegen den Hunger.

Am 10. Dezember 1948 verabschiedete die Generalversammlung der Vereinten Nationen im Pariser Palais de Chaillot die Allgemeine Erklärung der Menschenrechte, die in Artikel 25 das Recht auf Nahrung feststellt.

Im zweiten Teil des vorliegenden Buchs geht es um die Bedeutung dieses bemerkenswerten Augenblicks – das Erwachen des westlichen Gewissens.

Doch leider war es nur ein sehr kurzer Augenblick. Innerhalb des Systems der Vereinten Nationen, aber auch innerhalb zahlreicher Mitgliedstaaten gab es (und gibt es) mächtige Feinde des Rechts auf Nahrung.

Der dritte Teil des Buchs entlarvt sie.

Ohne ausreichende Mittel für den Kampf gegen den Hunger fristen FAO und WFP unter schwierigsten Bedingungen ihr Dasein. Während es dem WPF heute mehr schlecht als recht gelingt, einen Teil der Nahrungshilfe zu leisten, deren die notleidenden Bevölkerungen dringend bedürfen, ist die FAO beinahe am Ende. Der vierte Teil des Buchs legt die Gründe für diesen Niedergang dar.

Seit kurzem werden die hungernden Völker der südlichen Hemisphäre von neuen Geißeln heimgesucht: Landraub durch Biotreibstoff-Trusts und Börsenspekulationen auf Grundnahrungsmittel.

Die erdumspannende Macht der transkontinentalen Agrokonzerne und der Hedgefonds – der Fonds, die auf Nahrungsmittelpreise spekulieren – übersteigt die der Nationalstaaten und aller zwischenstaatlichen Organisationen. In den Führungsetagen dieser Unternehmen wird über Leben und Tod der Bewohner unseres Planeten entschieden.

Der fünfte und sechste Teil des Buchs widmet sich der Frage, warum und wie es kommt, dass sich heute die Profitwut, die Geldgier, die grenzenlose Habsucht der räuberischen Oligarchien des globalisierten Finanzkapitals in der öffentlichen Meinung und den Bewertungen der Regierungen gegen alle anderen Erwägungen durchsetzen und damit die weltweite Mobilisierung des Widerstands behindern.

Ich war der erste UN-Sonderberichterstatter für das Recht auf Nahrung. Mit Hilfe meiner Mitarbeiter und Mitarbeiterinnen, junger Männer und Frauen von außergewöhnlicher Kompetenz und Hingabe, habe ich dieses Mandat acht Jahre lang wahrgenommen. Ohne diese jungen Akademiker wäre das nicht möglich gewesen.[1] Das vor-

---

1 Unter anderen Sally-Anne Way, Claire Mahon, Ioana Cismas und Christophe Golay. Unsere Website: www.rightfood.org. Vgl. auch Jean Ziegler, Christophe Golay, Claire Mahon, Sally-Anne Way, *The Fight for the Right to Food. Lessons Learned*, London, Éditions Polgrave, Mac Millan, 2011.

liegende Buch lebt von diesen acht Jahren gemeinsamer Erfahrungen und Kämpfe.

Häufig beziehe ich mich auf Dienstreisen in die Hungergebiete der Welt – Indien, Niger, Bangladesch, Mongolei, Guatemala und so fort. Unsere Berichte von damals zeigen mit aller Deutlichkeit, welche Verheerungen der Hunger unter den Bevölkerungen dieser besonders betroffenen Gebiete anrichtet. Sie enthüllen auch, wer für diese Massenvernichtung verantwortlich ist.

Aber man hat uns das Leben nicht immer leicht gemacht.

Mary Robinson ist ehemalige Staatspräsidentin der Republik Irland und ehemalige Hochkommissarin für Menschenrechte der Vereinten Nationen. Dieser eleganten und hochintelligenten Frau mit den schönen grünen Augen können nur wenige UN-Bürokraten den ihr eigenen, grimmigen Humor verzeihen.

2009 haben im Genfer Palais de Nations, dem Hauptsitz der Vereinten Nationen in Europa, 9923 internationale Konferenzen, Expertentreffen, Sitzungen multilateraler Verhandlungen stattgefunden.[1] 2010 und 2011 war die Zahl noch größer. Bei vielen dieser Zusammenkünfte ging es um die Menschenrechte, vor allem um das Recht auf Nahrung.

Während ihres Mandats hatte Mary Robinson für die meisten dieser Zusammenkünfte wenig übrig. Allzu häufig, meinte sie, ähnelten sie dem *Choral Singing*. Der Begriff ist fast unübersetzbar: Er bezeichnet den alten irischen Brauch dörflicher Chöre, die am Ersten Weihnachtstag von Haus zu Haus ziehen und die immer gleichen eintönigen und naiven Liedchen singen.

Es gibt nämlich Hunderte von Bestimmungen des internationalen Rechts, von zwischenstaatlichen Institutionen, Nichtregierungsorganisationen, deren Daseinszweck die Eindämmung von Hunger und Mangelernährung ist.

Tatsächlich betätigen sich auf allen Kontinenten Tausende von Diplomaten das ganze Jahr hindurch als *Choral Singer* in Sachen Menschenrechte, ohne dass sich jemals das Geringste im Leben der Opfer verändert. Warum ist das so?

---

1 Blaise Lempen, *Laboratoire du XXIe siècle*, Genf, Éditions Georg, 2010.

Ich vermag nicht zu sagen, wie oft ich in Diskussionen im Anschluss an meine Vorträge in Frankreich, Deutschland, Italien, Spanien Einwände hörte wie etwa: »Würden die Afrikaner nicht so hemmungslos Kinder in die Welt setzen, hätten sie auch weniger Hunger!«

Die Ideen von Thomas Malthus sterben eben nicht aus.

Und was ist von den Verantwortlichen zu halten? Den Herren der Nahrungsmittelkonzerne, den gewichtigen Führern der Welthandelsorganisation (WTO), des Internationalen Währungsfonds (IWF), den westlichen Diplomaten, den Spekulationshaien und den Geiern des »grünen Goldes«, die behaupten, der Hunger sei ein natürliches Phänomen, das nur von einem total liberalisierten und privatisierten Weltmarkt besiegt werden könne? Der schaffe zwangsläufig Reichtümer, in deren Genuss dann ganz von alleine auch die vielen Millionen Hungernden kämen ...

In Shakespeares gleichnamigem Stück äußert König Lear eine pessimistische Weltsicht. Zum Grafen von Gloucester sagt er, sich auf den elenden Zustand der Welt (*wretched world*) beziehend: »Kann man doch sehn, wie es in der Welt hergeht ohne Augen« (*a man may see how this world goes with no eyes*).[1] König Lear irrt. Alles Bewusstsein ist vermittelt. Die Welt ist nicht »selbstevident«, sie gibt dem Auge nicht unmittelbar preis, wie sie wirklich ist – selbst dem gesunden Auge nicht.

Die Ideologien verschleiern die Wirklichkeit. Und das Verbrechen breitet sich im Schutz dieser Tarnung aus.

Die deutschen Marxisten der Frankfurter Schule – Max Horkheimer, Theodor W. Adorno, Herbert Marcuse, Walter Benjamin –, aber auch Ernst Bloch haben viel nachgedacht über die vermittelte Wahrnehmung der Wirklichkeit durch den Einzelnen und die Prozesse, kraft derer das subjektive Bewusstsein durch die Doxa eines sich immer aggressiver und autoritärer gebärdenden Kapitalismus entfremdet wird. Sie haben beschrieben, wie sich die herrschende kapitalistische Ideologie auswirkt, das heißt, wie sie den Menschen von Kindheit an dazu bringt, sein Leben freiwillig ihm weit entrückten Zwecken – insbesondere der Warenproduktion – unterzuordnen,

---

1 König Lear, 4. Aufzug, 6. Szene.

und ihm auf diese Weise die Möglichkeit persönlicher Autonomie nimmt, durch die sich Freiheit manifestiert.

Einige dieser Philosophen sprechen von einer »doppelten Geschichte«: auf der einen Seite die sichtbare, alltägliche Ereignisgeschichte und auf der anderen die unsichtbare Geschichte des Bewusstseins. Wie sie zeigen, wird das Bewusstsein von der Hoffnung auf die Geschichte, den Geist der Utopie, den aktiven Glauben an die Freiheit beeinflusst. Diese Hoffnung besitzt eine weltlich-eschatologische Dimension. Sie speist eine Untergrundgeschichte, die der real existierenden Gerechtigkeit eine einklagbare Gerechtigkeit entgegensetzt.

Horkheimer schreibt, »dass nicht nur der unvermittelte Zwang diese Ordnung jeweils aufrechterhalten hat, sondern dass die Menschen selbst sie bejahen lernten.«[1] Um die Wirklichkeit zu verändern, die Freiheit im Menschen zu befreien, müssen wir wieder an dieses »antizipierende Bewusstsein« anknüpfen,[2] diese historische Kraft, die Utopie heißt, Revolution.

Das eschatologische Bewusstsein macht Fortschritte. Vor allem in den weltbeherrschenden Gesellschaften des Westens werden immer mehr Frauen und Männer zu Aufständischen, die gegen die neoliberale Doxa von der Unausweichlichkeit des Massensterbens kämpfen. Dabei zeigt sich eines immer deutlicher: Der Hunger ist das Werk von Menschen und kann von Menschen besiegt werden.

Bleibt die Frage: Wie erschlagen wir das Ungeheuer?

Vorsätzlich totgeschwiegen von der öffentlichen Meinung des Westens, erwachen in der ländlichen Bevölkerung der südlichen Hemisphäre vor aller Augen revolutionäre Kräfte. Transnationale Bauerngewerkschaften, Zusammenschlüsse von Landwirten und Viehzüchtern, kämpfen gegen die Geier des »grünen Goldes« und die Spekulanten, die ihnen ihr Land stehlen wollen. Zugleich verweigern immer mehr Menschen im Herzen der Herrschaftsgesellschaf-

---

1 Max Horkheimer, *Traditionelle und kritische Theorie*, Frankfurt am Main, S. Fischer 1992, S. 145.
2 Diesem widmet sich Ernst Bloch im zweiten Teil seines Buches *Das Prinzip Hoffnung*.

ten den neoliberalen Wahnideen ihre Gefolgschaft und stellen sich der kannibalischen Weltordnung entgegen.

Im Epilog komme ich zurück auf diese Kämpfe und die Hoffnung, die sie nähren. Und auf unsere Pflicht, sie zu unterstützen.

ERSTER TEIL

Das Massaker

1

Geographie des Hungers

Das Recht auf Nahrung, wie es sich aus Artikel 11 des Internationalen Pakts über wirtschaftliche, soziale und kulturelle Rechte[1] ergibt, ist folgendermaßen definiert:

»Das Recht auf Nahrung ist das Recht, unmittelbar oder durch finanzielle Mittel einen regelmäßigen, dauerhaften und freien Zugang zu einer qualitativ und quantitativ ausreichenden Nahrung zu haben, die den kulturellen Traditionen des Volkes entspricht, dem der Verbraucher angehört, und die ein physisches und psychisches, individuelles und kollektives, befriedigendes und menschenwürdiges Leben ermöglicht, das frei ist von Angst.«

Von allen Menschenrechten ist das Recht auf Nahrung dasjenige, welches auf unserem Planeten sicherlich am häufigsten, am zynischsten und am brutalsten verletzt wird.

Der Hunger ist ein organisiertes Verbrechen.

In der Bibel steht zu lesen: »Der Arme hat nichts denn ein wenig Brot; wer ihn darum bringt, der ist ein Mörder. Wer einem seine Nahrung nimmt, der tötet seinen Nächsten. Wer dem Arbeiter seinen Lohn nicht gibt, der ist ein Bluthund.«[2]

Nach Schätzung der Ernährungs- und Landwirtschaftsorganisation der Vereinten Nationen (FAO / Food and Agriculture Organization) belief sich die Zahl der permanent schwerst unterernährten

---

1 Am 16. Dezember 1966 von der Generalversammlung der Vereinten Nationen verabschiedet.

2 *Die Bibel nach der deutschen Übersetzung D. Martin Luthers*, Das Buch Jesus Sirach, 34, 25-27.

Menschen 2010 auf 925 Millionen, gegenüber 1023 Millionen im Jahr 2009. Fast eine Milliarde der 7 Milliarden Menschen, die den Planeten bevölkern, leidet also dauerhaft Hunger.

Der Hunger ist ein recht einfaches Phänomen.

Nahrung (oder Lebensmittel), egal, ob pflanzlichen oder tierischen (manchmal auch mineralischen) Ursprungs, wird von Lebewesen zu energetischen oder nutritionellen Zwecken verzehrt. Flüssige Elemente (darunter auch Wasser mineralischen Ursprungs), mit anderen Worten, Getränke (im Fall von Suppen, Soßen etc. zur Nahrung gezählt), werden aus dem gleichen Grund aufgenommen. Aus einer Vielzahl dieser Elemente besteht das, was wir Nahrung nennen.

Nahrung liefert die Lebensenergie des Menschen. Die Einheit, in der diese Energie gemessen wird, ist die Kilokalorie. Mit ihr lässt sich die für die Wiederherstellung des Körpers erforderliche Energiemenge messen. Eine unzulängliche Energiezufuhr, ein Kalorienmangel, bewirkt erst Hunger und dann den Tod.

Der Kalorienbedarf verändert sich mit dem Alter: 700 Kilokalorien pro Tag für einen Säugling, 1000 für ein Kleinkind zwischen ein und zwei Jahren, 1600 für ein Kind von fünf Jahren. Die Bedürfnisse des Erwachsenen betragen je nach dem Klima, in dem er lebt, und der Schwere der Arbeit, die er verrichtet, zwischen 2000 und 2700 Kilokalorien am Tag.

Für Erwachsene hat die Weltgesundheitsorganisation (WHO) ein Existenzminimum von 2200 Kilokalorien festgesetzt. Darunter kann der Erwachsene seine Lebenskraft nicht mehr ausreichend wiederherstellen.

Der Hungertod ist qualvoll. Der Todeskampf ist lang und verursacht unerträgliche Schmerzen. Er führt zu einer langsamen Zerstörung des Körpers, aber auch der Psyche. Angst, Verzweiflung und ein panisches Gefühl der Einsamkeit und Verlassenheit begleiten den körperlichen Verfall.

Schwere, permanente Unterernährung bewirkt heftiges und schmerzhaftes körperliches Leiden. Der Betroffene wird antriebslos und büßt nach und nach seine geistigen und motorischen Fähigkeiten ein. Soziale Ausgrenzung, Verlust der wirtschaftlichen Selbständigkeit und, natürlich, Dauerarbeitslosigkeit infolge der Unfähigkeit, einer regelmäßigen Arbeit nachzugehen, sind die Folgen. Am Ende wartet unvermeidlich der Tod.

Der Todeskampf des Hungernden weist fünf Stadien auf.

Von seltenen Ausnahmen abgesehen, kann ein Mensch normalerweise drei Minuten leben, ohne zu atmen, drei Tage, ohne zu trinken, drei Wochen, ohne zu essen. Mehr nicht. Dann beginnt der körperliche Verfall.

Bei unterernährten Kindern kündigt sich der Todeskampf sehr viel früher an. Zunächst verbraucht der Körper seine Reserven an Zucker und dann an Fett. Die Kinder werden lethargisch. Sie verlieren rapide an Gewicht. Das Immunsystem bricht zusammen. Durchfälle beschleunigen die Auszehrung. Mundparasiten und Infektionen der Atemwege verursachen schreckliche Schmerzen. Dann beginnt der Raubbau an den Muskeln. Die Kinder können sich nicht mehr auf den Beinen halten. Wie kleine Tiere rollen sie sich im Staub zusammen. Ihre Arme baumeln kraftlos am Körper. Ihre Gesichter gleichen Greisen. Dann folgt der Tod.

Beim Menschen bilden sich die Gehirnzellen bis zum fünften Lebensjahr. Erhält das Kind während dieser Zeit keine angemessene, ausreichende und regelmäßige Nahrung, bleibt es sein Leben lang ein Krüppel.

Muss hingegen ein Erwachsener über einen längeren Zeitraum auf Nahrung verzichten, weil er zum Beispiel bei einer Sahara-Durchquerung eine Autopanne hat, und wird er erst im letzten Augenblick gerettet, kann er sein normales Leben ohne Schwierigkeiten wieder aufnehmen. Eine unter ärztlicher Aufsicht durchgeführte intravenöse »Realimentation« bringt ihn wieder in den Vollbesitz seiner körperlichen und geistigen Kräfte.

Ganz anders, wenn einem Kind unter fünf Jahren angemessene und ausreichende Nahrung vorenthalten wird. Selbst wenn ihm im späteren Leben eine Reihe märchenhaft günstiger Umstände zuteil werden – wenn sein Vater Arbeit findet, es von einer liebevollen Familie adoptiert wird und so fort – ist sein Schicksal besiegelt. Sein frühkindliches Stigma, die hirnorganische Schädigung, bleibt ihm ein Leben lang erhalten. Keine therapeutische Realimentation kann ihm ein normales, befriedigendes und würdevolles Leben verschaffen.

In sehr vielen Fällen verursacht Unterernährung sogenannte Hungerkrankheiten: Noma, Kwashiorkor etc. Außerdem führt sie zu einer gefährlichen Schwächung der Immunabwehr ihrer Opfer.

In seiner umfassenden Aids-Erhebung zeigt Peter Piot, dass Millionen Erkrankte, die an Aids sterben, gerettet werden könnten – oder zumindest mehr Widerstandskraft gegen die Geißel erwerben könnten –, wenn sie Zugang zu regelmäßiger und ausreichender Nahrung hätten. Piot: »Regelmäßige und angemessene Nahrung bildet die erste Verteidigungslinie gegen Aids.«[1]

In der Schweiz liegt – Männer und Frauen zusammengefasst – die Lebenserwartung bei der Geburt etwas über 83 Jahre. In Frankreich bei 82 Jahren. In Swasiland, einem kleinen, von Aids und Hunger verwüsteten Königreich im Süden Afrikas, beträgt sie 32 Jahre.[2]

Der Fluch des Hungers reproduziert sich biologisch. Jahr für Jahr bringen unterernährte Frauen Millionen Kinder zur Welt, die von Geburt an verurteilt sind. Der Mangel hat diese kleinen Geschöpfe vom ersten Tag ihres Lebens an fest im Griff. Schon während der Schwangerschaft überträgt die Mutter diesen Fluch auf ihr Kind. Die pränatale Unterernährung verursacht dauerhafte Invalidität, Hirnschädigungen, motorische Behinderungen.

Eine hungernde Mutter kann ihren Säugling nicht stillen. Sie verfügt auch nicht über die Mittel, um Milchersatzstoffe zu erwerben.

In den Ländern des Südens sterben jährlich über 500 000 Mütter bei der Geburt, die meisten wegen längeren Nahrungsentzugs während der Schwangerschaft.

Der Hunger ist mit Abstand der Hauptgrund für Tod und Verlust auf unserem Planeten. Jährlich verliert die Menschheit im Durchschnitt ein Prozent ihrer Substanz. Im Jahr sterben also rund 70 Millionen Menschen, davon 18 Millionen durch Hunger und Unterernährung.

1 Peter Piot, *The First Line of Defense. Why Food and Nutrition Matter in the Fight Against HIV/AIDS*, Rome, Programme alimentaire mondial, 2004.
2 Institut national de démographie, Paris, 2009.

Auf welche Weise ermittelt die FAO diese Hungerdaten?

Den Analytikern, Statistikern und Mathematikern der Organisation wird generell eine hohe Kompetenz bescheinigt. Das Modell, das sie bereits 1971 entwickelten und seither Jahr für Jahr verfeinern, ist außerordentlich kompliziert.[1]

Auf einem Planeten, der von 7 Milliarden Menschen bewohnt wird und in 194 Staaten unterteilt ist, lassen sich keine Einzelerhebungen durchführen. Daher bedienen sich Statistiker einer indirekten Methode, die ich hier absichtlich vereinfache.

Erster Schritt: Für jedes Land erfassen sie die Nahrungsproduktion sowie den Import und Export von Lebensmitteln, wobei sie in jedem Fall den Kaloriengehalt festhalten. Beispielsweise zeigt sich, dass Indien zwar fast die Hälfte aller schwer und permanent unterernährten Menschen der Welt aufweist, in manchen Jahren aber trotzdem Hunderttausende Tonnen Getreide exportiert. So belief sich die Gesamtmenge dieser Exporte von Juni 2002 bis November 2003 auf 17 Millionen Tonnen.

Auf diese Weise erhält die FAO (die UN-Organisation für Ernährung, Landwirtschaft, Fischerei und Forstwesen) die in jedem Land zur Verfügung stehende Kalorienmenge.

Zweiter Schritt: Die Statistiker ermitteln für jedes Land die demographische und soziologische Struktur der Bevölkerung. Wie erwähnt, verändert sich der Kalorienbedarf mit der Altersklasse. Eine weitere Variable ist das Geschlecht: Aus einer ganzen Reihe von soziologischen Gründen verbrennen Frauen weniger Kalorien als Männer. Die Arbeit, die jemand verrichtet, seine sozioprofessionelle Situation, bildet eine weitere Variable: Ein Stahlgießer an einem Hochofen verbraucht mehr Kalorien als ein Rentner, der seinen Tag damit verbringt, geruhsam auf einer Bank zu sitzen.

Diese Daten verändern sich wiederum mit der Region und Klimazone, die betrachtet wird. Lufttemperatur und meteorologische Verhältnisse im Allgemeinen beeinflussen den Kalorienbedarf.

Nach Abschluss des zweiten Schritts können die Statistiker diese

---

1 Bei diesem Abschnitt konnte ich dankenswerter Weise die wertvolle Hilfe von Pierre Pauli, Statistisches Amt des Kantons Genf, in Anspruch nehmen.

beiden Werte korrelieren. Denn sie kennen nun für jedes Land den Kalorienmangel insgesamt und sind infolgedessen in der Lage, die theoretische Zahl der schwer und dauerhaft unterernährten Menschen zu bestimmen.

Allerdings geben diese Ergebnisse keine Auskunft über die Kalorienverteilung innerhalb einer gegebenen Bevölkerung. Deshalb verfeinert man das Modell durch gezielte Erhebungen auf Stichprobenbasis. Es geht darum, besonders gefährdete Gruppen zu bestimmen.

Bernard Maire und Francis Delpeuch kritisieren dieses mathematische Modell.[1]

Zunächst einmal stellen sie die Parameter in Frage. Ihr Einwand: Die Statistiker in Rom bestimmen die Defizite anhand der Kalorien, das heißt, der Makronährstoffe (Proteine, Kohlehydrate, Fette), die die Kalorien, also Energie, liefern. Dabei klammern sie jedoch die Defizite an Mikronährstoffen aus – den Mangel an Vitaminen, Mineralien, Spurenelementen. Fehlt es nun aber in der Nahrung an Jod, Eisen, Vitamin A und C (neben anderen, für die Gesundheit unentbehrlichen Elementen), müssen jedes Jahr Millionen Menschen erblinden, zu Krüppeln werden und sterben.

Mit ihrer mathematischen Methode kann die FAO also erfassen, wie viele Menschen an Unterernährung leiden, nicht aber, wie viele der Mangelernährung zum Opfer fallen.

Außerdem bezweifeln die beiden Wissenschaftler die Zuverlässigkeit dieser Methode, da sie ganz und gar auf der Qualität der von den betreffenden Staaten gelieferten Daten beruht.

Nun verfügen aber nur wenige Staaten der südlichen Hemisphäre über einen zuverlässigen statistischen Apparat. Doch gerade in diesen Ländern füllen sich die Massengräber am schnellsten mit den Opfern des Hungers.

Trotz dieser – mir durchaus einleuchtenden – Kritik am mathematischen Modell der FAO-Statistiker meine ich, dass wir dank seiner beobachten können, wie sich auf unserem Planeten die Zahlen

---

1 Francis Delpeuch und Bernard Maire, in: Alain Bué und Françoise Plet (Hg.), *Alimentation, environnement et santé. Pour un droit à l'alimentation*, Paris, Éditions Ellipses, 2010.

der unterernährten Menschen und der Hungertoten über einen langen Zeitraum entwickeln.

Jean-Paul Sartre schreibt: »Den Feind erkennen, den Feind bekämpfen.« Selbst wenn die ermittelten Zahlen zu niedrig sein sollten, wird die Methode doch Sartres Forderung gerecht.

Gegenwärtig ist es das Ziel der UNO, die Zahl der Hungernden bis 2015 um die Hälfte zu verringern.

Als die UN-Generalversammlung in New York diese Entscheidung im Jahr 2000 feierlich traf – es handelte sich um das erste der acht Millennium-Enwicklungsziele (MDGs)[1] –, hat sie 1990 als Bezugsjahr gewählt. Also geht es darum, die Zahl der Hungernden aus dem Jahr 1990 um die Hälfte zu reduzieren.

Dieses Ziel wird natürlich nicht erreicht. Denn statt sich zu verringern, wächst die Pyramide der Leidenden. Das räumt auch die FAO ein:

»Nach der neuesten Statistik sind gewisse Fortschritte bei der Verwirklichung der MDGs erzielt worden. Angesichts des fortgesetzten (wenn auch im Vergleich zu den letzten Jahrzehnten verlangsamten) Bevölkerungswachstums kann sich hinter dem prozentualen Rückgang der Hungernden aber auch ein Anstieg ihrer absoluten Zahl verbergen. Tatsächlich hat sich die Zahl der Hungernden in den Entwicklungsländern insgesamt erhöht (von 827 Millionen im Zeitraum 1990–92 auf 906 Millionen im Jahr 2010).«[2]

Um die Geografie des Hungers, die Verteilung dieser Massenvernichtung auf unserem Planeten, besser erfassen zu können, müssen wir eine erste Unterscheidung vornehmen, an der sich auch die UNO und ihre Sonderorgane orientieren: zwischen dem »strukturellen Hunger« einerseits und dem »konjunkturellen Hunger« andererseits.

Der strukturelle Hunger resultiert aus den unzulänglich entwickelten Produktionsstrukturen der Länder des Südens. Er ist permanent, erregt wenig Aufsehen und reproduziert sich biologisch: Jedes Jahr bringen Millionen unterernährte Mütter körperlich und geistig

---

1 *Millennium Development Goals* (MDGs)
2 FAO, »Report on Food insecurity in the world«, Rom 2011.

behinderte Kinder zur Welt. Struktureller Hunger bedeutet psychische und physische Zerstörung, Verlust der Würde, endloses Leid.

Der konjunkturelle Hunger dagegen springt ins Auge. Regelmäßig erscheint er auf unseren Fernsehschirmen. Er bricht plötzlich aus, wenn sich eine Naturkatastrophe ereignet, das heißt, wenn eine Region von Heuschrecken, Trockenheit, Überschwemmungen verwüstet wird oder wenn ein Krieg das soziale Gefüge zerreißt, die Wirtschaft ruiniert und Hunderttausende von Opfern in Vertriebenenlager im Land oder in Flüchtlingslager jenseits der Grenzen treibt.

In all diesen Situationen kann weder ausgesät noch geerntet werden. Die Märkte sind zerstört, die Straßen blockiert, die Brücken eingestürzt. Die staatlichen Institutionen funktionieren nicht mehr. Dann ist für Millionen von Opfern das Welternährungsprogramm (WFP) die letzte Chance.

Nyala, in der Region Darfur gelegen, ist das größte der siebzehn Vertriebenenlager in den drei Provinzen des Westsudans, die seit 2008 von Krieg und Hunger heimgesucht werden.

Von afrikanischen – vor allem ruandischen und nigerianischen – Blauhelmen bewacht, drängen sich über 100 000 unterernährte Männer, Frauen und Kinder in dem riesigen Lager aus Zelt- und Kunststoffbehausungen. Eine Frau, die sich etwa 500 Meter von dem umzäunten Bereich entfernt – um sich etwas Brennholz oder Brunnenwasser zu holen –, läuft Gefahr, den Dschandschawid, den arabischen Reitermilizen im Dienst der islamistischen Diktatur von Khartoum, in die Hände zu fallen, was mit Sicherheit ihre Vergewaltigung, vielleicht auch Ermordung, bedeutet.

Wenn die weißen Toyota-Lastwagen des WFP mit der blauen UNO-Flagge nicht alle drei Tage mit ihren hochgeschichteten Reis- und Mehlsäcken, Wasserbehältern und Medikamentenkisten einträfen, würden die Zaghawa, Massalit und Fur hinter den von Blauhelmen bewachten Stacheldrahtzäunen in kurzer Zeit zugrunde gehen.

Noch ein Beispiel für konjunkturellen Hunger: 2011 drängen sich 450 000 stark unterernährte Frauen, Männer und Kinder, die vor allem aus Südsomalia kamen, im Lager Dadaab, das die UNO auf kenianischem Boden errichtet hat. Regelmäßig verweigern die Vertreter des WFP anderen hungernden Familien den Zutritt zum Lager, weil nicht genügend Mittel vorhanden sind.[1]

Wer ist vor allem vom Hunger betroffen?

Die drei besonders gefährdeten Personengruppen sind – in der Terminologie der FAO – die arme Landbevölkerung (*rural poors*), die arme Stadtbevölkerung (*urban poors*) und die bereits erwähnten Katastrophenopfer. Betrachten wir die beiden ersten Kategorien.

Die arme Landbevölkerung: Die Mehrheit der Menschen, die nicht genug zu essen haben, gehört den Gemeinschaften der armen Landbevölkerung in den Ländern des Südens an. Viele verfügen weder über Trinkwasser noch Elektrizität. Auch Gesundheitsdienste, Bildungsinstitutionen und Sanitäreinrichtungen sind in den allermeisten Fällen nicht vorhanden.

Von den 7 Milliarden Menschen, die den Planeten bewohnen, lebt etwas weniger als die Hälfte in ländlichen Gebieten.

Seit unvordenklichen Zeiten ist die ländliche Bevölkerung – Ackerbauern und Viehzüchter (sowie Fischer) – besonders anfällig für Not und Hunger: Von den 1,2 Milliarden Menschen, die heute nach den Kriterien der Weltbank von »extremer Armut« betroffen sind, leben 75 Prozent auf dem Land.

Zahlreiche Bauern befinden sich aus einem der folgenden Gründe in dieser Notlage: Die einen sind Wanderarbeiter ohne Land oder Teilpächter, die von den Grundbesitzern gnadenlos ausgebeutet werden. So müssen die muslimischen Teilpächter im Norden Bangladeschs an ihre *landlords*, in Kalkutta lebende hinduistische Grundeigentümer, vier Fünftel ihrer Ernten abführen. Andere besitzen zwar Land, können aber ihr Eigentumsrecht nicht hinreichend belegen. So ergeht es den brasilianischen *Posseiros*, die auf kleinen unwirtschaftlichen oder brachliegenden Landflächen leben, die sie nutzen, ohne Dokumente zu besitzen, die sie als Eigentümer ausweisen. Eine dritte Gruppe lebt auf eigenem Land, das aber so klein oder so schlecht ist, dass sie damit ihre Familien nicht hinreichend ernähren kann.

---

1 Zur katastrophalen Kürzung der WFP-Haushaltsmittel vgl. S. 195 f.

Der Internationale Fonds für landwirtschaftliche Entwicklung (*International Fund for Agricultural Development*/IFAD) beziffert die Zahl der landlosen Landarbeiter auf ungefähr 500 Millionen, was 100 Millionen Haushalten entspricht. Das sind die Ärmsten der Armen dieser Erde.[1]

Für Kleinbauern, ausgebeutete Teilpächter, landwirtschaftliche Tagelöhner, Wanderarbeiter empfiehlt die Weltbank neuerdings die »marktgestützte Landreform« (*Market-Assisted Land Reform*), die sie 1997 zum ersten Mal für die Philippinen vorgeschlagen hat. Der Großgrundbesitzer wäre gezwungen, sich von einem kleinen Teil seiner Ländereien zu trennen, doch der Landarbeiter müsste seine Parzelle mit Hilfe eines Weltbankkredits erwerben.

Angesichts der vollkommenen Mittellosigkeit der »landlosen« Familien erweist sich die »marktgestützte Landreform«, die von der Weltbank überall propagiert wird, als Heuchelei der schlimmsten Sorte, wenn nicht gar schlicht und einfach als Zynismus.[2]

Die Befreiung der Bauern ist nur von den Bauern selbst zu leisten. Wer Gelegenheit hat, ein *Assentamento* oder *Acampamento* (Ansiedlung oder Lager) der Bewegung der Landarbeiter ohne Boden (MST[3]) in Brasilien zu besuchen, wird tief beeindruckt und voller Bewunderung sein. Die MST ist zur bedeutendsten sozialen Bewegung Brasiliens geworden, die sich einsetzt für Agrarreform, Ernährungssouveränität, für eine kritische Auseinandersetzung mit dem Freihandel und dem vorherrschenden agroindustriellen Produktions- und Verbrauchsmodell, für Nahrungsmittelanbau, Solidarität und Internationalismus.

Die internationale Bauernbewegung Via Campesina umfasst weltweit 200 Millionen Teilpächter, Kleinbauern (1 Hektar oder weniger), landwirtschaftliche Saisonarbeiter, nomadische oder sesshafte Viehzüchter, Berufsfischer. Ihr Hauptsitz befindet sich in Djakarta, Indonesien. Via Campesina ist heute eine der beeindruckendsten re-

---

1 IFAD, »Rural Poverty Report 2009«, New York, Oxford University Press, 2010.
2 Vgl. Jean Feyder, *Mordshunger. Wer profitiert vom Elend der armen Länder?*, Westend, 2010.
3 *Movimento dos Trabalhadores Rurais Sem Terra.*

volutionären Bewegungen der Dritten Welt. Wir werden darauf zurückkommen.

Nur wenige Männer und Frauen auf der Erde arbeiten so viel, unter so widrigen klimatischen Bedingungen und für so geringe Erträge wie die Bauern in der südlichen Hemisphäre. Ganz selten nur können einige von ihnen Ersparnisse anlegen, um gegen die stets drohenden Klimakatastrophen, Heuschrecken und sozialen Unruhen gewappnet zu sein. Selbst wenn einige Monate lang Nahrung im Überfluss vorhanden ist, sodass die Festtrommeln erklingen und prachtvolle Hochzeiten gefeiert werden, bei denen die Fülle brüderlich geteilt wird, ist die Bedrohung allgegenwärtig.

90 Prozent der Bauern im Süden müssen sich bei der Arbeit mit Hacke, Machete und Sense begnügen.

Mehr als eine Milliarde Bauern haben weder Zugtier noch Traktor.

Mit der Verdoppelung der Zugkraft verdoppelt sich auch die bebaute Fläche. Ohne zusätzliche Zugkraft können sich die Ackerbauern des Südens nicht aus ihrem Elend befreien.

Im Sahel liefert ein Hektar Anbaufläche 600 bis 700 Kilogramm Getreide. In der Bretagne, in der Beauce, in Baden-Württemberg, in der Lombardei lässt sich auf einem Hektar ein Ertrag von 10 Tonnen, also 10 000 Kilogramm, erzielen. Dieses Produktivitätsgefälle resultiert natürlich nicht aus unterschiedlichen Fähigkeiten. Die Landwirte der Bambara, Wolof, Mossi oder Tukulur verrichten ihre Arbeit mit der gleichen Energie und Intelligenz wie ihre europäischen Kollegen. Sie unterscheiden sich lediglich hinsichtlich der sogenannten Inputfaktoren, über die sie verfügen. In Benin, Burkina Faso, Niger oder Mali müssen die Ackerbauern ohne Bewässerungssystem auskommen, auch mineralischen Dünger, selektioniertes Saatgut oder Pestizide gegen Schädlinge können sie nicht einsetzen. Wie seit 3000 Jahren müssen sie sich mit der Regenwirtschaft begnügen.

Nur 3,8 Prozent des subsahelischen Bodens werden künstlich bewässert.[1]

Nach Schätzung der FAO haben 500 Millionen afrikanische Bau-

---

1 Gegenüber 37 Prozent in Asien.

ern keinen Zugang zu selektioniertem Saatgut, mineralischem Dünger, Stallmist (oder anderem Naturdünger), da sie keine Tiere besitzen.

Weltweit werden laut FAO jedes Jahr 25 Prozent der Ernten durch ungünstige Witterungseinflüsse oder Nager vernichtet.

In Schwarzafrika, Südasien und im Andenhochland sind Silos selten. Folglich sind die bäuerlichen Familien im Süden von der Vernichtung der Ernten zuerst und am härtesten betroffen.

Ein weiteres großes Problem ist die Beförderung der Ernten zu den Märkten.

2003 habe ich in Äthiopien eine absurde Situation erlebt: In Mek'ele in Tigray, auf den windgepeitschten Hochebenen, dort, wo der Boden rissig und staubig ist, bedrohte der Hunger das Leben von sieben Millionen Menschen.

Doch in Gondar, 600 Kilometer weiter westlich, verdarben Zehntausende von Tonnen Teff, einer Hirseart, in den Speichern, weil es weder Straßen noch Lastwagen gab, die das rettende Nahrungsmittel hätten transportieren können …

In Schwarzafrika, Indien, in den Aymara- und Otavalo-Gemeinschaften auf den Hochebenen Perus, Boliviens und Ecuadors gibt es natürlich keine landwirtschaftlichen Genossenschaftsbanken. Nur einheimische Wucherer geben Kredite. Daher hat der Bauer keine Wahl: In der Regel muss er seine Ernte zum ungünstigsten Zeitpunkt verkaufen, das heißt, wenn er sie gerade eingebracht hat und die Preise im Keller sind.

Sobald er in die Überschuldungsspirale geraten ist – sich weiter verschulden muss, um die Zinsen früherer Kredite zu bezahlen –, ist er gezwungen, künftige Ernten zu veräußern, um die Lebensmittel, die seine Familie in der Überbrückungszeit braucht, zu dem von den Herren der Nahrungsmittelindustrie festgesetzten Preisen zu kaufen.

Auf dem Land, vor allem in Mittel- und Südamerika, in Indien, Pakistan und Bangladesch, ist die Gewalt endemisch.

Zusammen mit meinen Mitarbeitern habe ich vom 26. Januar bis 5. Februar 2005 eine Untersuchungsmission in Guatemala durchgeführt.[1] Während unseres Aufenthalts hatte mich Frank La Rue, Menschenrechtskommissar der guatemaltekischen Regierung und selbst ehemaliger Widerstandskämpfer gegen die Diktatur von General Rios Montt, über die Verbrechen unterrichtet, die in seinem Land Tag für Tag gegen Bauern begangen wurden.

Am 23. Januar stiehlt ein Landarbeiter auf der Finca Alabama Grande etwas Obst. Drei Sicherheitskräfte der Finca ertappen ihn dabei und bringen ihn um.

Die Familie, die wie alle Peonfamilien in einer Hütte am Rande des Gutes lebt, sorgt sich am Abend, als der Vater nicht zurückkehrt. Von Nachbarn begleitet begibt sich der vierzehnjährige Sohn zum Haus der Besitzer. Die Wachen fangen ihn ab. Es kommt zum Streit. Der Ton wird hitzig. Die Wachen schießen den Jungen und vier seiner Begleiter nieder.

In einer anderen Finca fassen andere Wachen einen jungen Burschen, dessen Taschen mit *Cozales*, einer einheimischen Frucht, gefüllt sind. Sie beschuldigen ihn, sie auf dem Land des Besitzers gestohlen zu haben, und führen ihn zu diesem ... der den Jungen mit einem Pistolenschuss tötet.

Frank La Rue meinte zu mir: »Gestern hat es dir Eduardo Stein Barillas, der Vizepräsident der Republik, im Präsidentenpalast erklärt: 49 Prozent der Kinder unter zehn Jahren sind unterernährt ... 92 000 von ihnen sind im letzten Jahr verhungert oder an Hungerkrankheiten gestorben ... du musst das verstehen, nachts, die Väter, die Brüder ... sie gehen in den Obstgarten der Finca ... sie stehlen ein wenig Obst, Gemüse ...«

2005 wurden 4793 Morde in Guatemala begangen, 387 im Laufe unseres kurzen Aufenthalts.

Unter den Opfern befinden sich auch vier junge Bauerngewerkschaftler – drei Männer und eine Frau –, die von einem Fortbildungslehrgang im schweizerischen Fribourg zurückkamen. Die Mörder haben ihr Fahrzeug in der Sierra de Chuacas durchlöchert, auf der Route zwischen San Cristóbal Verapaz und Salama.

Ich erfuhr davon bei einem Diner in der Schweizer Botschaft. Der

---

1 Rapport, »Droit à l'alimentation, Mission au Guatemala«, E/CN 4/ 2006/44.Add. 1.

Botschafter, ein entschlossener Mann, der Guatemala liebt und gut kennt, versprach mir, am nächsten Tag beim Außenminister mit aller Entschiedenheit zu protestieren.

An diesem Diner nahm auch die Friedensnobelpreisträgerin Rigoberta Menchu teil, eine großartige Maya-Frau, die während der Diktatur des Generals Lucas García ihren Vater und einen ihrer Brüder verlor, als sie bei lebendigem Leibe verbrannt wurden.

Beim Hinausgehen flüsterte sie mir an der Tür zu: »Ich habe Ihren Botschafter beobachtet. Er war bleich ... Seine Hand hat gezittert ... Er ist wütend. Das ist ein guter Mensch. Er wird protestieren ... Aber nützen wird es nichts!«

In der Nähe der Finca Las Delicias, einer riesigen Kaffeeplantage im Municipio d'El Tumbador, spreche ich mit streikenden Peonen und ihren Frauen. Seit sechs Monaten hat der Besitzer seine Arbeiter nicht bezahlt, angeblich weil der Kaffeepreis auf dem Weltmarkt eingebrochen ist.[1] Eine von den Streikenden organisierte Demonstration wurde gerade von der Polizei und den Sicherheitskräften der Finca gewaltsam unterdrückt.

Bischof Ramazzini von San Marco, Präsident der Interdiözesanen Landpastorale (PTI), hatte mir berichtet: »Häufig kommt die Polizei nach einer Demonstration nachts zurück und verhaftet wahllos junge Leute ... Nicht selten verschwinden sie.«

Meine Mitarbeiter und ich sitzen auf einer Holzbank, vor einer Hütte. Die Streikenden und ihre Frauen stehen im Halbkreis um uns herum.

In der feuchten Hitze der Nacht betrachten uns die Kinder mit ernstem Blick. Die Frauen und jungen Mädchen tragen leuchtend bunte Kleider.

In der Ferne bellt ein Hund.

Das Firmament ist sternenübersät. Der Duft der Kaffeesträucher mischt sich mit dem der roten Geranien, die hinter dem Haus wachsen.

Offensichtlich haben diese Menschen Angst. Ihre schönen brau-

---

1 In 2005 betrug der gesetzliche Mindestlohn in der Woche 38 Quetzal (1 Dollar entspricht 7,5 Quetzal).

nen Maya-Gesichter verraten es … sicherlich bedingt durch die nächtlichen Verhaftungen und die vielen Menschen, die die Polizei, wie Bischof Ramazzini mir berichtete, »verschwinden« lässt.

Ich komme mir wie ein Idiot vor, während ich meine UN-Visitenkarten verteile. Als wären sie ein Talisman, pressen die Frauen sie ans Herz.

Noch während ich ihnen von den Menschenrechten und einem möglichen Schutz durch die UNO erzähle, weiß ich, dass ich sie verrate.

Denn die UNO wird natürlich gar nichts tun. In ihren Villen in Ciudad Guatemala residierend, begnügen sich die UN-Funktionäre damit, kostspielige Pläne auszuarbeiten, die als Entwicklungsprojekte deklariert sind und von denen die Großgrundbesitzer profitieren. Aber vielleicht wird ja Eduardo Stein Barillas, der Frank La Rue noch aus alten Jesuitentagen kennt, die Polizei von El Tumbador doch verwarnen, damit sie nicht noch mehr junge Streikende »verschwinden« lässt …

Die größte Gewalt, die Bauern angetan wird, ist natürlich die ungerechte Landverteilung. 2011 befanden sich in Guatemala 57 Prozent der landwirtschaftlichen Nutzflächen im Besitz von 1,86 Prozent der Bevölkerung.

So gibt es in diesem Land 47 Großgrundbesitzungen mit jeweils 3700 Hektar oder mehr, während 90 Prozent der Bauern ihr Leben auf Parzellen von einem Hektar oder weniger fristen.

In Hinblick auf die Gewalt gegen Bauerngewerkschaftler und streikende Demonstranten hat sich die Situation nicht verbessert. Im Gegenteil: Es sind seit meiner Mission in Guatemala mehr Leute verschwunden oder ermordet worden.[1]

Am 6. November 2011 wurde Otto Pérez Molina, Ex-General und Vorsitzender der Patriotischen Partei, zum Präsidenten von Guatemala, dem bevölkerungsreichsten Staat Zentralamerikas, gewählt. Dieses Amt trat er am 14. Januar 2012 in einem Land an, das erschüttert wird von der Gewalt der Bandenkriminalität, der Drogen-

---

1 FIAN (Food Information and Action Network), *The Human Right to Food in Guatemala*, Heidelberg, 2010.

mafia, der Morde an Bauernführern und -gewerkschaftern – und dabei eine Aufklärungsrate von nicht mehr als drei Prozent aufweist. Straflosigkeit ist dort ebenso an der Tagesordnung wie die Diskriminierung von Nachkommen der indigenen Maya-Gruppen, obwohl sie über 60 Prozent der guatemaltekischen Bevölkerung stellen.

Otto Pérez Molina wird verantwortlich gemacht für die Massaker an Maya-Gemeinschaften Anfang der Achtzigerjahre, als bei der Niederschlagung eines bewaffneten Konflikts durch das Militär mehr als 200 000 Menschen getötet wurden, und für das gewaltsame Verschwinden zahlreicher Menschen während seiner Amtszeit als Chef des Nachrichtendienstes in den Neunzigerjahren. Er hat gelobt, das Land mit eiserner Hand, *mano dura*, zu regieren.

Die arme Stadtbevölkerung: In den Calampas von Lima, den Slums von Karachi, den Favelas von São Paulo oder den Smoky Mountains von Manila müssen sich die Hausfrauen beim Kauf der Lebensmittel äußerst einschränken. Die Weltbank schätzt, dass 1,2 Milliarden Menschen in »extremer Armut« leben, das heißt, weniger als 1,25 Dollar pro Tag zur Verfügung haben.

In Paris, Genf oder Frankfurt gibt eine Hausfrau im Durchschnitt 10 bis 15 Prozent des Familieneinkommens für den Kauf von Lebensmitteln aus. Im Budget einer Frau in den Smoky Mountains von Manila nehmen die Lebensmittel 80-85 Prozent der Gesamtausgaben ein.

In Lateinamerika leben laut Weltbank 41 Prozent der Kontinentalbevölkerung in »informellen Siedlungen«. Die geringste Erhöhung der Marktpreise führt in den Slums zu Angst, Hunger, Familienzerfall, Katastrophen.

Die Grenzlinie zwischen armer Stadt- und armer Landbevölkerung ist nicht so eindeutig, wie es zunächst scheinen mag, weil, wie gesagt, 43 Prozent der 2,7 Milliarden Saisonarbeiter, Kleinbauern, Teilpächter, die die große Mehrheit der notleidenden Landbevölkerung stellen, zeitweilig ebenfalls Lebensmittel auf dem Markt des nächstgelegenen Dorfs oder Marktfleckens kaufen müssen, wenn die letzte Ernte nicht ausreicht, um die Familie bis zur nächsten durchzubringen. Dann trifft auch die Landbevölkerung die ganze Härte der überhöhten Preise für die Lebensmittel, die sie unbedingt erwerben muss.

Yolanda Areas Blas, eine temperamentvolle und sympathische Delegierte der Via Campesina in Nicaragua, nennt ein Beispiel: Der Staat Nicaragua stellt jährlich die *Canasta básica*, zusammen, den »Korb« mit den vierundzwanzig Grundnahrungsmitteln, die eine sechsköpfige Familie im Monat braucht, um zu überleben. Im März 2011 kostete der Korb in Nicaragua 6250 Cordoba, entsprechend 500 Dollar. Doch der gesetzliche Mindestlohn eines Landarbeiters belief sich damals auf 1800 Cordoba, oder 80 Dollar.[1]

Die geografische Verteilung des Hungers in der Welt ist außerordentlich ungleich.[2] 2010 sah sie folgendermaßen aus:

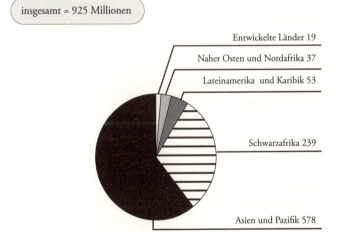

Die folgende Tabelle zeigt, wie sich die Gesamtzahl der Opfer im Laufe der letzten Jahrzehnte zeitlich verändert hat:

---

1 Yolanda Areas Blas, Beitrag zum Kolloquium »The Need to Increase the Protection of the Right of the Peasants«, UNO, Genf, 8. März 2011.
2 Alle folgenden Diagramme und Tabellen sind Auszüge aus dem »Rapport sur l'insécurité alimentaire dans le monde«, Rom, FAO, 2010.

Entwicklung der Zahl (in Millionen) und des Prozentsatzes unterernährter Menschen zwischen 1969 und 2007		
2005–2007	848	Millionen (13 %)
2000–2002	833	Millionen (14 %)
1995–1997	788	Millionen (14 %)
1990–1992	843	Millionen (16 %)
1979–1981	853	Millionen (21 %)
1969–1971	878	Millionen (26 %)

Die folgende Tabelle zeigt die Entwicklung der Katastrophe in den verschiedenen Erdregionen zwischen 1990 und 2007, also ungefähr während einer Generation:

Entwicklung der Zahl (in Millionen) unterernährter Menschen nach Regionen zwischen 1990 und 2007				
Ländergruppen	*1990–1992*	*1995–1997*	*2000–2002*	*2005–2007*
ERDE	843,4	787,5	833,0	847,5
entwickelte Länder	16,7	19,4	17,0	12,3
Entwicklungs- länder	826,6	768,1	816,0	835,2
Asien und Pa- zifik[1]	587,9	498,1	531,8	554,5
Ostasien	215,6	149,8	142,2	139,5
Südostasien	105,4	85,7	88,9	76,1

Entwicklung der Zahl (in Millionen) unterernährter Menschen nach Regionen zwischen 1990 und 2007			
Südasien	255,4	252,8	287,5	331,1
Zentralasien	4,2	4,9	10,1	6,0
Westasien	6,7	4,3	2,3	1,1
Lateinamerika und Karibik	54,3	53,3	50,7	47,1
Nord- und Zentralamerika	9,4	10,4	9,5	9,7
Karibik	7,6	8,8	7,3	8,1
Südamerika	37,3	34,1	33,8	29,2
Naher Osten und Nordafrika	19,6	29,5	31,8	32,4
Naher Osten	14,6	24,1	26,2	26,3
Nordafrika	5,0	5,4	5,6	6,1
Schwarzafrika	164,9	187,2	201,7	201,2
Zentralafrika	20,4	37,2	47,0	51,8
Ostafrika	76,2	84,7	85,6	86,9
südliches Afrika	30,6	33,3	35,3	33,9
Westafrika	37,6	32,0	33,7	28,5

Die Daten, die bis 2007 reichen, müssen auf die weltweite demografische Entwicklung bezogen werden; hier also die nach Kontinenten aufgeschlüsselten Zahlen aus dem Jahr 2007: Asien, 4,03 Milliarden (entsprechend 60,5 Prozent der Weltbevölkerung); Afrika, 965 Millionen (14 Prozent); Europa, 731 Millionen (11,3 Prozent); Lateinamerika und Karibik, 572 Millionen (8,6 Prozent); Nordamerika, 339 Millionen (5,1 Prozent); Ozeanien, 34 Millionen (0,5 Prozent)

Hier die Entwicklung der globalen Katastrophe über eine längere Dauer – von 1969 bis 2010, also über zwei Generationen:

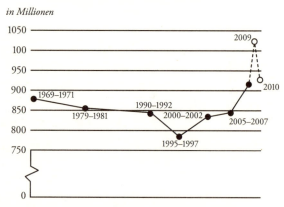

Diese Tabelle bedarf mehrerer Anmerkungen.

Wir müssen die genannten Zahlen natürlich auf die weltweite globale demografische Entwicklung dieser Jahrzehnte beziehen: 1970 gab es 3,696 Milliarden Menschen auf dem Planeten; 1980 waren es 4,442 Milliarden; 1990 5,279 Milliarden; 2000 6,085 und 2010 6,7 Milliarden.

Ab 2005 stieg die globale Kurve der Hungeropfer katastrophal an, während das demografische Wachstum, rund 400 Millionen Menschen alle fünf Jahre, konstant blieb.

Der steilste Anstieg wurde zwischen 2006 und 2009 verzeichnet, obwohl in diesen Jahren nach den Daten der FAO auf der ganzen Welt gute Getreideernten eingebracht wurden. Dass die Zahl der Unterernährten trotzdem so heftig zugenommen hat, liegt an der

Preisexplosion bei den Grundnahrungsmitteln und an der Krise, mit der ich mich im sechsten Teil des Buchs beschäftigen werde.

Die untenstehende Grafik vermittelt ein genaueres Bild von den Veränderungen, die sich zwischen 1990 und 2010 in den Entwicklungsländern vollzogen.

Zahl der unterernährten Menschen 1990–1992 und 2010: regionale Tendenzen

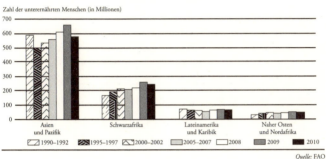

Quelle: FAO

In diesen letzten Jahren beherbergten die Entwicklungsländer 98 bis 99 Prozent aller Unterernährten dieses Planeten.

In absoluten Zahlen bleiben Asien und der Pazifikraum die Regionen mit den meisten Hungernden, weisen aber einen Rückgang von 12 Prozent auf (von 658 Millionen 2009 auf 578 Millionen 2010), womit sie im Wesentlichen für die Verbesserung von 2010 verantwortlich sind. Dagegen blieb in Schwarzafrika der Prozentsatz der Hungernden auch 2010 am höchsten: Bei 30 Prozent ist dort fast jeder Dritte unterernährt.

Auch wenn die Mehrheit der Hungernden in den Entwicklungsländern zu finden ist, so bleiben die Industriestaaten doch vom Hunger nicht verschont. In Osteuropa und in der ehemaligen Sowjetunion leben Millionen schwer und permanent unterernährte Menschen. Besonders schlimm ist die Situation in zahlreichen Waisenhäusern, wo Erzieher die Kinder manchmal verhungern lassen. Ein Beispiel: Im Waisenhaus von Torez in der Ukraine verhungerten in den letzten drei Jahren im Jahresdurchschnitt 12 von 100 Kindern – wobei es sich meist um behinderte Kinder handelte, die nur mit Hilfe von Erwachsenen Nahrung einnehmen konnten.[1] Auch Westeuropa bleibt nicht verschont. Im Mai 2012 veröffentlichte die Unicef ihren Bericht über die Lage der Kinder in Spanien. Wegen der von Bundeskanzlerin Angela Merkel der EU aufgezwungenen Austeritätspolitik reduzierte die Regierung Rajoy massiv die Sozialleistungen für 9 Millionen extrem arme Familien. Das Resultat: 2011 waren in Spanien 2,2 Millionen Kleinkinder schwerst, permanent unterernährt.

Als Grundnahrungsmittel bezeichnen wir Reis, Weizen und Mais, die zusammen rund 75 Prozent des weltweiten Lebensmittelverbrauchs ausmachen, wobei der Reis allein 50 Prozent dieser Menge stellt. In den ersten Monaten des Jahres 2011 sind die Weltmarktpreise für Nahrungsmittel erneut – wie schon 2008 – explodiert. Im Februar 2011 schlug die FAO Alarm: 80 Länder befänden sich jetzt am Rande der Ernährungsunsicherheit.

Am 17. Dezember 2010 erhob sich das tunesische Volk gegen die Räuber in Karthago. Zine el-Abidine Ben Ali, der mit seinem Familienclan und seinen Komplizen Tunesien dreiundzwanzig Jahre lang terrorisiert und ausgeplündert hatte, floh mit seiner Familie am 14. Januar 2011 nach Saudi-Arabien. Die Wirkung der tunesischen Erhebung auf die Nachbarländer ließ nicht lange auf sich warten.

In Ägypten begann die Revolution am 25. Januar mit der Versammlung von fast einer Million Menschen auf dem Tahrir-Platz im Herzen Kairos. Seit Oktober 1981 hatte der Luftwaffengeneral Hosni Mubarak unter israelisch-amerikanischem Schutz mit Folter, Polizeiterror und Korruption in Ägypten geherrscht. Während der drei Wochen vor seinem Sturz haben die Scharfschützen seiner Geheimpolizei von den Dächern der Häuser am Tahrir-Platz über 800 junge Leute – Männer und Frauen – ermordet und etliche Hundert weitere in Folterkammern des Regimes »verschwinden« lassen.

Das aufständische Volk hat Mubarak am 12. Februar gestürzt.

---

1 Vgl. »Ukrainian orphanages are starving disabled children«, *The Sunday Times*, London, 6. 2. 2011.

Die Unzufriedenheit griff auf die ganze arabische Welt über, im Maghreb wie im Maschrek: in Libyen, Jemen, Syrien, Bahrain etc.

Die Revolutionen in Ägypten und Tunesien haben komplexe Ursachen – der bewundernswerte Mut der Aufständischen speist sich aus tiefen Wurzeln. Aber der Hunger, die Unterernährung, die Angst vor den rasch steigenden Preisen des täglichen Brots waren ein mächtiger Beweggrund der Revolte.

Seit der Zeit des französischen Protektorats ist die Baguette das Grundnahrungsmittel der Tunesier, während es für die Ägypter das Fladenbrot ist. Im Januar 2011 verdoppelte sich plötzlich der Weltmarktpreis der Tonne Weizen. Im Januar 2011 kletterte er auf 270 Euro.

Der riesige Landstrich, der sich von der Atlantikküste Marokkos bis zu den Emiraten am Arabisch-Persischen Golf erstreckt, ist weltweit der wichtigste Importeur von Nahrungsmitteln. Egal, ob es sich um Getreide, Zucker, Rindfleisch, Geflügel oder Speiseöl handelt, die Länder des Maghrebs und des Golfs führen Nahrungsmittel in großen Mengen ein.

Um seine 84 Millionen Einwohner zu ernähren, importiert Ägypten mehr als zehn Millionen Tonnen Weizen pro Jahr, Algerien fünf Millionen, Iran sechs Millionen. Marokko und der Irak kaufen jährlich je drei bis vier Millionen Tonnen Weizen, während sich Saudi-Arabien auf dem Weltmarkt rund sieben Millionen Tonnen Gerste pro Jahr beschafft.

In Ägypten und Tunesien hat die Gefahr einer Hungersnot ganz außerordentliche Folgen gehabt, das Gespenst des Mangels hat unerhörte Kräfte freigesetzt, die wesentlich zur Blüte des »Arabischen Frühlings« beigetragen haben. Doch in den meisten anderen von Ernährungsunsicherheit unmittelbar bedrohten Ländern werden Leid und Angst auch weiterhin still ertragen.

Dazu muss man wissen, dass Frauen in den ländlichen Gebieten Asiens und Afrikas eine dauerhafte Diskriminierung erleiden, die mit ihrer Unterernährung zusammenhängt; in bestimmten Gesellschaften der Sudan-Sahelzone und Somalias bekommen Frauen und Mädchen nur die Reste, die die Männer und Jungen bei ihren Mahlzeiten übriglassen.

Die gleiche Benachteiligung erfahren alle Kleinkinder. Noch

schlimmer ist die Diskriminierung von Witwen beziehungsweise Zweit- und Drittfrauen.

In den somalischen Flüchtlingslagern auf kenianischem Boden kämpfen die Vertreter des UN-Hochkommissariats für Flüchtlinge tagtäglich gegen diese abscheuliche Sitte: Bei den somalischen Nomaden rühren die Frauen die Hirseschüssel oder das gegrillte Hammelfleisch nicht an, bevor die Männer ihre Mahlzeit beendet haben.[1] Die Männer bedienen sich, dann sind die Jungen an der Reihe. Erst wenn die Männer mit ihren Söhnen den Raum verlassen haben, nähern sich die Frauen der Matte mit den Schüsseln, die noch einige Reisbällchen enthalten, ein bisschen Weizen, einen Fetzen Fleisch, den die Männer übriggelassen haben. Wenn die Schüsseln leer sind, bekommen die Frauen und Mädchen nichts zu essen.

Noch ein Wort zu den Opfern: In dieser Geografie und Statistik des Hungers ist mindestens einer von sieben Erdbewohnern enthalten.

Doch wenn wir einen anderen Standpunkt einnehmen, wenn wir das Kind, das stirbt, nicht einfach als statistische Einheit betrachten, sondern als Verschwinden eines singulären, unersetzlichen Wesens, das auf die Welt gekommen ist, um sein unwiederholbares Leben – das einzige, das es hat – zu leben, ist der Fortbestand dieses tödlichen Hungers unerträglich in einer Welt, die so reich ist, dass ihr nichts unmöglich wäre.

---

1 »*Affamati, ma a casa loro*« (Hungrig, aber im eigenen Haus), *Negrizia*, Vérona, Juli – August 2009.

2

Der unsichtbare Hunger

Neben den Menschen, die an Unterernährung zugrunde gehen, die
hungern und Teil dieser schrecklichen Geografie sind, gibt es noch
die Opfer der Mangelernährung. Die FAO lässt sie nicht außer Acht,
sondern erfasst sie gesondert.

Bei Unterernährung liegt Kalorienmangel vor, bei Mangelernährung ein Mangel an Mikronährstoffen – an Vitaminen und Mineralsalzen.

Jedes Jahr sterben mehrere Millionen Kinder unter zehn Jahren an
schwerer Mangelernährung.[1]

Im Laufe meines achtjährigen Mandats als der erste UN-Sonderberichterstatter für das Recht auf Nahrung habe ich die Hungergebiete bereist. Auf den eisigen, trockenen Höhen der Sierra Jocotán in Guatemala, in den trostlosen Ebenen der Mongolei, in den
dichten Wäldern des indischen Bundesstaates Orissa, in den von en-
demischem Hunger heimgesuchten Dörfern Äthiopiens und Nigers
sind mir dreißigjährige Frauen begegnet, zahnlos und grau im Gesicht, die wie achtzig aussahen, kleine Kinder mit großen schwarzen
Augen, die erstaunt und fröhlich in die Welt blickten, deren Arme
und Beine aber dünn wie Streichhölzer waren, gedemütigte Männer
mit langsamen Bewegungen und ausgezehrten Körpern.

Was ihnen fehlt, ist auf den ersten Blick erkennbar. Sie alle sind
Opfer des Kalorienmangels.

Dagegen fallen die Schäden der Mangelernährung nicht so unmittel-

---

1 Hans Konrad Biesalski, »Micronutriments, wound healing and prevention of pres-
sure ulcers«, *Nutrition*, September 2010.

bar ins Auge. Ein Mann, eine Frau, ein Kind können Normalgewicht haben und trotzdem unter Mangelernährung leiden, das heißt unter permanentem und schwerem Mangel an Vitaminen und Mineralsalzen, die unentbehrlich für die richtige Verarbeitung von Makronährstoffen sind. Die Vorsilbe »Mikro« haben diese Nährstoffe, weil der Körper zum Wachsen, zur Entwicklung und zur Erhaltung der Gesundheit lediglich verschwindend kleine Mengen braucht. Aber sie werden vom Körper nicht hergestellt und müssen daher unbedingt durch eine abwechslungsreiche, ausgewogene und vollwertige Kost geliefert werden.

Vitamin- und Mineralstoffmangel kann nämlich zu schwerwiegenden Gesundheitsproblemen führen: erheblich gesteigerte Anfälligkeit für Infektionskrankheiten, Blindheit, Blutarmut, Antriebslosigkeit, Einschränkung der Lernfähigkeit, mentale Retardierung, angeborene Missbildung, Tod. Drei Stoffe fehlen am häufigsten: Vitamin A, Eisen und Jod.

Die Mangelernährung bezeichnen die Vereinten Nationen gern als *silent hunger*, »stillen Hunger«. Obwohl es durchaus vorkommt, dass die Opfer schreien. Daher spreche ich lieber vom »unsichtbaren Hunger«, für das Auge nicht wahrnehmbar – häufig noch nicht einmal für das des Arztes.

Ein Kind kann scheinbar gut genährt sein, wohlgerundet, mit altersgemäßem Gewicht … und trotzdem unter Mangelernährung leiden – ein gefährlicher Zustand, der wie Kalorienmangel zu qualvoller Krankheit und Tod führen kann.

Doch die durch Mangelernährung hervorgerufenen Todesfälle lassen sich laut FAO nicht in ihren Hungerstatistiken beziffern, daher berücksichtigt sie nur die zur Verfügung stehenden Kilokalorien.

Bei Kindern unter fünfzehn Jahren führen das Kinderhilfswerk der Vereinten Nationen (UNICEF) und die Mikronährstoff-Initiative, eine nicht gewinnorientierte Organisation, die auf Mangelerkrankungen spezialisiert ist, seit 2004 regelmäßige Untersuchungen durch, deren Ergebnisse in einer Berichtreihe mit dem Titel »Vitamin- und Mineralstoffmangel, globale Bewertung« veröffentlicht werden.[1] Offenbar kann ein Drittel der Weltbevölkerung seine kör-

1 »Vitamine and Mineral Deficiency. A Global Assessment.«

perlichen und geistigen Möglichkeiten aufgrund von Vitamin- und Mineralstoffmangel nicht voll entfalten.

Ganz besonders verheerend wirkt sich die Mangelernährung in der Altersgruppe der Kinder bis zu fünf Jahren aus.

Eine der häufigsten Folgen der Mangelernährung ist Anämie oder Blutarmut. Ihre Ursache ist Eisenmangel und ihr besonderes Merkmal ein zu niedriger Hämoglobinspiegel. Vor allem für Kinder und Frauen im gebärfähigen Alter ist sie tödlich. Im Säuglingsalter ist Eisen lebenswichtig: Die meisten Gehirnzellen bilden sich während der beiden ersten Lebensjahre. Außerdem beeinträchtigt Blutarmut das Immunsystem.

Rund 30 Prozent der Kinder werden in den 50 ärmsten Ländern der Welt – oder den »am wenigsten entwickelten Ländern« (*least developed countries,* LDC), in UN-Terminologie – geboren. Dort verursacht der Eisenmangel irreparable Schäden. Sehr viele Opfer bleiben ihr Leben lang geistig behindert.[1]

Alle vier Minuten verliert ein Mensch sein Augenlicht, er wird blind – meist durch Fehlernährung.

Vitamin-A-Mangel ruft Blindheit hervor. Millionen Kinder leiden darunter. Jedes Jahr erblinden 13 Millionen von ihnen aus diesem Grund.

Die Beriberi – eine Krankheit, die das Nervensystem zerstört – entsteht durch einen längeren Mangel an Vitamin B.

Fehlt in der Nahrung Vitamin C, erkranken die Betroffenen an Skorbut, während Vitamin-D-Mangel bei Kindern zu Rachitis führt.

Für Schwangere ist Folsäure unentbehrlich. Nach Schätzung der Weltgesundheitsorganisation (WHO) kommen jährlich durch Fehlen dieses Mikronährstoffs 200 000 Kindern missgebildet zur Welt.

Auch Jod ist für die Gesundheit unentbehrlich. Fast eine Milliarde Menschen – meist Männer, Frauen und Kinder, die in ländlichen Regionen der südlichen Erdhalbkugel leben, vor allem in Überschwemmungsgebieten, in denen der ausgewaschene Boden und das

---

1 Hartwig de Haen, »Das Menschenrecht auf Nahrung«, Konferenz, Einbeck-Northeim, 28. Januar 2011.

Wasser zu wenig Jod enthalten – leidet unter natürlichem Jodmangel. Wird der nicht ausgeglichen, kommt es zu Kröpfen, schweren Wachstumsstörungen und geistiger Behinderung (Kretinismus). Im Körper Schwangerer – und damit auch in dem der Föten – erweist sich Jodmangel als fatal.

Zinkmangel beeinträchtigt die motorischen und zerebralen Fähigkeiten. Nach einer Studie der Wochenzeitschrift *The Economist* verursacht er rund 400 000 Todesfälle pro Jahr.[1] Außerdem ruft Zinkmangel – häufig tödlich verlaufende – Durchfälle bei Kleinkindern hervor.[2]

Im Übrigen ist darauf hinzuweisen, dass mehr als die Hälfte der Personen mit Mikronährstoffmangel kumulative Defizite aufweisen. Das heißt, in ihrer Nahrung fehlen mehrere Vitamine und mehrere Mineralstoffe.

Weltweit lässt sich die Hälfte der Todesfälle von Kindern unter fünf Jahren direkt oder indirekt auf Mangelernährung zurückführen. Weit überwiegend leben sie in Südasien und Schwarzafrika. Was zugleich bedeutet, dass nur ein sehr kleiner Prozentsatz der fehlernährten Kinder Zugang zu einer Behandlung hat: In vielen Staaten des Südens trägt die nationale Gesundheitspolitik nur selten der ausgeprägten und schweren Mangelernährung Rechnung, obwohl sie sich doch mit geringem Kostenaufwand – und ohne besondere therapeutische Schwierigkeiten – behandeln ließe.

Es herrscht ein entsetzlicher Mangel an Realimentationseinrichtungen.

2008 beklagt die Action contre la Faim in einer Veröffentlichung zu Recht: »Es wäre leicht, die kindliche Mangelernährung zu beseitigen. Man müsste nur entsprechende Prioritäten setzen. Doch dazu fehlt es zahlreichen Staaten am nötigen Willen.«[3]

Mit größter Wahrscheinlichkeit hat sich die Situation seit 2008 sogar verschlechtert. Beispielsweise ist die Qualität der primären Ge-

---

1 »Hidden hunger«, *The Economist*, 26. März 2011.
2 Recherche der *New York Times*, 24. November 2010, von Nicholas D. Kristof.
3 Action contre la Faim, »En finir avec la malnutrition, une question de priorité«, Paris, 2008.

sundheitsdienste in Schwarzafrika noch weiter abgesunken.[1] Bangladesch, wo es mehr als 400 000 mangelernährte Kinder unter zehn Jahren gibt, verfügt nur über zwei Krankenhäuser, in denen kleine Jungen oder Mädchen mit schweren Mängeln an Vitaminen und/oder Mineralstoffen, wieder ins Leben zurückgerufen werden können.

Und vergessen wir nicht, dass die Mangelernährung, wie die Unterernährung, schwerste Schäden in Geist und Psyche bewirken kann. Der Mangel an Makro- und Mikronährstoffen mit seinem Gefolge von Krankheiten erzeugt Angst, dauernde Entwürdigung, Depression und die panische Furcht vor dem nächsten Tag.

Wie soll eine Mutter, deren Kinder am Abend vor Hunger weinen und der es wie durch ein Wunder gelingt, sich von einer Nachbarin etwas Milch zu leihen, ihre Kleinen am nächsten Tag ernähren? Wie soll sie nicht wahnsinnig werden? Welcher Vater, der außerstande ist, für den Lebensunterhalt der Seinen zu sorgen, wird in den eigenen Augen nicht jede Würde verlieren?

Eine Familie, die vom regelmäßigen Zugang zu ausreichender Nahrung ausgeschlossen ist, ist eine zerstörte Familie. Zehntausende indische Bauern, die in den letzten Jahren Selbstmord begangen haben, dokumentieren diese Situation auf tragische Weise.[2]

1 Die deutsche NGO medico international dokumentiert diese Tatsache in ihren periodischen, akribisch genauen Berichten.
2 vgl. S. 147

3

Dauerkrisen

Von zentraler Bedeutung für die Analysen der FAO ist der Begriff der »protracted crisis«, der schwer zu übersetzen ist. Im Deutschen wird er meist mit »langwierige« oder »lang anhaltende« Krise übersetzt, flache Formulierungen, die die im englischen Begriff mitschwingenden Tragödien, Widersprüche, Spannungen und Niederlagen nicht wiedergeben. Mangels eines besseren Wortes werden wir hier trotzdem von »langwierigen Krisen« sprechen.

Bei einer »langwierigen Krise« wirken struktureller und konjunktureller Hunger zusammen. Eine Naturkatastrophe, ein Krieg, eine Heuschreckenplage bringen die Wirtschaft zum Erliegen, zerreißen das soziale Gefüge, schwächen die Institutionen.

Das Land kann sich aus dieser Situation nicht mehr befreien. Es kann sein Gleichgewicht auch nicht ansatzweise wiederfinden. Der Ausnahmezustand wird für die Einwohner zum Dauerzustand.[1]

Dutzende, wenn nicht gar Hunderte Millionen Menschen, die in diesen Zustand geworfen werden, versuchen vergeblich, ihre vom Hunger zerstörte Gesellschaft wieder aufzubauen. Nun ist die Ernährungsunsicherheit die auffälligste äußere Manifestation dieser langwierigen Krisen.

Sie sind nicht immer miteinander identisch, weisen aber bestimmte gemeinsame Merkmale auf.

Lange Dauer. Afghanistan, Somalia und der Sudan leben seit den achtziger Jahren, also seit drei Jahrzehnten, in einer Krisensituation.

---

1 Paul Collier, *Die unterste Milliarde. Warum die ärmsten Länder scheitern und was man dagegen tun kann*, München dtv, 2010.

Bewaffnete Konflikte. Der Krieg kann eine relativ isolierte Region des Landes erfassen – etwa in Uganda, Niger, Sri Lanka (von 2000 bis 2009) – oder das ganze Land verschlingen, wie vor kurzem geschehen in Liberia und Sierra Leone.

Schwächung der Institutionen. Staatliche Institutionen und Verwaltung sind außerordentlich instabil, entweder durch die Korruption der Regierung und Beamtenschaft oder infolge eines kriegsbedingten Zerfalls des sozialen Gefüges.

Alle Länder, die sich in einer langwierigen Krise befinden, stehen auf der Liste der 50, wie es heißt, »am wenigsten entwickelten« Staaten, die jährlich vom Entwicklungsprogramm der Vereinten Nationen (UNDP) aufgestellt wird, wobei Kriterien ausschlaggebend sind wie Zugang zu Nahrung, zu primären Sanitäreinrichtungen, zu Schulbildung. Andere Parameter sind die staatsbürgerlichen Freiheiten, das Maß ihrer Teilhabe an Entscheidungsprozessen, das Einkommensniveau etc.

Gegenwärtig erfüllen 21 Länder die Kriterien der langwierigen Krise. Alle diese Länder haben eine vom Menschen geschaffene Notsituation erlebt – militärische Konflikte oder politische Krisen. 18 von ihnen mussten auch irgendwann eine Naturkatastrophe bewältigen – allein oder in Verbindung mit einer vom Menschen bewirkten Notsituation.

Niger ist ein herrliches Land am Südrand der Sahara im Sahel, das mehr als eine Million Quadratkilometer umfasst und einige der wunderbarsten Kulturen der Menschheit beherbergt – die der Djerma, Hausa, Tuareg, Fulbe –, aber zugleich auch das Musterbeispiel eines Landes in langwieriger Krise.

Es gibt nur wenig Ackerland. Insgesamt sind nur 4 Prozent des Bodens nutzbar. Von den Djerma und einem Teil der Hausa abgesehen, besteht die Bevölkerung vor allem aus nomadischen oder halbnomadischen Viehzüchtern.

Im Niger gibt es 20 Millionen Stück Vieh, weiße Kamele, Zebus mit lyraförmigen Hörnern, Ziegen (vor allem die hübschen rotbraunen aus Maradi), Schafe, Esel. In der Landesmitte ist der Boden mit Mineralsalzen gesättigt, wodurch die Tiere, die daran lecken, ein besonders festes und schmackhaftes Fleisch bekommen.

Doch die Nigrer werden von ihren Auslandsschulden erdrückt. Folglich unterliegen sie dem eisernen Gesetz des Internationalen Währungsfonds (IWF). Im Laufe der letzten zehn Jahre hat diese Organisation das Land mit einer Reihe von Strukturanpassungsprogrammen überzogen.

Vor allem hat der IWF die Schließung des Nationalen Veterinäramtes angeordnet und damit den Markt für die multinationalen Konzerne der Tierpharmazie geöffnet. Daher hat der Staat keine Möglichkeit mehr, die Verfallsdaten von Impfstoffen und Medikamenten verlässlich zu kontrollieren. (Niamey liegt 1000 Kilometer von der Atlantikküste entfernt. Viele Tierarzneien sind abgelaufen, wenn sie auf dem Markt der Hauptstadt eintreffen. Die einheimischen Händler begnügen sich damit, die Etiketten mit den Haltbarkeitsdaten von Hand auszutauschen.)

Fortan müssen die nigerischen Viehzüchter auf dem freien Markt von Niamey die Antiparasitika, Impfstoffe und Vitamine zur Behandlung ihrer Tiere zu dem Preis kaufen, der ihnen von den multinationalen Konzernen des Westens diktiert wird.

Das Klima in Niger ist rau. Eine Herde von mehreren hundert oder tausend Tieren gesund zu erhalten ist kostspielig. Viele Viehzüchter sind außerstande, die neuen Preise zu bezahlen. Daher werden die Tiere krank und verenden. Im besten Falle werden sie noch vor ihrem Tod zu einem Schleuderpreis verkauft. Die Gesundheit der Menschen, die unmittelbar mit der der Tiere verknüpft ist, verschlechtert sich. Auf die stolzen Eigentümer warten Verzweiflung und sozialer Abstieg. Mit ihren Familien wandern sie in die Elendsviertel von Niamey, Kano oder der großen Küstenstädte Cotonou, Abidjan oder Lomé ab.

Diesem Land mit seinen wiederkehrenden Hungersnöten, in dem die Trockenheit Mensch und Vieh in regelmäßigen Abständen Unter- und Mangelernährung aussetzt, hat der IWF die Auflösung der staatlichen Nahrungsreserven auferlegt, die sich auf 40 000 Tonnen Getreide beliefen. Diese Vorratslager, in denen sich die Säcke mit Hirse, Gerste und Weizen zu Gebirgen auftürmten, unterhielt der Staat, um in Notfällen, wenn es zu Dürren, Heuschreckenplagen oder Überschwemmungen kam, den betroffenen Bevölkerungsgruppen helfen zu können.

Doch die Afrika-Abteilung des IWF in Washington ist der Meinung, dass diese Vorratshaltung einen unzulässigen Eingriff in das Marktgeschehen darstelle. Mit einem Wort, dass der Getreidehandel nicht Sache des Staates sein dürfe, würde er doch das sakrosankte Dogma des Freihandels verletzen.

Seit der großen Dürre Mitte der achtziger Jahre, die fünf Jahre anhielt, hat sich der Rhythmus der Katastrophen beschleunigt.

Inzwischen wird Niger alle zwei Jahre von Hungersnöten heimgesucht.

Niger ist eine französische Neokolonie. Nach dem Menschlichen Entwicklungsindex des UNDP ist das Land der zweitärmste Staat der Erde. Dabei schlummern ungeheure Schätze in seinem Boden. Niger ist nach Kanada der zweitgrößte Uranproduzent der Erde. Aber siehe da: Das Abbaumonopol in den Minen des Departements Arlit besitzt der französische Staatskonzern Areva. Die Gebühr, die Areva dafür an die Regierung in Niamey zahlt, ist lächerlich gering.[1]

Nun hatte aber Mamadou Tanja, der amtierende Präsident, 2007 beschlossen, dem Unternehmen Somina die Genehmigung für die Uranförderung in den Minen von Azelik zu erteilen. Der nigrische Staat sollte mit 33 Prozent am Kapital der Somina beteiligt sein, der chinesische Konzern Sino-Uranium die Mehrheit von 67 Prozent der Aktien erhalten. Gesagt, getan.

Die seit vierzig Jahren in Niger operierende Areva schickte sich daraufhin an, auf anderem Terrain, in Imourarene, südlich von Arlit, zu schürfen.

Anfang 2010 empfing Tanja im Präsidentenpalast eine Abordnung des chinesischen Bergbauministeriums. Daraufhin streute Areva das Gerücht aus, auch die Chinesen hätten Interesse an den Minen von Imourarene ...

Die Sanktion folgte auf dem Fuß. Am Morgen des 18. Februar 2010 brachte ein Militärputsch einen bis dahin vollkommen unbekannten Oberst Salou Djibo an die Macht. Der brach sofort alle Ge-

---

1 Greenpeace Schweiz, Pressekonferenz, Genf, 6. Mai 2010. Dossier Areva/Niger.

spräche mit den Chinesen ab und bekräftigte »die Dankbarkeit und Loyalität« des Staates Niger gegenüber Areva.[1]

Vor fünf Jahren hat die Weltbank untersuchen lassen, ob sich in Niger ein Bewässerungssystem einrichten ließe. Es zeigte sich, dass man mit der Installation von Pumpen auf dem Grundwasserspiegel und einem System von Kapillarkanälen ohne größere technische Schwierigkeiten 440 000 Hektar Land bewässern könnte. Auf dem so gewonnenen Boden könnten jährlich drei Ernten eingebracht werden. Würde dieses Projekt verwirklicht, hätte das Land damit die Möglichkeit zur Selbstversorgung mit Nahrungsmitteln. Anders gesagt, es könnte den Hunger von zehn Millionen Nigrern ein für allemal besiegen.

Doch leider hat der zweitgrößte Uranproduzent der Welt keinen einzigen Heller für die Finanzierung dieses Projekts übrig. Und im Niger verhungern die Kinder weiter.

Das Elend der Völker, die im Norden Nigers leben, vor allem der Menschen, die sich am Fuß der Vorgebirge des Tibesti niedergelassen haben, ist der Grund für den Tuareg-Aufstand. Seit zehn Jahren ist er dort endemisch. Terrorgruppen algerischen Ursprungs, die sich im islamischen Netzwerk »Al-Qaida im Maghreb« organisiert haben, operieren in der Region. Ihre bevorzugte Aktivität: die Ergreifung europäischer Geiseln. Sie entführen die Europäer sogar in deren Restaurant *Le Toulousain* im Zentrum von Niamey und mitten in den weißen Wohngebieten des riesigen Lagers von Arlit. Die Al-Qaida-Killer haben keine Mühe, ihre Soldaten unter den jungen Tuareg anzuwerben, die durch die Politik der Avera zu einem Leben in Dauerarbeitslosigkeit, Verzweiflung und Elend verurteilt werden.

Im Süden von Niger, im Hausa-Land unweit Maradis, im einstigen Sultanat Zinder, habe ich den Einfall eines verheerenden Heuschreckenschwarms erlebt. In der Ferne ist die Luft von einem seltsamen Geräusch erfüllt, wie von einem sehr hoch fliegenden Bombergeschwader.

---

1 Anfang 2011 haben freie Wahlen Mahamadou Issoufou an die Macht gebracht, einen hervorragenden Bergbauingenieur und Areva-Manager.

Das Geräusch nähert sich.

Jäh verfinstert sich der Himmel. Milliarden Wanderheuschrecken – schwarz, violett – schlagen heftig mit den Flügeln. Eine riesige Wolke verdeckt die Sonne. Eine Art Dämmerung legt sich über die Augen. In dem Augenblick, da die Insekten Anstalten machen, sich auf die Erde zu stürzen, bilden sie eine kompakte Masse. Der Angriff erfolgt dann in drei Etappen. Zunächst verharren sie – eine unruhige, geräuschvolle, drohende Masse – einige Minuten lang über den Dörfern, Feldern und Speichern, die sie anvisieren. Daraufhin sinkt die Wolke unter entsetzlichem Getöse bis halb zur Erde nieder. In unabsehbarer Zahl lassen sich die Tiere auf Bäumen, Büschen, Hirsehalmen, Hüttendächern nieder und verschlingen alles, wessen ihre gierigen Kauwerkzeuge habhaft werden.

Nach einem kurzen Aufenthalt erreicht die gefräßige Heerschar den Boden. Bäume, Büsche, Hirsefelder, Nahrungspflanzen sind kahlgefressen, zu Skeletten abgenagt, jedes Blatt, jede Frucht, jedes Korn haben die Invasoren verschlungen. Auf einer Fläche von mehreren Quadratkilometern bedeckt das wogende Heuschreckenmeer jetzt den Boden. Auf der Erdoberfläche verzehren sie die letzten genießbaren Reste und wühlen dabei den Boden bis zu einer Tiefe von einem Zentimeter auf.

Die gesättigte Horde verschwindet, wie sie gekommen ist: plötzlich, mit dumpfem Lärm, die Sonne verfinsternd. Vorsichtig treten die Bauern, die Frauen, die Kinder aus den Hütten. Der Schrecken steht ihnen ins Gesicht geschrieben. Ihnen bleibt nichts übrig, als der Katastrophe ins Auge zu blicken.

Die Weibchen sind 7 bis 9 Zentimeter groß, die Männchen 6 bis 7,5 Zentimeter. Sie wiegen zwischen 2 und 3 Gramm. Eine Heuschrecke verzehrt pro Tag das Dreifache ihres Körpergewichts.

Wanderheuschrecken fallen im Sahel, im Mittleren Orient, im Maghreb, in Pakistan und Indien ein. Ihre gefräßigen Schwärme überqueren Meere und Erdteile und bestehen manchmal, so heißt es, aus mehreren Milliarden Tieren. Der Neurotransmitter Serotonin löst ihren Wandertrieb aus und bewirkt die Schwarmbildung.

Theoretisch ist die Bekämpfung des Schädlings nicht schwer: Man versprüht mit Hilfe von Geländefahrzeugen wirksame Insektizide, während Flugzeuge in die Schwärme eindringen und hohe Dosen tödlicher Chemikalien zerstäuben. So hat Algerien während der Heuschreckenplage von 2004 48 Fahrzeuge eingesetzt, die 80 000 Liter Pestizide versprühten, Marokko 6 Fahrzeuge mit 50 000 Litern und Libyen 6 Allrad-Toyota mit 110 000 Litern. Allerdings ist darauf hinzuweisen, dass diese extrem giftigen Pestizide den Boden zerstören und auf Jahre hin unbrauchbar machen können.

Das zweite Buch Mose berichtet von den biblischen Plagen.

Der ägyptische Pharao, der das Volk der Hebräer in Sklaverei hielt, weigerte sich, es freizulassen. Um Ägypten zu bestrafen, schickte Jahwe ihm nacheinander zehn Plagen: Die Wasser des Nils verwandelten sich in Blut, Frösche, Stechmücken und Stechfliegen fielen ein, das Vieh ging zugrunde, Hagel prasselte nieder, Heuschrecken verwüsteten das Land, mitten am Tage kam Finsternis über das Land, alle Erstgeborenen starben.

»Und sie [die Heuschrecken] kamen über ganz Ägyptenland und ließen sich nieder überall in Ägypten, so viele, wie nie zuvor gewesen sind noch hinfort sein werden. Denn sie bedeckten den Erdboden so dicht, dass er ganz dunkel wurde. Und sie fraßen alles, was im Lande wuchs, und alle Früchte auf den Bäumen, die der Hagel übrig gelassen hatte, und ließen nichts Grünes übrig an den Bäumen und auf dem Felde in ganz Ägyptenland.«[1]

Am Ende lenkte der Pharao ein. Er ließ die Hebräer ziehen, woraufhin Jahwe Ägypten mit weiteren Plagen verschonte.

Doch in Afrika vernichten die Heuschrecken (genauer, die Wanderheuschrecken) auch weiterhin die Pflanzungen und Ernten. Regelmäßig kommen sie als Vorboten von Hunger und Tod.

Gleiches gilt für alle Länder, die sich, von dieser Plage bedroht, in einer langwierigen Krise befinden. Daher sind dort die Prozentwerte für permanente und schwere Unterernährung extrem hoch, wie die folgende aufschlussreiche Tabelle der FAO zeigt:

---

1 Luther-Bibel 1984, 2. Mose, 10,14-15.

Land	Gesamt-bevölkerung 2005–2007 (In Millionen)	Zahl der Unterernährten 2005–2007	Anteil der Unterernährten 2005–2007	Auf das Alter bezogenes Untergewicht bei Kindern unter 5 Jahren 2002–2007 (in Prozent)	Sterberate bei Kindern unter 5 Jahren 2007	Wachstums-retardierung[2] 2000–2007
Afghanistan	kD[1]	kD	kD	32,8	25,7	59,3
Angola	17,1	7,1	41	14,2	15,8	50,8
Burundi	7,6	4,7	62	35,0	18,0	63,1
Kongo	3,5	0,5	15	11,8	12,5	31,2
Elfenbeinküste	19,7	2,8	14	16,7	12,7	40,1
Eritrea	4,6	3,0	64	34,5	7,0	43,7
Äthiopien	76,6	31,6	41	34,6	11,9	50,7
Guinea	9,4	1,6	17	22,5	15,0	39,3
Haiti	9,6	5,5	57	18,9	7,6	29,7
Irak	kD	kD	kD	7,1	4,4	27,5
Kenia	36,8	11,2	31	16,5	12,1	35,8
Liberia	3,5	1,2	33	20,4	13,3	39,4
Uganda	29,7	6,1	21	16,4	13,0	38,7

Land	Gesamt-bevölkerung	Zahl der Unterernährten	Anteil der Unterernährten	Auf das Alter bezogenes Untergewicht bei Kindern unter 5 Jahren	Sterberate bei Kindern unter 5 Jahren	Wachstums-retardierung[2]
	2005–2007	2005–2007	2005–2007	2002–2007	2007	2000–2007
	(In Millionen)			in Prozent		
Zentral-afrikanische Republik	4,2	1,7	40	24,0	17,2	44,6
Demokratische Republik Kongo	60,8	41,9	69	25,1	16,1	45,8
Demokratische Volkrepublik Korea	23,6	7,8	33	17,8	5,5	44,7
Sierra Leone	5,3	1,8	35	28,3	26,2	46,9
Somalia	kD	kD	kD	32,8	14,2	42,1
Sudan	39,6	8,8	22	27,0	10,9	37,9
Tadschikistan	6,6	2,0	30	14,9	6,7	33,1
Tschad	10,3	3,8	37	33,9	20,9	44,8
Simbabwe	12,5	3,7	30	14,0	9,0	35,8

Quellen: FAO, IFPRI und WHO

1) kD: keine Daten.

2) Wachstumsretardierung: in Prozent des altersentsprechenden Gewichts.

Nachtrag 1: Das Getto von Gaza

Eine der gegenwärtig schlimmsten »langwierigen Krisen« findet in der Tabelle der FAO keine Berücksichtigung. Sie ist eine unmittelbare Folge der Gaza-Blockade.

Das Gebiet von Gaza grenzt im Süden an Ägypten und bildet einen Streifen von 41 Kilometer Länge und 6 bis 12 Kilometer Breite an der Ostküste des Mittelmeers. Es ist seit etwa dreieinhalbtausend Jahren bewohnt und hat die Stadt Gaza hervorgebracht, einen Hafen und Markt, der dem Warenaustausch zwischen Ägypten und Syrien, der arabischen Halbinsel und dem Mittelmeer dient.

Heute leben auf den 365 Quadratkilometern des Gazastreifens dicht gedrängt 1,5 Millionen Palästinenser, in ihrer großen Mehrheit Flüchtlinge oder Nachkommen der Flüchtlinge der Kriege von 1947, 1967 und 1973.

Im Februar 2005 beschloss die Regierung Sharon den Rückzug aus dem Gazastreifen. Im Inneren sollten die palästinensischen Behörden fortan alle Verwaltungsaufgaben übernehmen. Doch nach internationalem Recht bleibt Israel Besatzungsmacht: Luftraum, Hoheitsgewässer und Landesgrenzen stehen unter seiner Kontrolle.[1]

So konnte Israel an seiner Flanke um das gesamte Gazagebiet einen Elektrozaun errichten und ihn zu beiden Seiten noch durch einen verminten Todesstreifen ergänzen. Und Gaza wurde das größte »Freiluftgefängnis« auf unserem Planeten.

Als Besatzungsmacht hätte Israel die Pflicht, das humanitäre Völkerrecht zu achten und insbesondere auf den Einsatz der »Hunger-

---

1 »United Nations fact finding mission on the Gaza conflict«, UNO, New York, 2009. In Auftrag gegeben vom UN-Menschenrechtsrat; Vorsitzender der Untersuchungskommission war der südafrikanische Richter Richard Goldstone. Im Folgenden bezeichne ich dieses 826 Seiten starke Dokument als »Goldstone-Bericht«. In Buchform erschien der Bericht 2010 im Verlag Melzer, Neu-Isenburg, unter dem Titel *Bericht der Untersuchungskommission der Vereinten Nationen über den Gaza-Konflikt, Menschenrechte in Palästina und anderen besetzten arabischen Gebieten*, herausgegeben von Abraham Melzer, mit einem Vorwort von Stéphane Hessel.
2011 versuchte Richard Goldstone – dem starken Druck seiner angestammten Religionsgemeinschaft nachgebend –, einige Schlussfolgerungen des Berichts abzuändern. Die Kommissionsmehrheit unterband diesen Versuch.

waffe« gegen die Zivilbevölkerung zu verzichten.[1] Und wie sieht es tatsächlich aus?

Eines Nachmittags befand ich mich in Gaza-Stadt, in dem sonnendurchfluteten Büro von Karen Abou Zaïd, der Generalkommissarin des Hilfswerk der Vereinten Nationen für Palästina-Flüchtlinge im Nahen Osten (UNRWA / United Nations Relief and Works Agency in the Near East), einer eleganten, blonden Frau dänischer Herkunft, die mit einem Palästinenser verheiratet ist. An diesem Tag trug sie ein weites, rot und schwarz besticktes palästinensisches Gewand. Schritt für Schritt, Tag für Tag kämpfte sie seit 2005, dem Tag, an dem sie den Dänen Peter Hansen ersetzt hatte, nachdem dieser von der israelischen Besatzungsmacht zur Persona non grata erklärt worden war, gegen die israelischen Generäle, um den Fortbestand der Ernährungszentren, Krankenhäuser und 221 Schulen der UNRWA zu sichern.

Die Generalkommissarin war besorgt: »An der durch die Mangelernährung verursachten Blutarmut … sind viele Kinder erkrankt. Wir mussten dreißig unserer Schulen schließen … Viele Kinder können sich nicht mehr auf den Beinen halten. Die Anämie richtet sie zugrunde. Es gelingt ihnen nicht mehr, sich zu konzentrieren …«

Leise fügt sie hinzu: »It's hard to concentrate when the only thing you can think of is food.« (Es ist schwer, sich zu konzentrieren, wenn man nur noch ans Essen denken kann).[2]

Nach 2006 hat sich die Ernährungssituation im Gazastreifen infolge der israelisch-ägyptischen Blockade noch verschlechtert.

2010 waren 81 Prozent der Bevölkerung im erwerbsfähigen Alter ohne Beschäftigung. Der Verlust von Arbeitsplätzen, Einnahmen, Vermögenswerten und anderen Einkünften hat den Zugang zur Nahrung für die Gaza-Bewohner enorm erschwert.

Die Einkünfte pro Einwohner haben sich seit 2006 halbiert. 2010 ist das Einkommen von 80 Prozent unter die Schwelle extremer Ar-

---

1 Vgl. Richard Falk, Sonderberichterstatter der Vereinten Nationen für die besetzten palästinensischen Gebiete, vor allem die Berichte vom Juni 2010, August 2010 und Januar 2011, Akz. A/ HR HRC / 13/53, A/HRC 565/331 et A/HRC 16/72.

2 Karen Abou Zaïd hat den Posten der UNRWA-Generalkommissarin bis Ende 2009 bekleidet.

mut gefallen (weniger als 1,25 Dollar pro Tag); 34 Prozent der Einwohner litten unter schwerer Unterernährung.

Besonders tragisch ist die Situation für die gefährdeten Gruppen. Bei den 22 000 Schwangeren, die im Durchschnitt im Getto von Gaza leben, ruft die Unterernährung mit Sicherheit hirnorganische Schäden an ihren ungeborenen Kindern hervor.

2010 konnten sich vier von fünf Familien im Gazastreifen nur eine Mahlzeit pro Tag leisten. Über 80 Prozent der Einwohner waren zum Überleben auf internationale Hilfe angewiesen.

Die gesamte Gaza-Bevölkerung wird für Taten bestraft, für die sie nicht im Geringsten verantwortlich ist.[1]

Am 27. Dezember 2008 führten die israelischen Land-, Luft- und Seestreitkräfte einen Generalangriff gegen die Bewohner und die Infrastruktur des Gettos von Gaza. 1444 Palästinenser, unter ihnen 348 Kinder, wurden getötet, häufig mit Hilfe von Waffen, deren Einsatz Israel zum ersten Mal testete. Eine der wichtigsten an den Frauen, Männern und Kindern von Gaza »erprobten« Waffen war DIME (*Dense Inert Metal Explosive*, »Sprengstoff mit dichtem, inertem Metall«). Die von einer Drohne ins Ziel gebrachte Bombe besteht aus winzigen Wolframkügelchen, die im Körper des Opfers explodieren und das Opfer buchstäblich zerreißen.[2]

Die Einwohner des Gettos hatten keine Möglichkeit zu fliehen: auf israelischer Seite wegen des Elektrozauns; auf ägyptischer wegen der Schließung der Grenze in Rafah.

Außerdem wurden mehr als 6000 palästinensische Männer, Frauen und Kinder verwundet, amputiert, gelähmt, verbrannt, verstümmelt.[3]

---

1 Internationales Komitee vom Roten Kreuz (IKRK)), »Gaza closure«, Genf, 14. Juni 2010. Vgl. auch Christophe Oberlin, *Chroniques de Gaza*, Paris, Éditions Demi-Lune, 2011; außerdem Amnesty International, *Suffocating, The Gaza strip under Israëli blockade*, London, 2010.

2 Vgl. den Bericht der norwegischen Ärzte Mats Gilbert und Erik Fosse, *Eyes in Gaza*, Quartet Books, London 2010.

3 Goldstone-Bericht, Kapitel 6, Übersicht der von Israel zwischen dem 27. Dezember 2008 und dem 18. Januar 2009 durchgeführten Kriegshandlungen und Daten zu Verletzten und Todesopfern. Zehn israelische Soldaten wurden getötet, mehrere von ihnen durch *Friendly Fire*, also durch Fehlschüsse ihrer eigenen Armee.

Die Aggressoren haben die zivilen – vor allem landwirtschaftlichen – Infrastrukturen systematisch zerstört. Die größte Getreidemühle des Gazagebietes – eine von drei noch funktionsfähigen Mühlen –, Al-Badr in Sudnyiyah, westlich von Jablyah, wurde von israelischen F-16 angegriffen und vollkommen zerstört.[1]

Dabei ist Brot das Grundnahrungsmittel im Gaza-Streifen.

In zwei aufeinander folgenden Angriffen, am 3. und 10. Januar 2009, zerstörten Flugzeuge mit Luft-Boden-Raketen das Klärwerk von Gaza-Stadt in der Al-Sheikh-Ejin-Straße sowie die Dämme des Abwasserrückhaltebeckens.

Damit war die Stadt ihres Trinkwassers beraubt.

Richard Goldstone, der Vorsitzende der Untersuchungskommission des UN-Menschenrechtsrates, weist darauf hin, dass sich weder in der Mühle Al-Badr noch im Klärwerk oder dem landwirtschaftlichen Betrieb Al-Samouni (wo es 23 Tote gab) zu irgendeinem Zeitpunkt palästinensische Kämpfer befanden oder befunden hatten.

Sie konnten also keine legitimen militärischen Ziele darstellen.[2]

2011 wurde die Gaza-Blockade fortgesetzt.[3] Die Regierung in Tel-Aviv ließ gerade genug Nahrung in das Getto hinein, um eine allgemeine Hungersnot zu verhindern, die der internationalen Öffentlichkeit nicht verborgen geblieben wäre.

Sie organisiert die Unter- und die Mangelernährung.

Stéphane Hessel und Michel Warschawski glauben, dass dieser Strategie die Absicht zugrunde liegt, die Getto-Bewohner leiden zu lassen, damit sie sich gegen die Macht der Hamas auflehnen.

Um dieses politische Ziel zu erreichen, setzt die Regierung in Tel-Aviv also absichtlich die Waffe des Hungers ein.[4]

---

1 a.a.O., Kapitel 13, »Angriffe auf die zivilen Lebensgrundlagen in Gaza: Zerstörung der industriellen Infrastruktur, der Nahrungsmittelproduktion, der Wasserversorgung, Abwasseranlagen und Wohngebäude«.

2 a.a.O., Kapitel 11, »Vorsätzliche Angriffe auf die Zivilbevölkerung«.

3 Obwohl das Mubarak-Regime im Februat 2011 gestürzt wurde, bleibt Ägypten auch weiterhin ein israelisch-amerikanisches Protektorat. Der Militärrat, der in Kairo an der Macht ist, behält die Schließung des Grenzübergangs in Rafah bei, *Le Monde*, 15. August 2011.

4 Stéphane Hessel und Michel Warschawski, Beiträge auf dem Kolloquium »Crimes de guerre, blocus de Gaza« an der Universität Genf, 13. März 2011.

Nachtrag 2: Die Hungerflüchtlinge aus Nordkorea

Ein UN-Sonderberichterstatter für das Recht auf Nahrung hat absolut keine exekutiven Befugnisse.

Trotzdem habe ich überraschende Augenblicke erlebt, wie an jenem grauen Novembernachmittag 2005 in New York. Ich bereitete mich darauf vor, der 3. Kommission der Vollversammlung meinen Bericht vorzutragen. Bereits auf der Rednertribüne und kurz davor, das Wort zu ergreifen, fühlte ich, wie mich eine Hand am Jackenärmel zupfte. Hinter mir kniete ein Mann, offensichtlich, um vom Plenarsaal aus nicht gesehen zu werden. Er flehte mich an: »*Please, do not mention paragraph 15 ... we have to talk*« (Bitte erwähnen Sie Absatz 15 nicht ... wir müssen miteinander reden).

Es war der Botschafter der Volksrepublik China. Der Absatz meines Berichts, der ihm solche Angst machte, behandelte die Menschenjagd, die die Pekinger Regierung auf die Hungerflüchtlinge aus Nordkorea veranstaltet. Die beiden Grenzflüsse Tumen und Yalu frieren jedes Jahr eine Zeitlang zu, was es Tausenden von Flüchtlingen ermöglicht, ungeachtet der nordkoreanischen Repressionen einen der beiden Wasserläufe zu überqueren, um auf diesem Weg in die Mandschurei zu gelangen, wo es seit längerem eine große koreanische Diaspora gibt.[1]

Dort werden viele dieser Flüchtlinge regelmäßig von der chinesischen Polizei verhaftet und an die Behörden in Pjöngjang überstellt. Die zwangsweise zurückgebrachten Männer werden entweder sofort erschossen oder verschwinden mit den Frauen und Kindern in Umerziehungslagern.

Am Vormittag desselben Tages war ich in das 38. Stockwerk des UN-Wolkenkratzers gefahren, wo der Generalsekretär sein Büro hat. Fünf Jahre lang hatte Kofi Annan versucht, in geheimen Verhandlungen durchzusetzen, dass auf chinesischem Boden Auffanglager unter UN-Verwaltung eingerichtet wurden.

---

1 Juliette Morillot und Dorian Malovic, *Évadés de Corée du Nord, Témoignages*, Paris, Belfond, 2004. Zeugenaussagen Überlebender, die in der Mandschurei und in Südkorea aufgenommen wurden.

Aber er war auf ganzer Linie gescheitert. An diesem Morgen nun hatte mir der Generalsekretär grünes Licht gegeben, die chinesischen Menschenjagden anzuprangern.

6 der 24 Millionen Nordkoreaner sind stark unterernährt. Zwischen 1996 und 2005 sind zwei Millionen Menschen den wiederkehrenden Hungersnöten zum Opfer gefallen.[1] Die Kim-Dynastie[2] hat ihre Nuklearmacht auf den Massengräbern des Hungers errichtet.

Anfang 2011 ist die Situation abermals katastrophal: Eine Reihe von Überschwemmungen hat die Reisfelder verwüstet, die Maul- und Klauenseuche hat den Viehbestand dezimiert. Für den Rest sorgen die besonderen Eigenschaften der terroristischen Kim-Dynastie: Korruption, Misswirtschaft, Verachtung für die Hungernden. Mit einer Notoperation versucht das Welternährungsprogramm (WFP), unterstützt von einigen NGOs (aber weder von den Vereinigten Staaten noch von Südkorea)[3], die Katastrophe einzudämmen.

Amnesty International schätzt die Zahl der Häftlinge, die sich ohne Urteil und Aussicht auf Entlassung in den nordkoreanischen Umerziehungslagern befinden, auf mehr als 200 000 – unter ihnen auch die von den Chinesen abgeschobenen Hungerflüchtlinge.[4] Größtenteils hat man diese Flüchtlinge – Eltern und Kinder gemeinsam –[5] in Lager gesteckt, die in Zonen der »totalen Kontrolle« liegen, etwa in der menschenleeren Landschaft von Hamkyung im Norden, nahe der sibirischen Grenze. Diese Menschen werden niemals wieder freikommen.

---

1 *Le Monde*, 12. und 14. Mai 2011.
2 In Nordkorea ist der Präsident des Ständigen Komitees der Obersten Volksversammlung der Staatschef. 2011 folgte Kim Jong-un seinem Vater Kim Jong-il in dieses Amt.
3 Die NGOs und die Staaten, die sich weigern, den Hungernden in Nordkorea zu helfen, rechtfertigen ihre Haltung mit der Erklärung, sie wollten verhindern, dass die Hungerhilfe von den Machthabern für die herrschende Klasse und die Armee zweckentfremdet werde.
4 Bericht von Amnesty International über Nordkorea, London, 3. Mai 2011.
5 Traditionell umfasst die Familie in Nord- und Südkorea nicht nur Vater und Mutter, Brüder und Schwestern, sondern auch Großeltern, Onkel und Tanten, Cousins und Cousinen sowie alle blutsverwandten oder angeheirateten Nachkommen. Vgl. Juliette Morillot und Dorian Malovic, *Évadés de Corée du Nord, Témoignages*, a. a. O., S. 30.

Ganze, mehrere Generationen umfassende Familien, einschließlich Kinder jeden Alters, werden dort unter der Anschuldigung *guilty by association* (etwa: »schuldig durch Umgang mit Tätern«) eingekerkert. Amnesty International beschreibt auch, wie »Unruhestifter«, darunter sogar Kinder, in diesen Lagern in einen Betonwürfel eingeschlossen werden, der so bemessen ist, dass sich die Häftlinge darin weder aufrichten noch hinlegen können. Die Organisation berichtet vom Fall eines Jugendlichen, der acht Monate in einem solchen Würfel verbringen musste.

Laut Amnesty International sterben in den Lagern rund 40 Prozent der Häftlinge an Mangelernährung. Die Gefangenen versuchen, die Zwangsarbeit (zehn Stunden pro Tag, sieben Tage in der Woche) zu überleben, indem sie Ratten und aus Tierkot herausgelesene Körner essen.

Die UNO erweist sich diesen Schrecken gegenüber als ohnmächtig.

4

Der Weg zum Himmel

Die Staaten im Nordosten Brasiliens belegen 18 Prozent des Staatsgebiets und beherbergen 30 Prozent der Gesamtbevölkerung des Landes. Der größere Teil des Gebiets besteht aus dem halbwüstenartigen *Sertão*, der sich – mit Dornensträuchern übersät, hier und da von einem Tümpel unterbrochen und von einigen Flüssen durchschnitten – mit seiner unbebauten und staubigen Savanne über eine Fläche von einer Million Quadratkilometern erstreckt. Dort brennt die Sonne und verbreitet das ganze Jahr über eine glühende Hitze.

Die berittenen *Vaqueros* in ihrer Lederkluft bewachen Rinderherden, die jeweils mehrere Tausend Stück aufweisen und den *Fazendeiros* gehören, den Großgrundbesitzern, deren Familien oft noch bis in das alte portugiesische Vizekönigtum zurückreichen.

Crateùs ist ein Municipio im *Sertão* des Bundesstaates Ceará. Es ist 2000 Quadratkilometer groß und hat 72 000, vorwiegend in der Stadt lebende, Einwohner.

Am Rand der großen *Fazendas* und in den Elendsgebieten des Stadtrands stehen die Hütten der *Boia Frio* und ihrer Familien: der landlosen Arbeiter.

Jeden Morgen, auch sonntags, strömen auf dem Platz im Zentrum von Crateùs die *Boia Frio* zusammen. Die *Feitores*, die Vorarbeiter der Großgrundbesitzer, laufen durch die Menge der vom Hunger ausgezehrten Männer. Sie suchen sich unter ihnen diejenigen aus, die eingestellt werden, für einen Tag oder eine Woche, um einen Bewässerungskanal auszuheben, einen Zaun aufzustellen oder irgendeine andere Arbeit auf der *Fazenda* zu verrichten.

Bevor der Mann im Morgengrauen seine baufällige Behausung

verlässt, um sich auf dem Platz zu verkaufen, füllt ihm seine Frau das Essgeschirr: ein wenig Reis, schwarze Bohnen, Kartoffeln. Wenn ihr Mann das Glück hat, eingestellt zu werden, muss er arbeiten wie ein Ochse (*boia* auf Brasilianisch). Er wird seine Mahlzeit kalt (*frio*) verzehren. Wird er abgelehnt, bleibt er, wo er ist, weil er sich schämt heimzugehen. Unter dem großen Mammutbaum wird er warten, warten, warten...

Ein *Boia Frio* in Ceará verdient im Durchschnitt zwei Real am Tag, etwas weniger als einen Euro. 2003 hat die erste Regierung von Luiz Inácio Lula da Silva den täglichen Mindestlohn für Landarbeiter auf 22 Real festgesetzt. Doch in Ceará halten sich nur wenige *Fazendeiros* an das brasilianische Gesetz.

Jahrzehntelang residierte in Crateùs ein außergewöhnlicher Bischof: Dom Antônio Batista Fragoso.

Als ich Crateùs in den achtziger Jahren zum ersten Mal besuchte, war es fast ein Geheimtreffen. Wie Dom Hélder Câmara, Erzbischof von Olinda und Recife, in Pernambuco, war auch Dom Fragoso ein entschiedener Vertreter der Befreiungstheologie. In seinen Predigten und seinem praktischen sozialen Handeln verteidigte er die *Boia Frio*. Die Offiziere des in Crateùs stationierten Ersten Infanterieregiments der dritten Armee und die Großgrundbesitzer des Umlands hassten ihn. Mehrere Attentate waren schon auf ihn verübt worden. Zwei Mal hatten die *Pistoleros* der Großgrundbesitzer ihr Ziel nur knapp verfehlt.

Bernard Bavaud und Claude Pillonel, zwei mit Dom Fragoso in Verbindung stehende Schweizer Priester, hatten meinen Besuch vorbereitet. Und da stand ich bei Einbruch der Nacht vor dem Haus Rua Firmino Rosa n° 1064, einem bescheidenen Gebäude, das als Bischofssitz diente.[1] Fragoso war ein kleiner, unnachgiebiger Mann aus dem Nordosten, mit matter Haut und strahlendem Lächeln. Er begrüßte uns in perfektem Französisch. Seine schlichte Herzlichkeit

---

1 Wie alle großen Bistümer in Brasilien besitzt auch dasjenige von Crateùs einen prachtvollen Bischofspalast. Seit seiner Ernennung im Jahr 1964 weigert sich Fragoso, dort zu residieren. Dom Antônio Batista Fragoso, der in einer kleinen Ortschaft im Bundesstaat Paraiba geboren wurde, starb 2006 mit 82 Jahren.

ließ mich sogleich an den Bischof aus den *Elenden* von Victor Hugo denken, den »Monseigneur Bienvenu« der Armen von Digne.

Am nächsten Morgen brachte mich Dom Fragoso zu einem unbebauten Gelände, etwa drei Kilometer hinter den letzten Hütten der Stadt. »Das Totenfeld der anonymen Kinder«, sagte er.

Bei näherem Hinsehen entdeckte ich Dutzende Reihen kleiner weißgestrichener Holzkreuze. Der Bischof erklärte, dass nach brasilianischem Recht jede Geburt in der *Prefeitura*, dem Rathaus, eingetragen werden müsse. Aber die Eintragung sei kostenpflichtig, und die *Boia Frio* hätten das nötige Geld nicht. Jedenfalls stürben viele dieser Kinder kurz nach der Geburt an fötaler Unterernährung, und weil die Mütter, selbst unterernährt, sie nicht stillen könnten. Mit einem Wort, so Dom Fragoso: »Sie kommen« auf die Welt, um zu sterben.«

Da die Kinder der Boia Frio im Rathaus nicht eingetragen waren, existierten sie für das Standesamt nicht. Daher konnte es keinen Totenschein ausstellen. Ohne ein solches Dokument durfte die Kirche die Kinder nicht auf dem Friedhof beerdigen …

Dom Fragoso hatte jedoch eine Gesetzeslücke gefunden. Mit dem Kirchgeld des Bistums hatte er das unbebaute Gelände gekauft. Dort begrub er nun jede Woche die »Kinder, die auf die Welt gekommen waren, um zu sterben«.

An diesem Morgen begleitete mich ein Freund von Bernard Bavaud und Claude Pillonel: Cicero, ein Bauer, der auf einem winzigen Stück Land mitten im *Sertão* lebte.

Er war ein großer Mann, ausgemergelt wie die Landschaft rundum, wie seine Frau und die zahlreichen Kinder, die sich in seiner Hütte aus Lehm und Astwerk verkrochen, in der wir sie am folgenden Tag kennenlernten. Cicero zeigte uns sein *Posseiro*-Land – kaum ein Ar groß –, wo er einige Maispflanzen angebaut hatte und ein Schwein hielt. Er berichtete uns, dass die *Vaqueros* des Großgrundbesitzers ihre Rinder immer wieder zum Weiden in seine Umzäunung trieben, wo sie seinen kargen Garten verwüsteten. Er sagte uns auch, dass er Analphabet sei, was ihn nicht daran hindere, Radio Havanna zu hören, und dass er von der Revolution träume …

Die Sonne stand schon hoch am Himmel. Erica und ich verharrten schweigend und unbeweglich am Rande des mit kleinen Kreuzen übersäten Feldes. Cicero bemerkte meine Ergriffenheit. Er versuchte, mich zu trösten: »Hier bei uns in Ceará begraben wir diese Kleinen mit offenen Augen, damit sie leichter den Weg zum Himmel finden.«

Der Himmel ist schön in Ceará, immer mit hübschen weißen Wölkchen betupft.

5

Gott ist kein Bauer

Der Kampf gegen den Hunger wird ausschließlich von der makroökonomischen Situation, das heißt, dem Zustand der Weltwirtschaft, bestimmt.

2009 kündigte die Weltbank an, dass die Zahl der Menschen, die in »extremer Armut« lebten, das heißt, weniger als 1,25 Dollar täglich zur Verfügung hätten, infolge der Finanzkrise sehr rasch um 89 Millionen zunehmen würde.

Die Zahl der »Armen« – mit einem Einkommen von weniger als 2 Dollar pro Tag – würde um 120 Millionen ansteigen.

Diese Vorhersagen sind eingetroffen.

Diese zusätzlichen Millionen Opfer kommen zu den Opfern des gewöhnlichen strukturellen Hungers hinzu.

2009 ist die Entwicklung des Bruttoinlandsprodukts aller Länder der Erde zum ersten Mal seit dem Zweiten Weltkrieg zum Stillstand gekommen oder zurückgegangen. Die Industrieproduktion ist weltweit um 20 Prozent gefallen.

Die Länder des Südens, die sich am nachdrücklichsten um die Eingliederung in den Weltmarkt bemüht haben, sind heute am härtesten betroffen: 2010 kam es zum stärksten Einbruch des Welthandels seit achtzig Jahren. 2009 ist der Kapitalfluss in die Länder des Südens – vor allem in die Schwellenländer – um 82 Prozent zurückgegangen. Die Weltbank schätzt, dass 2009 die Entwicklungsländer zwischen 600 und 700 Milliarden Dollar an Investitionskapital verloren haben.

Da die globalen Finanzmärkte ausgetrocknet waren, fehlte es an privatem Kapital.

Zu dieser Schwierigkeit gesellte sich – vor allem in den Schwellenländern – noch die hohe Verschuldung der Privatunternehmen bei westlichen Banken. Laut der Konferenz der Vereinten Nationen über Handel und Entwicklung (UNCTAD) sind 2010 Kredite in Höhe von fast 1000 Milliarden Dollar fällig geworden. Was angesichts der Zahlungsunfähigkeit zahlreicher Unternehmen in den Ländern des Südens eine Kettenreaktion ausgelöst hat: Konkurse, Fabrikschließungen und Wellen der Arbeitslosigkeit.

Die armen Länder wurden noch von einer zusätzlichen Plage heimgesucht: Für viele von ihnen machten die Devisen, die die nach Nordamerika und Europa emigrierten Arbeiter in ihre Heimatländer überwiesen, einen wichtigen Teil ihres Bruttoinlandsprodukts aus. So beliefen sich in Haiti diese Überweisungen 2008 auf fast 49 Prozent des Bruttoinlandsprodukts, in Guatemala auf 39 Prozent, in El Salvador auf 61 Prozent. Nun gehörten aber in Amerika und Europa die Immigranten zu den ersten, die ihre Stellung verloren. Dadurch haben sich die Überweisungen stark verringert oder sind gänzlich versiegt.

Mit ihrem Spekulationswahn haben die Räuber des globalisierten Finanzkapitals den westlichen Industriestaaten 2008/09 Kosten von insgesamt 8900 Milliarden Dollar verursacht. Vor allem haben die westlichen Staaten Tausende von Milliarden Dollar ausgeschüttet, um ihren kriminellen Bankern wieder auf die Beine zu helfen.

Doch die Ressourcen dieser Staaten sind nicht unbegrenzt, ihre Entwicklungs- und humanitäre Hilfe für die ärmsten Länder ist dramatisch gesunken. Die Schweizer NGO *Erklärung von Bern* (das ist der offizielle Name der NGO) hat folgende Rechnung aufgemacht: Die 8900 Milliarden Dollar, die die Regierungen der Industriestaaten 2008/09 an ihre jeweiligen Banken gezahlt haben, entsprechen 75 Jahren staatlicher Entwicklungshilfe ...[1]

Die FAO schätzt, dass mit einer fünfjährigen Investition von 44 Milliarden Dollar in den Nahrungsmittelanbau der Länder des Südens das erste Millennium-Entwicklungsziel erreicht werden könn-

1 Erklärung von Bern, Newsletter vom 1. Februar 2009.

te.[1] Es wurde schon gesagt, dass nur 3,8 Prozent der Ackerflächen Schwarzafrikas bewässert werden. Wie seit 3000 Jahren praktiziert die überwältigende Mehrheit der afrikanischen Bauern noch heute die Regenwirtschaft mit all den Unwägbarkeiten und tödlichen Gefahren, die ihr innewohnen.

In einer Studie vom Mai 2006 untersucht die Weltorganisation für Meteorologie (WMO) die Produktivität des Anbaus von schwarzen Bohnen im Nordosten Brasiliens. Dabei vergleicht sie die Produktivität eines bewässerten Hektars mit der eines nicht bewässerten Hektars. Ihre Schlussfolgerung gilt genauso für Afrika. Sie ist unwiderleglich: »Regenabhängige Ernten (*rainfed crops*) liefern 50 Kilogramm pro Hektar. Dagegen ergeben die Ernten auf bewässertem Boden 1500 Kilogramm pro Hektar.«[2]

Afrika, aber auch Südasien sowie Zentralamerika und das Andenhochland sind reich an leistungsfähigen und sehr alten Bauernkulturen. Diese Landwirte besitzen traditionelle Kenntnisse, vor allem auf dem Gebiet der Wetterkunde, die uns Bewunderung abverlangen. Sie brauchen nur einen Blick auf den Himmel zu werfen, um zu wissen, ob ein dem Wachstum förderlicher Regen zu erwarten ist oder ein Wolkenbruch, der die empfindlichen Schösslinge fortschwemmen wird.

Aber, es sei noch einmal gesagt, ihre Ausrüstung ist dürftig: Ihr wichtigstes Gerät bleibt die kurzstielige Hacke. Das Bild der Frau und des jungen Mädchens, die tief gebeugt mit dieser kurzstieligen Hacke den Boden bearbeiten, prägt das Bild der bäuerlichen Landschaft von Malawi bis Mali.

Es fehlt an Traktoren. Trotz der Bemühungen einiger Staaten, wie beispielsweise Senegals, Traktoren im eigenen Land zu produzieren oder sie in großer Zahl aus dem Iran oder Indien einzuführen, gibt es immer noch nicht mehr als 85 000 Traktoren in ganz Schwarzafrika!

An Zugtieren gibt es kaum mehr als 250 000. Dass solche Tiere so

---

1 Wie bekannt, sieht das erste Millennium-Entwicklungsziel vor, die Zahl der Menschen, die unter extremem Hunger leiden, bis 2015 zu halbieren.
2 Weltorganisation für Meteorologie (WMO), »Average Yield of Rainfed Crops and Irrigated Crops«, Genf, 2006.

selten sind, erklärt auch, warum kaum natürlicher Dünger zur Verfügung steht.

Selektioniertes und ergiebiges Saatgut, Pestizide gegen gefräßige Heuschrecken und Würmer, mineralischer Dünger, Bewässerungsanlagen – all das fehlt hier! Daher bleibt die Produktivität sehr niedrig: 600 bis 700 Kilogramm Hirse pro Hektar im Sahel bei normalen Verhältnissen im Vergleich zu 10 Tonnen (10 000 Kilogramm!) Getreide pro Hektar in den Ebenen Europas.

Allerdings nur, wenn das Wetter im Sahel »normal« ist. Das heißt, wenn es, wie erwartet, im Juni Regen gibt; wenn er den Boden durchfeuchtet, ihn für die Aufnahme des Saatguts vorbereitet; wenn im September der große Regen einsetzt, ergiebige, regelmäßige, konstante Regenfälle, die mindesten drei Wochen andauern; wenn er die jungen Hirsepflanzen reichlich bewässert, sodass sie bis zur Reife wachsen können.

Leider kommt es in immer kürzeren Zeitabständen zu Klimakatastrophen. Die kleinen Niederschläge kommen nicht, der Boden wird hart wie Beton, das Saatgut bleibt auf der rissigen Erdoberfläche liegen. Dagegen präsentiert sich der große Regen häufig sintflutartig, sodass er die jungen Pflanzen, statt sie drei Monate lang gleichmäßig zu bewässern, »wegputzt«, wie die Bambara sagen, das heißt, aus dem Boden reißt und fortschwemmt.

Die Aufbewahrung der Ernten ist ein anderes (gewichtiges) Problem. Von einer Ernte muss die bäuerliche Familie im Prinzip bis zur nächsten leben können. Doch laut FAO werden in den Ländern des Südens pro Jahr mehr als 25 Prozent der Ernten – alle Erzeugnisse zusammengenommen – durch Klimaeinflüsse, Insekten oder Ratten vernichtet. Silos sind, wie gesagt, selten in Afrika.

Mamadou Cissokho ist eine respektheischende Erscheinung. Der Sechzigjährige mit der unvermeidlichen grauen Wollmütze auf dem mächtigen Schädel, der raschen Intelligenz, der gern und dröhnend lacht, ist sicherlich der einflussreichste Bauernführer in ganz Westafrika.

Der Ex-Lehrer hat schon in ganz jungen Jahren seinen Beruf an den Nagel gehängt. 1974 ist er in sein Heimatdorf Bamba Thialène,

400 Kilometer östlich von Dakar, zurückgekehrt und Bauer geworden. Seither ernährt er seine große Familie mit einer Farm mittlerer Größe, auf der er Lebensmittelanbau betreibt.

Ende der siebziger Jahre veranlasste Cissokho die Bauern der umliegenden Dörfer zu einem Zusammenschluss und gründete mit ihnen eine erste Erzeugergewerkschaft. Dann entstanden Saatgutgenossenschaften. Zunächst in der engeren Region, dann im ganzen Senegal, schließlich auch in den Nachbarländern.

Bald darauf bildete sich das Netzwerk westafrikanischer Bauern und Erzeuger landwirtschaftlicher Produkte (ROPPA, Le Réseau des organisations paysannes et des producteurs d'Afrique de l'Ouest). Das ROPPA ist heute die mächtigste regionale Bauernorganisation des ganzen Kontinents. Mamadou Cissokho leitet sie.

Im Jahr 2008 baten ihn die Gewerkschafter und Genossenschafter der Länder des südlichen, östlichen und mittleren Afrikas, die Panafrikanische Plattform der Bauern Afrikas (Plateforme panafricaine des producteurs d'Afrique) zu organisieren. Diese kontinentale Gewerkschaft von Landwirten, Viehzüchtern und Fischern ist heute der Hauptansprechpartner für die Kommissare der Europäischen Union in Brüssel, die nationalen afrikanischen Regierungen und die wichtigsten zwischenstaatlichen, mit der Landwirtschaft befassten Organisationen: Weltbank, IWF, IFAD (Internationaler Fonds für landwirtschaftliche Entwicklung), FAO und Welthandelsorganisation.

Von Zeit zu Zeit begegne ich Cissokho auf dem Kennedy-Flughafen in New York. Auch kommt er ziemlich häufig nach Genf.

Dort arbeitet er mit Jean Feyder zusammen, einem mutigen Mann, der seit 2005 Botschafter des Großherzogtums Luxemburg am europäischen Sitz der Vereinten Nationen ist.[1]

2007 wurde Jean Feyder zum Vorsitzenden des Komitees für Handel und Entwicklung der Welthandelsorganisation (WTO) ernannt. Dieses Komitee versucht, die Interessen der 50 ärmsten Länder gegenüber den Industriestaaten zu wahren, die 81 Prozent des Welthandels kontrollieren. Seit 2009 ist Jean Feyder auch Präsident des »Welthandels- und Entwicklungsrats« (TDB) der UNCTAD (Welt-

---

1 Jean Feyder, *Mordshunger. Wer profitiert vom Elend der armen Länder*, a. a. O.

handels- und Entwicklungskonferenz). In diesen beiden Positionen hat er den bescheidenen Bauern aus Bamba Thialène zu seinem wichtigsten Berater gemacht.

Gegenüber den Mächtigen der Agrarwelt nimmt Cissokho seine Funktion mit Entschlossenheit, Kompetenz... und Humor wahr. Für den Kampf gegen die Trägheit der afrikanischen Regierungen und die zwischenstaatlichen Institutionen, diese Söldner der Oligarchien des globalisierten Finanzkapitals, braucht es den Mut, die Ausdauer eines Sisyphos. Zwischen 1980 und 2004 ist der Anteil der Kredite der staatlichen – multilateralen wie bilateralen – Entwicklungshilfe für die Landwirtschaft von 18 auf 4 Prozent zurückgegangen...

Eric Hobsbawm schreibt: »Nichts schärft den Verstand mehr als die Niederlage.«

Jedes Mal, wenn ich Mamadou Cissokho treffe, ist sein Verstand schärfer geworden. Aber die endlosen Sitzungen in Genf, Brüssel und New York – dieser Kampf gegen die agro-alimentären Branchenriesen und die westlichen Regierungen, die ihnen zu Diensten sind, hat Cissokho nicht gerade optimistisch gemacht.

In letzter Zeit fand ich ihn niedergeschlagen, nachdenklich, traurig und besorgt.

Der Titel des einzigen Buchs, das er bisher veröffentlicht hat, bringt seinen gegenwärtigen Gemütszustand zum Ausdruck: *Dieu n'est pas un paysan*, »Gott ist kein Bauer«.[1]

---

1   Mamadou Cissokho, *Dieu n'est pas un paysan*, Paris, Présence Africaine, 2009.

6

»In der Schweiz hungert doch niemand«

Der Historiker Jean-Charles Angrand von der Insel La Réunion schreibt: »Der weiße Mann hat die Kultur der Lüge in nie erreichte Höhen getrieben.«[1]

2009, zum dritten Weltgipfel für Ernährungssicherheit, kamen im FAO-Palast in Rom, Viale delle Terme di Caracalla, zahlreiche Staatschefs der südlichen Hemisphäre zusammen – unter anderem Abdelaziz Bouteflika (Algerien), Obasanjo (Nigeria), Thabo Mbeki (Südafrika), Luiz Inácio Lula da Silva (Brasilien). Die westlichen Staatschefs dagegen glänzten durch Abwesenheit, ausgenommen Silvio Berlusconi, der Ministerpräsident des gastgebenden Landes, sowie der amtierende Präsident der Europäischen Union, die sich beide kurz sehen ließen.

Diese totale Verachtung der mächtigsten Staaten des Planeten gegenüber einer Weltkonferenz, in der es darum ging, die Ernährungsunsicherheit zu beenden, unter der weltweit fast eine Milliarde marginalisierter und unterernährter Menschen leiden, hat die Medien und die öffentliche Meinung der Länder des Südens schockiert.

Die Schweiz beteuert stets und überall, wie sehr sie sich dem Kampf gegen den Hunger in der Welt verschrieben habe. In der Schweiz ist der Bundespräsident Regierungschef. Der Schweizer Bundespräsident Pascal Couchepin geruhte, nicht nach Rom zu fahren. Die Regierung in Bern hielt es nicht einmal für nötig, einen Minister zu schicken. Nur der Schweizer Botschafter in Rom machte einen kurzen Abstecher in den Plenarsaal.

Eine Freundin – einst eine Studentin von mir – arbeitet in der

---

1 Brief von Jean-Charles Angrand an den Verfasser, 26. Dezember 2010.

Landwirtschaftsabteilung des Eidgenössischen Volkswirtschafts-Departements (Wirtschaftsministeriums). Diese engagierte und sehr temperamentvolle junge Frau betrachtet die Welt mit bitterer Ironie.

Empört rief ich sie an. Sie antwortete mir: »Was regst du dich auf? In der Schweiz hungert doch niemand.«

Es ist allerdings zuzugeben, dass die westlichen Staatschefs kein Monopol auf Gleichgültigkeit und Zynismus haben.

In Schwarzafrika sterben jedes Jahr 265 000 Frauen und Hunderttausende Säuglinge wegen fehlender Schwangerschaftsvorsorge. Betrachtet man die globale Verteilung des Phänomens, ist festzustellen, dass die Hälfte aller Todesfälle auf Afrika entfällt, obwohl die Bewohner dieses Erdteils nur 12 Prozent der Weltbevölkerung ausmachen.

In der Europäischen Union geben die Staaten im Jahr durchschnittlich 1250 Euro pro Kopf für die medizinische Grundversorgung aus. In Schwarzafrika sind es zwischen 15 und 18 Euro.

Einer der letzten Gipfel der Regierungschefs der Staaten der Afrikanischen Union (AU) fand im Juli 2010 in Kampala, der Hauptstadt Ugandas, statt. Der Gabuner Jean Ping, der Kommissionspräsident der AU, hatte den Kampf gegen die Unterernährung von Müttern und Kindern als Hauptpunkt auf die Tagesordnung gesetzt.

Das hat man ihm sehr übel genommen!

Der Chefredakteur der Zeitschrift *Jeune Afrique*, François Soudan, hat die Debatten verfolgt und sie wie folgt zusammengefasst: »Mutterschaft und Kindheit? ›Wir sind doch nicht die UNICEF‹, schrie Muammar al-Gadhafi. Ergebnis: Die Debatte über diesen Punkt wurde von den größtenteils unbeteiligten und dösenden Staatschefs an einem Nachmittag abgehakt, während sich die akkreditierten Journalisten – von den Pressereferenten der NGOs verfolgt, die verzweifelt versuchten, sie für ihre Sache zu sensibilisieren – gerade mal eine Handvoll Berichte abrangen, die in den Papierkörben der Redaktionen landeten. Es ist ein AU-Gipfel, und Sie müssen verstehen, dass wir uns hier nur mit ernsthaften Dingen beschäftigen …«[1]

---

1 François Soudan, »Les femmes et les enfants en dernier«, *Jeune Afrique*, Paris, 1. August 2010.

Immer wieder haben – von Gleneagles bis L'Aquila –, Treffen der G-8 und G-20 stattgefunden. Regelmäßig prangern die Regierungen der Welt bei diesen Anlässen den »Skandal« des Hungers an. Regelmäßig versprechen sie, beträchtliche Summen aufzubringen, um die Geißel auszurotten.

So wollten die Staatschefs der G8 + 5, als sie im Juli 2005 im schottischen Gleneagles zusammenkamen, auf Vorschlag des britischen Premiers Tony Blair augenblicklich 50 Milliarden Dollar bereitstellen, um einen Aktionsplan gegen die Not in Afrika zu finanzieren. In seinen »Memoiren« geht Tony Blair lang und breit – und mit offensichtlichem Stolz – auf diese Initiative ein. Für ihn ist das einer der drei Höhepunkte in seiner politischen Karriere.[1]

Auf Einladung von Silvio Berlusconi haben sich die Staatschefs der G8 dann im Juli 2009 in der abruzzischen Hauptstadt L'Aquila versammelt, die drei Monate zuvor von einem fürchterlichen Erdbeben heimgesucht worden war. Einstimmig billigten sie einen neuen Aktionsplan gegen den Hunger. Dieses Mal verpflichteten sie sich, unverzüglich 20 Milliarden Dollar aufzubringen, um Investitionen in den Lebensmittelanbau zu fördern.

Kofi Annan war bis 2006 Generalsekretär der UNO. Für den Sohn von Fante-Bauern im Ashanti-Waldland Zentralghanas ist der Kampf gegen den Hunger zu seiner Lebensaufgabe geworden. Dieser vernünftige, zurückhaltende Mann, der nie laut, jedoch oft ironisch ist, verbringt heute den größten Teil seiner Zeit am Ufer des Genfer Sees. Aber er pendelt regelmäßig zwischen Founex im Kanton Waadt und Accra, wo sich der Sitz der Allianz für eine Grüne Revolution in Afrika (AGRA) befindet, deren Vorsitzender er ist.

Seit langem vertraut mit der abgrundtiefen Heuchelei der westlichen Staaten, hat Kofi Annan 2007 den Vorsitz eines Komitees von NGOs übernommen, das sich zur Aufgabe gemacht hat, die Einhaltung der Versprechen von Gleneagles zu überprüfen.[2] Ergebnis: Bis

---

1 Tony Blair, *A Journey*, London, Hutchinson, 2010. Ich zitiere nach der deutschen Ausgabe: Tony Blair, *Mein Weg*, München, Bertelsmann, 2010, S. 623.

2 Seine offizielle Bezeichnung lautet: *Committee of NGO – Coalition to trace the Realization of the Action Plan of G-8 Meeting at Gleneagles, 2005.*

zum 31. Dezember 2010 sind von den versprochenen 50 Milliarden Dollar offenbar nur 12 tatsächlich geflossen und zur Finanzierung verschiedener Projekte im Kampf gegen den Hunger in Afrika verwendet worden.

Bei der Verpflichtung, die die G-8-Staaten in L'Aquila eingegangen sind, sieht es noch trauriger aus: Laut der britischen Wochenzeitschrift *The Economist*[1] sind von den versprochenen 20 Milliarden nur 3 bereitgestellt worden...

Trocken schließt der *Economist*: »*If words were food, nobody would go hungry*« (Wenn man Wörter essen könnte, müsste niemand hungern).[2]

1   *The Economist*, London, 21. November 2009.
2   ebd.

7

Die Noma-Tragödie

In den vorausgehenden Kapiteln haben wir uns mit den unmittelbaren Auswirkungen von Unter- und Mangelernährung beschäftigt. Doch die Menschen können auch durch die Folgen dieser Zustände zugrunde gerichtet werden, durch die »Hungerkrankheiten«.

Diese Krankheiten sind zahlreich. Sie reichen von Kwashiorkor und Blindheit durch Vitamin-A-Mangel bis zur Noma, die das Gesicht von Kindern zerstört.

Noma leitet sich vom griechischen Wort *nomein*, »zerfressen«, ab. Der wissenschaftliche Name ist *Cancrum oris*. Es handelt sich um einen rasch um sich greifenden gangränösen Prozess, der sich im Mund entwickelt und das Gesichtsgewebe zerstört. Die Hauptursache ist Mangelernährung.

Noma zerfrisst das Gesicht von Kindern – vorwiegend im Alter zwischen einem und sechs Jahren –, die an Unter- oder Mangelernährung leiden.

Jedes Lebewesen beherbergt in seinem Mund eine große Zahl von Mikroorganismen, darunter viele Bakterien. Bei normaler Ernährung und einem Mindestmaß an Mundhygiene werden diese Keime vom Immunsystem des Körpers in Schach gehalten.

Doch wenn das Immunsystem durch längere Unter- oder Mangelernährung geschwächt ist, kann die Mundflora außer Kontrolle geraten, pathogen werden und die letzten Abwehrmechanismen überwinden.

Die Krankheit durchläuft drei aufeinander folgende Stadien.

Sie beginnt mit einer einfachen Zahnfleischentzündung und einem oder mehreren Bläschen im Mund. Entdeckt man sie in diesem Stadium, das heißt, in den drei Wochen nach Auftreten des ersten Bläschens, lässt sie sich leicht heilen: Es genügt, den Mund regelmäßig mit einem Desinfektionsmittel auszuspülen und für eine angemessene Ernährung des Kindes zu sorgen: die 800 bis 1600 Kilokalorien, die in seinem Alter unentbehrlich sind, und die Mikronährstoffe – Vitamine und Mineralstoffe –, die es braucht. Dann werden die körpereigenen Abwehrkräfte des Kindes die Zahnfleischentzündung und die Bläschen beseitigen.

Werden Zahnfleischentzündung und Bläschen jedoch nicht rechtzeitig entdeckt, bildet sich im Mund eine blutende Wunde. Aus der Zahlfleischentzündung wird eine Nekrose. Das Kind bekommt Fieber. Doch auch in diesem Stadium ist noch nichts verloren. Die Behandlung ist einfach. Das Kind braucht lediglich eine Antibiotikatherapie, angemessene Ernährung und strenge Mundhygiene.

Philippe Rathle gehört der von Bertrand Piccard geleiteten Schweizer Stiftung *Winds of Hope*[1] an und besitzt große Erfahrung mit der Behandlung von Noma. Er schätzt, dass insgesamt nur 2 bis 3 Euro erforderlich sind, um eine Behandlung von zehn Tagen zu ermöglichen. Nach diesem Zeitraum ist das Kind geheilt.

Wenn die Mutter aber nicht über die erforderlichen drei Euro verfügt oder keinen Zugang zu Medikamenten hat, wenn sie nicht in der Lage ist, die Wunde zu entdecken, oder wenn sie sie entdeckt, sich aber schämt und das Kind isoliert, das unablässig weint und klagt, ist die Schwelle überschritten. Die Noma ist nicht mehr aufzuhalten.

Zunächst schwillt das Gesicht des Kindes an, dann zerfrisst die Nekrose allmählich alle weichen Gewebe.

Lippen und Wangen verschwinden, klaffende Löcher tun sich auf. Die Augen hängen nach unten, da der Knochen der Augenhöhle zerstört wird. Der Kiefer wird unbeweglich.

Die Narbenbildung entstellt das Gesicht.

Da der Kiefer blockiert wird, kann das Kind den Mund nicht mehr öffnen.

Daraufhin bricht die Mutter die Zähne an der einen Seite heraus,

---

1 www.windsofhope.org. Die Organisation hat ihren Sitz in Lausanne.

um dem Kind eine Hirsesuppe einflößen zu können… in der verzweifelten Hoffnung, die graue Flüssigkeit könne verhindern, dass das Kind verhungert.

Das Kind mit dem durchlöcherten Gesicht und der Kiefersperre kann nicht mehr sprechen. Sein verstümmelter Mund vermag keine Laute mehr zu bilden; allenfalls kann es noch grunzen oder gutturale Laute ausstoßen.

Die Krankheit hat vier schwerwiegende Konsequenzen: Entstellung durch Zerstörung des Gesichts, Unfähigkeit zu essen und zu sprechen, soziale Stigmatisierung und, in ungefähr 80 Prozent der Fälle, den Tod.

Der Anblick des zerfressenen Gesichts, der bloß liegenden Knochen ruft bei den meisten Angehörigen Scham und Ablehnung hervor. Sie versuchen dann, das Kind zu verstecken, was natürlich verhindert, dass die notwendigen therapeutischen Maßnahmen ergriffen werden können.

Der Tod tritt im Allgemeinen in den Monaten nach Zusammenbruch des Immunsystems ein: durch Nekrose, Blutvergiftung, Lungenentzündung oder blutigen Durchfall. 50 Prozent der erkrankten Kinder sterben dann nach drei bis fünf Wochen.

Die Noma kann auch ältere Kinder, in Ausnahmefällen sogar Erwachsene, befallen.

Auf die Überlebenden wartet ein Martyrium.

In den meisten traditionellen Gesellschaften Schwarzafrikas, der Gebirge Südostasiens oder des Andenhochlands sind die Noma-Opfer mit einem Tabu belegt, sie werden wie eine Strafe empfunden[1] und vor den Augen der Nachbarn versteckt.

Die kleinen Opfer werden aus der Gesellschaft entfernt, isoliert, zu Einsamkeit und Verlassenheit verurteilt.

Sie schlafen bei den Tieren.

---

1 Der BBC-Regisseur Ben Fogiel meint dazu: »Die Noma ist wie eine Bestrafung für ein Verbrechen, das Sie nicht begangen haben.« BBC-Sendung »Make me a new face«, Juni 2010; ein Film, der den Kampf der bririschen NGO *Facing Africa* gegen die Noma in Nigeria beschreibt.

Die Schande – das Tabu – der Noma verschont auch die Staatschefs der betroffenen Länder nicht.

Das habe ich eines Nachmittags im Mai 2009 erkannt – und zwar im Präsidentenpalast von Dakar, bei Abdoulaye Wade, dem Staatspräsidenten von Senegal.

Wade ist ein kultivierter, intelligenter Akademiker und gründlich mit allen Schwierigkeiten und Problemen seines Landes vertraut.

Damals war er Vorsitzender der Organisation der Islamischen Konferenz (OIC). Mit der Gruppe der blockfreien Staaten bildet die OIC, die 53 Mitgliedsstaaten zählt, den größten »Stimmblock« der Vereinten Nationen.

Wir sprachen über die Strategie der Organisation im Menschenrechtsrat der Vereinten Nationen. Die Analysen von Präsident Wade waren wie gewöhnlich brillant.

Im Fortgehen fragte ich ihn nach der Noma, um ihn an seine Verantwortung zu erinnern und ihn dazu zu bringen, ein nationales Programm zum Kampf gegen diese schreckliche Krankheit aufzulegen.

Abdoulaye Wade warf mir einen fragenden Blick zu: »Aber was reden Sie da? Ich weiß nichts von dieser Krankheit. Bei uns gibt es keine Noma.«

Nun hatte ich an diesem Morgen in Kaolack gerade zwei Vertreter von Sentinelles[1] getroffen, einem in der Schweiz ansässigen gemeinnützigen Kinderhilfswerk, das versucht, die gemarterten Kinder in ihren Verstecken aufzuspüren und die Mütter zu überreden, sie in örtliche Ambulatorien zu bringen oder – in schwereren Fällen – in die Universitätskliniken von Genf oder Lausanne überführen zu lassen. Von diesen Mitgliedern hatte ich ein genaues Bild der schrecklichen Krankheit erhalten, die nicht nur an der Petite-Côte um sich greift, sondern auch in allen anderen ländlichen Gebieten Senegals.

Philippe Rathle, der Generalsekretär von Winds of Hope, schätzt, dass in der Sahelzone nur etwa 20 Prozent der gemarterten Kinder entdeckt werden.

---

1 www.sentinelles.org. »Sentinelles au secours de l'innocence meurtrie« (Wächter zur Unterstützung der gepeinigten Unschuld), von Edmond Kaiser in Lausanne gegründet.

Bleibt die Chirurgie. Ehrenamtlich tätige Chirurgen an den europäischen Krankenhäusern in Paris, Berlin, Amsterdam, London, Genf oder Lausanne, aber auch etliche afrikanische Ärzte, die vor Ort in schlecht ausgerüsteten Ambulatorien praktizieren, vollbringen wahre Wunder. Sie nehmen plastisch-rekonstruktive Eingriffe von oft extremer Komplexität vor.

Klaas Marck und Kurt Bos arbeiten an einem der wenigen Krankenhäuser Afrikas, die auf die Behandlung von Noma spezialisiert sind – dem Noma Children Hospital von Sokoto in Nigeria.

Dabei nutzen sie ihre Erfahrung[1]: Die Unfallchirurgie hat Fortschritte gemacht, und die gepeinigten Noma-Kinder profitieren davon, wenn man so sagen darf.

Doch zur Wiederherstellung, und sei sie nur partiell, muss das verstümmelte Gesicht dieser Kleinen fünf bis sechs äußerst schmerzhaften Operationen unterzogen werden. In vielen Fällen wird nur eine teilweise Rekonstruktion des Gesichts möglich sein.

Während ich diese Zeilen schreibe, liegen vor mir auf dem Tisch Fotografien von kleinen Mädchen und Jungen zwischen vier und sieben Jahren, mit Kiefersperre, durchlöcherten Gesichtern und verrutschten Augen. Entsetzliche Bilder. Etliche dieser Kleinen versuchen zu lächeln.

Die Krankheit hat eine lange Geschichte. Klaas Marck, plastischer Chirurg aus Holland, hat sie nachgezeichnet.[2]

Seit der Antike kennt man ihre Symptome. Den Namen Noma verdankt sie Cornelius van der Voorde aus Middelburg in den Niederlanden, der ihn 1685 in einer Schrift über die Gesichtsgangräne verwendet hat. Während des gesamten 18. Jahrhunderts ist in Nordeuropa relativ viel über die Krankheit geschrieben worden. Dabei wurde die Verbindung von Noma mit Kindheit, Armut und Mangelernährung hervorgehoben. Bis zur Mitte des 19. Jahrhunderts war sie über ganz Europa und Nordafrika verbreitet.

---

1 Kurt Bos und Klaas Marck, »The surgical treatment of noma«, Dutch Noma Foundation, 2006.
2 Klaas Marck, »A history of noma, The Face of Poverty«, *Plastic and Reconstructive Surgery*, April 2003.

Ihr Rückzug aus diesen Regionen liegt vor allem daran, dass sich die sozialen Verhältnisse ihrer Bewohner verbesserten, dass extreme Armut und Hungersnot verschwanden.

Zwischen 1933 und 1945 ist sie dann wieder in den Nazilagern, vor allem in Bergen-Belsen und Auschwitz, massiv aufgetreten.

Jahr für Jahr sucht sich die Noma 140 000 neue Opfer. 100 000 von ihnen sind Kinder zwischen einem und sechs Jahren in Schwarzafrika. Der Anteil der Überlebenden ist schwankend, liegt aber bei etwa 10 Prozent, mit anderen Worten: Jedes Jahr gehen mehr als 120 000 Menschen an der Noma zugrunde.[1] Einigermaßen verlässliche Daten gibt es nur für Afrika. Für Asien und Lateinamerika fehlt die Feldforschung.

Auf dem Leben der Noma-Kinder scheint von Anfang an ein Fluch zu liegen. In der Regel werden sie von extrem unterernährten Müttern geboren, das heißt, die Mangelernährung der Kinder beginnt schon im Mutterleib. Ihr Wachstum ist bereits verzögert, noch bevor sie auf die Welt kommen.[2]

Meist tritt die Noma ab dem vierten Kind auf. Die Mutter hat keine Milch mehr. Von den vorhergehenden Schwangerschaften ist sie geschwächt. Außerdem gilt, je größer die Familie, desto mehr muss die Nahrung aufgeteilt werden. Die Letztgeborenen sind die Verlierer.

In Mali gelingt es nur etwas mehr als 25 Prozent der Mütter, ihre Säuglinge normal und über den erforderlichen Zeitraum zu stillen. Die anderen, die große Mehrheit der Frauen, können es aufgrund von Unterernährung nicht.

Ein anderer Grund dafür, dass Hunderttausende von Säuglingen zu wenig Muttermilch bekommen, ist verfrühtes Abstillen – die abrupte Beendigung der Brusternährung vor der Zeit. Was im Wesentlichen daran liegt, dass die Schwangerschaften zu rasch aufeinander folgen und dass die Frauen zu schwerer Feldarbeit gezwungen sind.

Auf dem afrikanischen Kontinent ist die Kinderzahl von größ-

---

1 Cyril Enwonwu, »Noma, The Ulcer of Extreme Poverty«, *New England Journal of Medicine*, Januar 2006.
2 Ebd.

ter Bedeutung. Vor allem im ländlichen Milieu hängt der Status der Frau von der Zahl der Kinder ab, die sie zur Welt bringt. Häufig kommt es dort zu Verstoßungen, Scheidungen und Trennungen und mit ihnen zum Entzug von Kindern in sehr jungen Jahren. In vielen Gesellschaften behält die Familie des Vaters das Kind, das der Mutter schon vor dem Abstillen entzogen werden kann.

Aboubacar, Baâratou, Saleye Ramatou, Soufiranou und Maraim hatten Glück im Unglück. Diese 14- bis 16-jährigen nigrischen Kinder lebten, von der Noma entstellt, abgeschieden in ihren Behausungen in den Vierteln Karaka-Kara und Jaguundi von Zinder. Ihre Familien versteckten sie, weil sie sich wegen der schrecklichen Verstümmelungen schämten, die ihre Kinder entstellten: die Nase bis zum Nasenbein zerfressen, die Wangen durchlöchert, die Lippen zerstört…

Die Organisation Sentinelles unterhält eine kleine, aber sehr aktive Delegation in Zinder. Nachdem man ihnen von diesen Kindern erzählt hatte, suchten zwei junge Frauen von Sentinelles die Familien auf. Sie erklärten den Eltern, dass die Entstellung nicht auf irgendeinen Fluch zurückzuführen sei, sondern auf eine Krankheit, deren Auswirkungen sich durch chirurgische Eingriffe zumindest teilweise rückgängig machen ließen. Die Familien stimmten der Überführung ihrer Kinder nach Niamey zu. Ein Minibus brachte sie in das 950 Kilometer entfernte nationale Krankenhaus der Hauptstadt. Dort gaben Professor Servant und sein Team vom Pariser Krankenhaus Saint-Louis diesen Kinder wieder ein menschliches Antlitz.

Medizinische Teams aus Frankreich, der Schweiz, den Niederlanden, Deutschland und anderen Ländern, von den Médecins du monde organisiert, praktizieren dort drei oder vier Mal im Jahr ein oder zwei Wochen lang. Auch an anderen Krankenhäusern – in Äthiopien, Benin, Burkina Faso, Senegal, Nigeria, aber auch in Laos[1] – werden Noma-Opfer von Ärzten aus Europa und Amerika unentgeltlich operiert.

---

1 Leila Srour, »Noma in Laos, stigma of severe poverty in rural Asia«, *American Journal of Tropical Medicine and Hygiene*, Nr. 7, 2008.

Die Stiftung Winds of Hope und die internationale Föderation No-Noma[1] leisten außerordentliche Arbeit bei der Entdeckung, Pflege, plastischen Chirurgie, der erforderlichen Nachsorge und Mittelbeschaffung, genauso wie andere NGOs, beispielsweise das von David Mort gegründete Hilfswerk SOS-Enfants, Opération Sourire, Facing Africa, Hilfsaktion Noma, etc.

Zahlreiche NGOs versuchten, die Entdeckung der Opfer zu organisieren, und finanzieren die plastisch-rekonstruktive Behandlung, wenn sie denn noch möglich ist. Der senegalesische Musiker Youssou N'Dour und andere einflussreiche Persönlichkeiten beteiligen sich an dem Kampf, indem sie die Schirmherrschaft übernehmen. Doch so begrüßenswert und wertvoll der Beitrag dieser Nichtregierungsorganisationen auch ist, so kommt ihr Wirken doch nur einer winzigen Minderheit der verstümmelten Kinder zugute.

Es ist offenkundig, dass nur die WHO und die Regierungen der von der Krankheit betroffenen Staaten dem Martyrium der von der Noma heimgesuchten Kinder wirklich ein Ende setzen könnten.

Doch die Gleichgültigkeit der WHO und der Staatschefs ist unermesslich.

So hat die WHO den Kampf gegen die Noma aus unerfindlichen Gründen an ihr Regionalbüro Afrika delegiert. Diese Entscheidung ist aus zwei Gründen absurd: Erstens, die Noma tritt auch in Südasien und Lateinamerika auf; zweitens, das Regionalbüro Afrika hat bislang eine unglaubliche Passivität gegenüber den Hunderttausenden von Noma-Opfern an den Tag gelegt.[2]

Laut Satzung ist die Weltbank verpflichtet, die extreme Armut und ihre Folgen zu bekämpfen, legt aber dieselbe Gleichgültigkeit an den Tag. Alexander Fieger schreibt: »Noma ist der auffälligste Index für extreme Armut, aber die Weltbank schenkt ihr keinerlei Aufmerksamkeit.«[3] Der gemeinsam von Weltbank und WHO he-

---

1 www.nonoma.org.
2 Vgl. Alexander Fieger, »An estimation of the incidence of noma in North-West Nigeria«, *Tropical Medicine and International Health*, Mai 2003.
3 ebd.

rausgegebene Bericht »The Burden of Disease« erwähnt die Krankheit mit keinem Wort.

Der Auftrag der WHO sieht vor, dass sie sich nur mit zwei Arten von Krankheiten beschäftigt: denen, die ansteckend sind und drohen, Epidemien auszulösen, und denen, bei denen ein Mitgliedsland um Hilfe bittet.

Die Noma ist weder ansteckend, noch hat bislang ein Mitgliedsstaat ihretwegen Hilfe erbeten.

In der Hauptstadt jedes Mitgliedslandes unterhält die WHO ein Büro mit einem Vertreter und zahlreichen einheimischen Mitarbeitern. Das Büro hat den Auftrag, die Gesundheitssituation des betreffenden Landes ständig zu überwachen. Die Vertreter durchkämmen Stadtviertel, Dörfer und Nomadenlager. In der Hand halten sie eine detaillierte Kontrollliste, in der alle Krankheiten vermerkt sind, die es zu überwachen gilt.

Wenn ein einschlägig Kranker entdeckt wird, muss er den örtlichen Behörden gemeldet und in das nächstgelegene Ambulatorium verbracht werden.

Aber die Noma steht nicht auf der WHO-Liste.

Mit Philippe Rathle und Iona Cismas, meiner Mitarbeiterin im Beratenden Ausschuss des Menschenrechtsrats, bin ich nach Bern gefahren, um das Bundesamt für Gesundheit auf das Problem hinzuweisen. Der hohe Beamte, der uns empfing, weigerte sich, in der Weltgesundheitsversammlung eine entsprechende Resolution einzubringen, was er wie folgt begründete: »Auf der Kontrollliste sind schon viel zu viele Krankheiten.«

Die von der Stiftung Winds of Hope angeführte NGO-Koalition hat einen Aktionsplan gegen die Noma aufgestellt. Man will die Prävention verbessern, indem man Gesundheitsbeauftragte und Mütter ausbildet, die die ersten Symptome der Krankheit erkennen können; die Noma in nationale und internationale epidemiologische Überwachungssysteme einbeziehen; ethologische (das Verhalten erfassende) Studien durchführen.

Schließlich muss dafür gesorgt werden, dass in den örtlichen Ambulatorien zum niedrigstmöglichen Preis Antibiotika und genügend

Nährstofflösungen für die intravenöse Verabreichung vorhanden sind.

Die Umsetzung dieses Aktionsplans kostet Geld ... das die NGOs nicht haben.[1]

Die Menschen, die gegen die Noma kämpfen, sind in einem Teufelskreis gefangen.

Einerseits ist die Tatsache, dass die Noma in den Listen und Berichten der WHO fehlt und dass sie keine öffentliche Aufmerksamkeit erhält, auf den Mangel an wissenschaftlichen Informationen über Ausmaß und Bösartigkeit der Krankheit zurückzuführen. Doch andererseits wird man keine gründlichen und umfassenden Nachforschungen anstellen und die internationale Öffentlichkeit nicht hinreichend mobilisieren können, solange die WHO und die Gesundheitsminister der Mitgliedsstaaten jedes Interesse an dieser Krankheit, die ausgerechnet die Kleinsten und Ärmsten trifft, vermissen lassen.

Natürlich haben auch die Pharmakonzerne, die bei der WHO großen Einfluss besitzen, kein Interesse an der Noma: Die Opfer haben kein Geld.

In den Ländern der südlichen Hemisphäre wird die Noma erst dann so gründlich ausgerottet sein, wie es in Europa der Fall ist, wenn ihre Ursachen – Unter- und Mangelernährung – endgültig besiegt sind.

---

1 Bertrand Piccard, »Notre but: mettre sur pied une journée mondiale contre le noma«, *Tribune médicale*, 29. Juli 2006.

ZWEITER TEIL

Das Erwachen des Bewusstseins

1

Der Hunger als Schicksal
Malthus und die natürliche Auslese

Bis zur Mitte des vergangenen Jahrhunderts unterlag der Hunger einem Tabu. Schweigen bedeckte die Massengräber. Das Massaker war schicksalhaft. Wie die Pest im Mittelalter galt der Hunger als unvermeidliche Geißel – ihrer Natur nach gefeit gegen alle Bestrebungen des menschlichen Willens, sie zu beseitigen.

Mehr als irgendein anderer Denker hat Thomas Malthus zu dieser fatalistischen Auffassung der menschlichen Geschichte beigetragen. Wenn das kollektive Gewissen Europas zu Beginn der Moderne blind und taub blieb gegenüber dem Hungertod von Millionen Menschen, wenn es sogar glaubte, in dem täglichen Massaker eine vernünftige Form demografischer Regulierung erkennen zu können, so ist das großenteils ihm zu verdanken – und seiner wahnwitzigen Idee von der »natürlichen Auslese«.

Malthus kam am 4. Februar 1766 in Rookery zur Welt, einem bescheidenen Ort in der Grafschaft Surrey im Südosten Englands. Sein Vater war Anwalt, seine Mutter die Tochter eines wohlhabenden Apothekers.

Am 3. September 1783 wurde in einem kleinen Pariser Hotel in der Rue Jacob zwischen Benjamin Franklin, dem Unterhändler des amerikanischen Kongresses, und dem Abgesandten von König Georg III., der Vertrag von Paris abgeschlossen, der den Vereinigten Staaten von Amerika die Unabhängigkeit garantierte. Der Verlust dieser nordamerikanischen Kolonie hatte in England erhebliche Rückwirkungen.

Die Aristokratie, die von ihren Einkünften aus den amerikani-

schen Plantagen und dem Kolonialhandel lebte, verlor einen Großteil ihrer wirtschaftlichen Macht und wurde von der enorm auf-
strebenden Industriebourgeoisie abgelöst. Es entstanden riesige
Fabriken – vor allem in der Textilindustrie. Aus der Ehe zwischen
Kohle und Eisen ging eine gewaltige Eisen- und Stahlindustrie hervor. Daraufhin strömten Millionen Bauern und ihre Familien in die
Städte.

Malthus hatte am Jesus College in Cambridge ein brillantes Stu-
dium absolviert, lehrte dort drei Jahre lang Moraltheologie, wurde
dann Pfarrer der anglikanischen Kirche und verschaffte sich eine
Pfarrstelle in Albury, im heimatlichen Surrey.

Doch in London hatte er das empörende Schauspiel des Elends
erlebt. Die entwurzelten, zum Lumpenproletariat herabgesunkenen
Menschen litten Hunger. Nach dem Verlust ihrer sozialen Identität
verfielen viele dem Alkohol. Nie sollte er diese Mütter mit den blei-
chen, von Unterernährung gezeichneten Gesichtern vergessen, diese
bettelnden Kinder. Oder auch die Prostitution und die Elendsquar-
tiere.

Eine Frage wurde ihm zur Obsession: Wie ließen sich diese Pro-
letariermassen und ihre zahllosen Kinder ernähren, ohne die Versor-
gung der ganzen Gesellschaft zu gefährden?

Noch vor Abfassung seines berühmten Essays über das Bevölkerungsgesetz wurden in einer ersten Schrift die Grundzüge seines
Lebenswerks erkennbar. Dort heißt es: »die Bevölkerung und die
Nahrung... die einander stets hinterherlaufen«. Und: »Das Haupt-
problem unserer Zeit ist das Problem der Bevölkerung und ihres
Lebensunterhalts.« Oder auch: »Die Menschen haben die allen
Lebewesen gemeinsame, immer während Tendenz, ihre Art über
das ihnen zur Verfügung stehende Nahrungsangebot hinaus zu
vermehren.«[1]

1798 erschien seine berühmte Schrift *An Essay on the Principle of
Population, as it Affects the Future Improvement of Society* (»Eine Abhandlung über das Bevölkerungsgesetz, wie es sich auf die künftige

---

1 Thomas Malthus, *The Crisis*, ein Aufsatz, den er 1796 verfasste, für den er aber keinen Verleger fand.

Verbesserung der Gesellschaft auswirkt«).[1] Sein Leben lang sollte Malthus das Werk immer wieder überarbeiten, erweitern und ganze Kapitel neu schreiben, bis er die letzte Fassung 1833, ein Jahr vor seinem Tod, veröffentlichte.

Die zentrale These des Buchs macht er an einem Widerspruch fest, den er für unüberwindlich hält:

»Im Tier- und Pflanzenreich hat die Natur zwar die Lebenskeime mit verschwenderischer Hand ausgestreut, aber im Verhältnis dazu mit Raum und Nahrungsmitteln gegeizt. Wenn die Keime, die unser winziger Planet enthält, genügend Nahrung und Raum hätten, um sich ungehindert zu entwickeln, würden sie im Laufe einiger tausend Jahre Millionen Welten füllen. Aber die Notwendigkeit, dieses gebieterische, tyrannische Naturgesetz, hält sie in den vorgeschriebenen Grenzen. Die Reiche der Pflanzen und Tiere müssen sich einschränken, um diese Grenzen nicht zu überschreiten. Selbst das Menschengeschlecht kann, trotz seiner Vernunft, dem Gesetz nicht entgehen. Im Reich der Pflanzen und der Tiere entfaltet es seine Wirkung, indem es die Samen verschwendet und für Krankheit und frühzeitigen Tod sorgt, beim Menschen besorgt es dies durch Not und Elend.«

Für Pfarrer Malthus ist das »Gesetz der Notwendigkeit« ein anderer Name für Gott.

»Nach diesem Bevölkerungsgesetz – das sich, mag es (auf solche Weise dargelegt) auch noch so übertrieben erscheinen, sich aber nach meiner Überzeugung in vollkommener Übereinstimmung mit der Natur und Situation des Menschen befindet – liegt klar auf der Hand, dass es für die Erzeugung von Nahrung und anderen lebensnotwendigen Dingen eine Grenze geben muss. Wenn sich das Wesen des Menschen und seine Situation auf Erden nicht grundsätzlich wandeln sollten, lässt sich die Gesamtheit aller lebensnotwendigen Dinge niemals in ausreichender Menge bereitstellen. Schwerlich ist eine Gegenwart vorstellbar, die verhängnisvoller wäre und geeigne-

---

1 Der Untertitel änderte sich in den folgenden Ausgaben: »*An Essay of the Principle of Population, a View of its Past and Present Effects on Human Happiness*«. Die folgenden Zitate sind der von Pierre Theil übersetzten und eingeleiteten französischen Ausgabe entnommen: Paris, Éditions Seghers, 1963.

ter, die Menschheit ins Unglück zu stürzen, als Verhältnisse, die die Möglichkeit zu unbegrenzter Nahrungserzeugung auf begrenztem Raum böten ...« und weiter:

»Der allgütige Schöpfer, der die Bedürfnisse und Notwendigkeiten seiner Geschöpfe gemäß der von ihm beschlossenen Gesetze kennt, hat uns in seiner Gnade nicht alle lebensnotwendigen Dinge in ausreichender Menge zur Verfügung stellen wollen. Doch wenn wir einräumen (und wir können uns dem nicht verschließen), dass der auf einen bestimmten Raum eingeschränkte Mensch mit seiner Getreideproduktion an Grenzen stößt, dann hängt der Wert des tatsächlich in seinem Besitz befindlichen Bodens von dem bisschen Arbeit ab, die notwendig ist, um aus ihm den Ertrag zu gewinnen, den die von diesem Boden ernährbaren Menschen brauchen.«

Diese Theorie herrschte fortan und hält sich noch immer in einem Teil der öffentlichen Meinung: Die Bevölkerung wächst unaufhaltsam, während die Nahrung und das sie produzierende Land begrenzt sind. Der Hunger verringert die Zahl der Menschen. Er sorgt für ein Gleichgewicht zwischen ihren ununterdrückbaren Bedürfnissen und den verfügbaren Ressourcen. So macht die Natur – oder gar Gott oder die Vorsehung – aus einem Übel etwas Gutes.

Für Malthus war der Bevölkerungsrückgang durch den Hunger die einzige Möglichkeit, um die unausweichliche wirtschaftliche Katastrophe abzuwenden. Der Hunger unterliegt also dem Gesetz der Notwendigkeit.

Folgerichtig enthält die *Abhandlung über das Bevölkerungsgesetz* heftige Angriffe auf die »Sozialgesetze«, die zaghaften Versuche der britischen Regierung, mit den ersten Ansätzen einer staatlichen Fürsorge das schreckliche Los der proletarischen Familien in den Städten zu lindern. Malthus schreibt: »Wenn ein Mann von seiner Arbeit nicht leben kann, so ist das für ihn und seine Familie eben nicht zu ändern.«

Und ein Stück weiter: »Der Pfarrer muss den Verlobten mitteilen: Wenn ihr heiratet, wenn ihr Kinder zeugt, werden diese von der Gesellschaft keine Hilfe zu erwarten haben.«

Dann heißt es: »Epidemien sind notwendig.«

Für Malthus wird der Arme im Fortgang seines Buchs zu seinem ärgsten Feind: »Sozialgesetze sind schädlich ... Sie ermöglichen den Armen, Kinder in die Welt zu setzen ... Die von der Natur verhängte Strafe: die Not ... Er [der Arme] muss wissen, dass die Naturgesetze, die Gottes Gesetze sind, ihn und seine Familie zum Leiden verurteilen.«

Und schließlich: »Die Kirchensteuern sind [für die Armen] erdrückend? Um so besser.«

Eine solche Theorie konnte nicht ohne rassischen Differentialismus auskommen. Tatsächlich lässt Malthus in seinem Buch die Völker der Welt Revue passieren. Von den Indianern Nordamerikas schreibt er beispielsweise: »Diese Jägervölker sind wie die Raubtiere, denen sie ähneln.«

Die *Abhandlung über das Bevölkerungsgesetz* fand augenblicklich großen Anklang in den herrschenden Klassen des britischen Empires. Das Parlament debattierte darüber. Der Premierminister empfahl ihre Lektüre.

Rasch verbreiteten sich seine Thesen in ganz Europa. Denn die malthusianische Ideologie leistete den Interessen der herrschenden Klassen und ihren Ausbeutungspraktiken beneidenswerte Dienste. Zugleich ermöglichte sie die Lösung eines scheinbar unüberwindlichen Konflikts: die »Erhabenheit«, die dem zivilisatorischen Auftrag des Bürgertums innewohnte, mit den von ihm geschaffenen Hungersnöten und Massengräbern zu versöhnen. Machte man sich Malthus' Sicht der Dinge zu eigen, so waren die durch den Hunger hervorgerufenen Leiden, die Vernichtung so vieler Tausender Menschen gewiss entsetzlich, aber offensichtlich notwendig für das Überleben der Menschheit – die Bourgeoisie beschwichtigte ihre Gewissensbisse.

Die wahre Bedrohung sei die Explosion des Bevölkerungswachstums. Ohne die Beseitigung der Schwächsten durch den Hunger würde der Tag kommen, an dem auf dem ganzen Planeten kein Mensch mehr essen, trinken oder atmen könne.

Bis zur Mitte des 20. Jahrhunderts trieb die malthusianische Ideologie ihr Unwesen im Bewusstsein des Westens. Sie machte die meisten Europäer blind und taub für die Leiden der Opfer, vor allem in

den Kolonien. Die Hungernden wurden in der ethnologischen Bedeutung des Wortes zum Tabu.

Herrlicher Malthus!

Wahrscheinlich ohne es zu wollen, befreite er die Bewohner der
Herrschaftsstaaten des Westens von ihrem schlechten Gewissen.

Wenn nicht eine schwere psychische Störung vorliegt, kann kein
Mensch den Anblick eines Mitmenschen ertragen, der vom Hunger
vernichtet wird. Indem Malthus das Massaker in unserem Denken
heimisch machte, es ins Reich der Notwendigkeit verwies, entband
er die Bewohner des Westens von ihrer moralischen Verantwortung.

2

Josué de Castro, Epoche eins

Am Ende des Zweiten Weltkriegs wurde das Tabu plötzlich gebrochen – und Malthus in den Mülleimer der Geschichte entsorgt.

Die Schrecken des Krieges, des Naziterrors, der Vernichtungslager, des gemeinsamen Leidens und Hungerns führten zu einem außerordentlichen Erwachen des europäischen Gewissens.

Das kollektive Bewusstsein empörte sich: »Nie wieder!« Diese Revolte manifestierte sich in einer Bewegung, die von tiefer Sehnsucht nach gesellschaftlichen Veränderungen getragen war. Die Menschen verlangten Unabhängigkeit, Demokratie, soziale Gerechtigkeit. Die Folgen waren zahlreich und positiv. Die Staaten sahen sich unter anderem dazu gezwungen, den Bürgern sozialen Schutz zu gewähren, aber auch zwischenstaatliche Institutionen, Völkerrechtsnormen, Waffen für den Kampf gegen die Geißel des Hungers zu schaffen.

In seiner Schrift *Das Wesen des Christentums* schreibt Ludwig Feuerbach: »Bewußtsein im strengsten Sinne ist nur da, wo einem Wesen seine *Gattung*, seine *Wesenheit* Gegenstand ist… Wo Bewußtsein, da ist Fähigkeit zur Wissenschaft. Die Wissenschaft ist das *Bewußtsein der Gattungen*… Aber nur ein Wesen, dem seine eigen Gattung, seine Wesenheit Gegenstand ist, kann andere Dinge oder Wesen nach seiner wesentlichen Natur zum Gegenstande machen.«[1]

Das Bewusstsein von der Identität aller Menschen ist die Grundlage für das Recht auf Nahrung. Nur der Zufall der Geburt trennt uns von den Opfern. Niemand kann die Vernichtung seinesgleichen

---

1 Ludwig Feuerbach, *Das Wesen des Christentums*, Leipzig, Otto Wigand, 1841, S. 1f.

durch den Hunger dulden, ohne seine eigene Menschlichkeit, seine Identität aufs Spiel zu setzen.

1946 schufen 44 Mitgliedsstaaten der ein Jahr zuvor gegründeten UNO in Quebec die Ernährungs- und Landwirtschaftsorganisation (FAO), die allererste Sonderorganisation der Vereinten Nationen. Ihren Sitz bekam die FAO in Rom. Ihre Aufgabe: den Lebenssmittelanbau zu entwickeln und für die gerechte Verteilung der Nahrung unter den Menschen zu sorgen.

Am 10. Dezember 1948 verabschiedeten die 64 Mitgliedsstaaten der Vereinten Nationen bei ihrer Generalversammlung in Paris einstimmig die Allgemeine Erklärung der Menschenrechte, die in ihrem Artikel 25 das Recht auf Nahrung festschrieb.

Da sich die Hungerkatastrophen trotzdem häuften, beschlossen die Mitgliedsstaaten 1963, noch einen Schritt weiter zu gehen: Sie riefen das Welternährungsprogramm (WFP) ins Leben, das den Auftrag bekam, Nothilfe zu leisten.

Um den Menschenrechten einen zwingenderen Charakter zu verleihen, verabschiedeten die UN-Mitgliedsstaaten am 16. Dezember 1966 zwei internationale Pakte (leider getrennt) – den ersten über wirtschaftliche, soziale und kulturelle Rechte, dessen Artikel 11 das Recht auf Nahrung näher ausführt, den zweiten über bürgerliche und politische Rechte.

Im internationalen Kontext des Kalten Krieges und infolge der ideologischen Spaltung der Mitgliedsstaaten (Kapitalismus versus Kommunismus) wurde der zweite Pakt im wesentlich dazu benutzt, die Menschenrechtsverletzungen im Ostblock anzuprangern.

Die Einhaltung des Paktes über die wirtschaftlichen, sozialen und kulturellen Rechte durch die Signatarstaaten wird von einem mit achtzehn Experten besetzten Ausschuss überwacht. Jeder Mitgliedsstaat muss bei Eintritt und dann alle fünf Jahre in einem Bericht Rechenschaft ablegen über die Maßnahmen, die er in seinem Land ergriffen hat, um dem Recht auf Nahrung zu genügen.

Als die lange Nacht des Nazismus endete, dämmerte eine Erkenntnis, die allerdings noch Jahre brauchte, um sich bei den Völkern und ihren Regierenden durchzusetzen: Die Beseitigung des Hungers liegt in der Verantwortung des Menschen, es gibt bei diesem Problem keine schicksalhafte Unausweichlichkeit. Der Feind lässt sich besiegen. Wir müssen nur eine Anzahl konkreter und kollektiver Maßnahmen ergreifen, um das Recht auf Nahrung zu einem durchsetzbaren Rechtsanspruch zu machen.

Für die Initiatoren des Pakts verstand es sich von selbst, dass die Völker die Verwirklichung des Rechts auf Nahrung nicht dem freien Spiel der Marktkräfte überlassen konnten. Normative Eingriffe waren unverzichtbar: zum Beispiel eine Agrarreform überall dort, wo die landwirtschaftlichen Flächen ungleich verteilt waren; öffentliche Subventionen der Grundnahrungsmittel zugunsten der Menschen, die sich keine regelmäßige, angemessene und ausreichende Ernährung leisten konnten; öffentliche Investitionen nationaler und internationaler Art für Bodenerhaltung und Produktivitätszuwachs (Düngemittel, Bewässerung, Geräte, Saatgut) im Nahrungsmittelanbau; Gleichheit beim Zugang zu Nahrungsmitteln; Beseitigung der Monopole der multinationalen Nahrungsmittelkonzerne auf den Märkten für Saatgut, Düngemittel und Grundnahrungsmittel.

Mehr als jeder andere hat ein Mann den Völkern des Westens das Problem des Hungers zu Bewusstsein gebracht: der brasilianische Arzt Josué Apolônio de Castro. Es sei mir gestattet, hier eine persönliche Erinnerung einzufügen – meine Begegnung mit seiner Tochter.

Trotz des Vordachs, das die kleine Terrasse der *Garota da Ipanema* beschirmt, ist die Hitze des südlichen Sommers erstickend. Am Ende eines rechtwinklig zur Avenida Prudente de Morais verlaufenden Durchgangs glitzern die Wellen des Atlantiks im Nachmittagslicht.

Die schöne dunkelhaarige Frau mittleren Alters, die mir gegenübersitzt, macht ein ernstes Gesicht: »Die Militärs glaubten, sie hätten meinen Vater erledigt… Aber nun kommt er zu uns zurück – und zwar millionenfach.« Anna Maria de Castro ist die ältere Tochter und geistige Erbin ihres Vaters.

Dieses Treffen in einem Café in Rio de Janeiro fand im Februar 2003 statt, zu einem Zeitpunkt, als Luiz Inácio Lula da Silva gerade in den Palácio do Planalto eingezogen war. Der Mitbegründer der Bewegung der Landarbeiter ohne Boden (MST) war selbst in einer notleidenden Familie im Inneren von Pernambuco aufgewachsen und hatte zwei jüngere Brüder durch den Hunger verloren. Wir erinnern uns: Eine seiner ersten Amtshandlungen war die Ausrufung der nationalen Kampagne »Fome Zero« (Null Hunger).

Von leuchtendem Beispiel, aber tragisch war das Schicksal von Josué de Castro. Durch sein wissenschaftliches Werk, seine prophetische Vision und sein militantes Handeln hat er seine Epoche nachhaltig geprägt. Er widerlegte das Gesetz der Notwendigkeit, indem er bewies, dass der Hunger durch die Politik des Menschen in die Welt kommt, dass er folglich auch vom Menschen besiegt und beseitigt werden kann. Das Massaker ist kein Schicksal. Wir müssen seine Ursachen erkennen und bekämpfen.

Josué de Castro wurde am 5. September 1908 in Recife geboren, der an der Atlantikküste gelegenen Hauptstadt des Bundestaats Pernambuco, die mit 3,7 Millionen Einwohnern die drittgrößte Stadt Brasiliens ist.

In Recife beginnt der grüne Ozean des Zuckerrohrs wenige Kilometer hinter der Stadt. Die rote Erde des Agreste[1] ist verloren für Bohnen, Maniok, Getreide oder Reis. Wie ein Eisengürtel umschließen die Zuckerrohrfelder die Dörfer und Städte. Das Zuckerrohr ist der Fluch des Volkes, denn seine Plantagen verhindern den Anbau von Lebensmitteln. Daher werden heute 85 Prozent des Nahrungsmittelbedarfs Pernambucos importiert, und die Säuglingssterblichkeit ist nach der Haitis die höchste des Kontinents.

Josué de Castro war mit seinem ganzen Wesen dem Land und den Menschen des Nordostens verhaftet, was sich auch in seiner Zugehörigkeit zum Typus des *Caboclo* ausdrückte, in dem sich die Merkmale des Indianers, Portugiesen und Afrikaners mischen.

Als 1946 sein Buch *Geografia da fome*[2] erschien, das den Hun-

---

1 Zone fruchtbaren Bodens, die sich in einer Tiefe von etwa 60 Kilometern entlang der Küste erstreckt, bevor die trockene Weite des Sertão beginnt.

2 1959 (nach der 1952 unter dem veränderten Titel *Geopolitica da fome* erschienenen Neuausgabe) erstmals ins Deutsche übersetzt: Josué de Castro, *Weltgeißel Hunger*, Göttingen u. a., Musterschmidt, 1959. 1973 erschien eine weitere Übersetzung (nach der französischen Ausgabe) unter dem Titel *Geopolitik des Hungers*, Frankfurt, Suhrkamp, 1973. Aus dieser Übersetzung wird im Folgenden zitiert.

ger in Brasilien und vor allem im Nordosten des Landes, das heißt, seine lokalen und regionalen Erfahrungen, behandelte, hatte Castro schon eine lange Berufstätigkeit hinter sich. Dank einer Facharztausbildung in Physiologie an der medizinischen Hochschule in Rio de Janeiro konnte er Physiologie, Humangeographie und Anthropologie an der Universität Recife lehren, während er gleichzeitig als Arzt praktizierte. Wie Salvador Allende, der Kinderarzt in Valparaiso war, hatte er in seiner Praxis, im Krankenhaus und bei seinen Hausbesuchen genügend Gelegenheit, alle schlimmen Folgen der kindlichen Unter- und Mangelernährung zu beobachten.

Er führte sogar zahlreiche systematische und exakte Untersuchungen durch – oft im Auftrag staatlicher Stellen –, in denen er an Tausenden Familien von *Caboclos*, Tagelöhnern, Zuckerrohrschnittern, Teilpächtern und *Boia Frio* nachweisen konnte, dass das Latifundium – die extensive Landwirtschaft – für die Unterernährung und den Hunger verantwortlich war.

Ferner wies er nach, dass nicht die Überbevölkerung der ländlichen Regionen und der Städte schuld an der Ausbreitung des Hungers war, sondern dass es sich umgekehrt verhielt: Extreme Armut führte zu einem Geburtenanstieg durch Zukunftsangst. Die Kinder, die sich die arme Bevölkerung in möglichst großer Zahl wünschte, stellten eine Art Lebensversicherung dar. Wenn sie überlebten, halfen sie ihren Eltern zu leben – und vor allem, alt zu werden, ohne zu verhungern.

Oft und gern zitierte Josué de Castro das Sprichwort aus dem Nordosten: »Der Tisch des Armen ist karg, das Bett der Not aber fruchtbar.«

In einem nicht übersetzten Werk aus dem Jahr 1937 schreibt Castro: »Wenn sich ein Teil der Mestizen als geistig und körperlich behindert erweist, so liegt das nicht an einem irgendwie gearteten sozialen Makel, einer Eigentümlichkeit der Abstammung, sondern an ihrem leeren Magen... Das Übel ist nicht durch die Rasse, sondern durch den Hunger bedingt. Sie werden an einer normalen Entwicklung und der Entfaltung ihrer Fähigkeiten durch Nahrungsmangel gehindert. Die Maschine weist keine Qualitätsmängel auf... Ihr Ertrag ist gering, bei jeder Bewegung leidet sie, sie bleibt früh stehen … weil es ihr an angemessenem und ausreichendem Brennstoff fehlt.«[1]

Documentário do Nordeste griff die Argumente eines früheren, kürzeren Textes aus dem Jahr 1935 auf, *Alimentação e raça*, der die in den politischen und intellektuellen Kreisen Brasiliens vorherrschende These widerlegte, nach der Afrobrasilianer, Indianer und *Caboclos* aufgrund ihrer »Rasse« faul, unintelligent und arbeitsscheu – und infolgedessen unterernährt – seien.[2]

Die herrschenden brasilianischen Klassen der Weißen waren durch ihre rassistischen Vorurteile verblendet.

1937 war das Jahr des Staatsstreichs von Getúlio Vargas und der Errichtung seiner Diktatur sowie seines *Estado Novo*. Der Universalismus des jungen Arztes Josué de Castro befand sich in vehementem Widerspruch zur faschistischen Ideologie und dem von den herrschenden Klassen hochmütig verkündeten Rassismus. 1945 sollte die Niederlage der Achsenmächte Vargas und den *Estado Novo* mit in den Untergang ziehen.[3]

Während dieser ganzen Periode besuchte Josué de Castro auf Einladung der Regierungen verschiedene Länder, um Ernährungs- und Nahrungsprobleme zu studieren: Argentinien (1942), Vereinigte Staaten (1943), Dominikanische Republik (1945), Mexiko (1945) und schließlich Frankreich (1947).

Diese zugleich lokale und globale Erfahrung verlieh seinem wissenschaftlichen Werk, das ungefähr 50 Schriften umfasst,[4] eine ganz außergewöhnliche Perspektive, Komplexität und Gültigkeit.

In einer Hommage zum hundertsten Geburtstag des Mannes, der in Frankreich sein Lehrer und Freund gewesen war, schrieb Alain Bué: »Die zentrale These des Gesamtwerks von Castro lässt sich zu-

---

1 Josué de Castro, *Documentário do Nordeste*, Éditions Livraria José Olympio, Rio de Janeiro, 1937.
2 Josué de Castro, *Alimentação e raça*, Editora Civilizaçao Brasileira, Rio de Janeiro, 1935.
3 Nachdem Getúlio Vargas 1950 wieder an die Macht gekommen war, wurde er 1954, in Verruf gekommen, zur Abdankung gezwungen. Er beging Selbstmord, indem er sich im Palácio do Catete in Rio de Janeiro eine Kugel ins Herz schoss.
4 Die Hälfte dieser Bücher wurde in die wichtigsten Sprachen übersetzt.

sammenfassen in der Aussage: »Wer Geld hat, hat auch zu essen, wer keines hat, verhungert oder wird invalid.«[1]

Geografia da fome ist der ursprüngliche Titel des bekanntesten Werks von Josué de Castro: *Geopolitik des Hungers*. Im Vorwort erläutert der Verfasser, sein amerikanischer Verlag Little Brown in Boston habe ihm vorgeschlagen, die Methode, die er zuerst in Brasilien angewendet hatte, weltweit zu erproben, ein Projekt, das zur Veröffentlichung von *Geografia da fome* geführt habe. Die *Geopolitik des Hungers* gehört zu den wichtigsten wissenschaftlichen Werken der Nachkriegszeit. Das Buch eroberte die Welt. Es wurde von der gerade gegründeten FAO empfohlen, in 26 Sprachen übersetzt, immer wieder aufgelegt und hinterließ nachhaltige Spuren im öffentlichen Bewusstsein.

Sein erster Titel, *Geografia da fome*, ganz in der Tradition der desktriptiven Humanwissenschaften des 19. Jahrhunderts, wurde in *Geopolitica da Fome* abgewandelt,[2] wobei der Verfasser vom ersten Kapitel an zeigt, dass der Hunger, auch wenn er teilweise den geografischen Bedingungen angelastet werden kann, in erster Linie ein politisches Phänomen ist. Für die Fortdauer seiner Existenz ist nicht die Bodenbeschaffenheit verantwortlich, sondern ganz allein das Handeln der Menschen. Der Untertitel der französischen Originalausgabe des vorliegenden Buchs, *Géopolitique de la faim*, ist eine Hommage an Josué de Castro.

Dazu Josué de Castro: »Wenn [das Wort *Geopolitik*] auch durch den nazistischen Sprachgebrauch herabgewürdigt ist, so hat es doch seinen wissenschaftlichen Wert behalten ... [Es] bezeichnet eine wissenschaftliche Disziplin, die Beziehungen zwischen geographischen Faktoren und politischen Phänomenen untersucht ... Wenige Phänomene haben das politische Verhalten der Völker so stark beeinflusst wie die tragische Notwendigkeit, essen zu müssen.«[3]

---

1 Alain Bué, »La tragique nécessité de manger«, *Politis*, Paris, Oktober-November 2008. Alain Bué war der Assistent von Josué de Castro am 1968 geschaffenen Centre universitaire expérimental (Modellhochschule) von Vincennes (danach Universität Vincennes). Heute ist er Professor an der Universität Paris-VIII und Castros geistiger Erbe – der Hüter seines Werks in Frankreich.
2 Josué de Castro, *Geopolitica da Fome*, Rio de Janeiro, Casa do Estudante do Brasil, 1951.
3 ebd.

Unter dem Titel *Geopolitik des Hungers* erschien das Buch 1973 auf Deutsch.[1]

Malthus machte aus den verheerenden Auswirkungen des Hungers eine Naturerscheinung und bemühte zur Rechtfertigung des Massensterbens das »Gesetz der Notwendigkeit«; damit glaubte er das eigene Gewissen und das der weltbeherrschenden Klassen von aller Schuld freizusprechen. Castro dagegen brachte uns zu Bewusstsein, dass dauerhafte Unter- und Mangelernährung die Gesellschaft in ihrer Gesamtheit nachhaltig beeinträchtigt, die Hungernden wie die Satten.

Er schreibt: »Die Hälfte der Brasilianer schläft nicht, weil sie Hunger hat, die andere Hälfte schläft nicht, weil sie Angst hat vor denen, die hungern.«

Der Hunger verhindert die Schaffung einer friedlichen Gesellschaft. In einem Staat, in dem ein beträchtlicher Teil der Bevölkerung unter der Furcht vor dem nächsten Tag leidet, lässt sich der soziale Friede, nur durch Repression aufrechterhalten. Die Gewalt ist untrennbar mit der Institution des Latifundiums verbunden. Der Hunger schafft einen dauerhaften, wenn auch maskierten Kriegszustand.

Häufig verwendet Castro den Begriff »künstlich« *(artificiel)*. Die Unterernährung sei »künstlich« im Sinne von »Artefakt« – ein Phänomen, dass in jeder Hinsicht Kunst-Werk, das heißt, Menschen-Werk sei. Die Hauptgründe sind Kolonisation, Monopolisierung des Bodens und Monokultur. Sie sind sowohl für die niedrige Produktivität wie für die ungleiche Verteilung der Ernten verantwortlich.

In zahlreichen späteren Werken unterzog Castro einige seiner ursprünglichen, im Pernambuco erhobenen Forschungsergebnisse einer Neuinterpretation, so zum Beispiel in dem beeindruckenden *Livre noir de la faim.*[2]

Sein Leben lang ließen ihn die Bilder aus dem heimischen Pernambuco nicht los: die ausgemergelten, zahnlosen Frauen, die von Würmern aufgetriebenen Kinderbäuche, die Zuckerrohrschnitter mit ihren leeren, mutlosen Augen.

---

1 Zu den beiden deutschen Ausgaben vgl. Anm. 2 auf S. 106.
2 Josué de Castro, *Le Livre noir de la faim*, Paris, Les Éditions ouvrières, 1961.

Unmittelbar nach Ende des *Estado Novo* und mit der Wiederherstellung eines Minimums an öffentlicher Freiheit stürzte sich Josué de Castro in den politischen Kampf gegen die *Capitanerias*[1] und die ausländischen multinationalen Gesellschaften, die den größten Teil der landwirtschaftlichen Produktion Brasiliens kontrollierten. Die war – in diesem Land des Hungers – zum größten Teil für den Export bestimmt und nahm, angesichts eines ausgebluteten Europas, einen rasanten Aufschwung.

Nach 1945 wurde Brasilien, ein Land, in dem der Hunger maßlos wütete, einer der größten Lebensmittelexporteure der Welt.

Mit Francisco Julião und Miguel Arraes de Alencar organisierte Castro die Bauernligen, die erste Agrargewerkschaft Brasiliens, die sich gegen die Zuckerbarone wehrte, indem sie eine Agrarreform und für die Zuckerrohrschnitter und ihre Familien das Recht auf regelmäßige, angemessene und ausreichende Nahrung forderte.

Sie lebten gefährlich. Die *Pistoleros* der Besitzer – und manchmal sogar die Militärpolizei[2] – lauerten ihnen auf den chaotischen Pisten im Flusstal des São Francisco und in den Schluchten des Capibaribe auf. Castro entging mehreren Attentaten und setzte seinen Kampf fort.

Castro war der Intellektuelle und Theoretiker der Gruppe, Julião der Organisator und Arraes der politische Führer. Zwei Priester aus dem Nordosten lieferten für die Bauernligen wertvolle Hilfe: Dom Hélder Câmara, der damals Weihbischof in Rio de Janeiro und später Erzbischof von Recife und Olinda war, sowie der ebenfalls aus Fortaleza stammenden Pater Italo Coelho, der unvergessene Armenpriester von der Copacabana.

1954 wurde Castro Abgeordneter der (sozialdemokratischen) Arbeiterpartei Brasiliens im Nationalkongress, Julião Abgeordneter im

---

1 Während der kolonialen Eroberung Brasiliens hatte der König von Portugal seinen *Fidalgos* (Edelleuten) für die Eroberung des Landesinneren Küstenstreifen versprochen. Aus dem *Fidalgo* wurde der *Capitão* und aus den Ländereien, die er den einheimischen Indianern raubte, die *Capitaneria* oder das *Donatário*. Der Großteil der heutigen Latifundien sind ehemalige *Capitanerias*.

2 In Brasilien ist die Militärpolizei, ähnlich der französischen Gendarmerie, eine dem Militär angegliederte Polizeitruppe.

Parlament des Bundesstaates Pernambuco und Arraes Gouverneur dieses Staates: *O governador da esperança* (»Gouverneur der Hoffnung«), wie ihn das Volk nannte.

Parallel zu seinem nationalen Engagement wirkte Castro auf internationaler Ebene entscheidend an der Gründung der FAO im Jahr 1946 mit. Er gehörte der kleinen Expertengruppe an, die von der Generalversammlung der Vereinten Nationen damit beauftragt wurde, die Bildung dieser Organisation vorzubereiten, war 1947 brasilianischer Delegierter der Konferenz in Genf, im selben Jahr Mitglied des ständigen Beratungsausschusses der FAO und schließlich von 1952 bis 1955 Präsident des FAO-Rates. Nachdem er 1952 das Amt angetreten hatte, wurde er noch für eine weitere Amtszeit auf diesen einflussreichen Posten gewählt – eine absolute Ausnahmeregelung, die gegen die Satzungen verstieß.

In diesen Jahren demokratischer Hoffnungen und des Bemühens um Frieden wurde Josué de Castro mit Preisen und Ehren überhäuft.

1954 verlieh ihm der Weltfriedensrat, dessen Sitz damals in Helsinki war, einen internationalen Friedenspreis. An diesem Tag war es in Finnland kalt. Kurz vor der Zeremonie verlor Castro seine Stimme. Miguel Arraes hat mir die Anekdote erzählt: Vor den Kameras, Mikrofonen und dem buntgemischten Publikum aus hochrangigen Vertretern des sozialistischen Lagers und finnischen Würdenträgern bekam Castro einen Hustenanfall, der die Säulen des Saals erzittern ließ. Schließlich gelang es ihm, doch noch einen Satz hervorzubringen – nur einen einzigen: *O primeiro direito do homen e de nâo passar fome* (»Zuallererst hat der Mensch das Recht, keinen Hunger zu leiden«). Daraufhin nahm er erschöpft wieder Platz.[1]

Drei Mal wurde Castro für den Nobelpreis vorgeschlagen: ein Mal war es der Nobelpreis für Medizin, zwei Mal der Friedensnobelpreis. Mitten im Kalten Krieg erhielt Castro in Washington den Franklin-Roosevelt-Preis der Amerikanischen Akademie der Politikwissenschaft und, in Moskau, den Internationalen Friedenspreis. 1957 bekam er die Grande Médaille der Stadt Paris, die vor ihm an Pasteur und Einstein verliehen worden war.

---

1 Miguel Arraes, Gespräch mit dem Verfasser.

Aus Erfahrung wusste Castro genau, wie groß – und manchmal auch ausschlaggebend – der Einfluss war, den die großen Lebensmittelkonzerne auf Regierungen ausübten. Seine Überzeugung stand fest: Mochten die Regierungen ihm auch noch so viele Orden, Preise und Auszeichnungen verleihen, sie würden nie irgendetwas Entscheidendes gegen das tägliche Massaker des Hungers unternehmen.

Daher richtete sich Castros ganze Hoffnung auf die Zivilgesellschaft. In Brasilien musste die Veränderung von den Bauernligen, der Brasilianischen Arbeiterpartei (PTB[1]) und den Gewerkschaften der Landarbeiter ohne Boden kommen. Auf internationaler Ebene gründete er 1957 die Association mondiale de lutte contre la faim (ASCOFAM).

Ab 1950 reiste er ruhelos durch die Welt: nach Indien, China, in die Länder der Anden und der Karibik, nach Afrika, Europa – überall, wo eine Regierung, eine Universität, eine Gewerkschaft nach ihm rief.

Wer waren die Gründungsmitglieder der ASCOFAM? Die Liste enthält praktisch all die Menschen, die nach Castros Tod seinen Kampf weiterführten: unter anderem Abbé Pierre, Pater Georges Pire (späterer Friedensnobelpreisträger), René Dumont, Tibor Mende und Pater Louis-Joseph Lebret.

1960 bewogen sie die Generalversammlung der Vereinten Nationen dazu, die erste Weltweite Kampagne gegen den Hunger (*Global campaign against hunger*) zu starten. Diese Kampagne, bei der es darum ging, die Öffentlichkeit über Schulen, Kirchen, Parlamente, Gewerkschaften und Medien für den Kampf gegen den Hunger zu mobilisieren, hatte vor allem in Europa ein beträchtliches Echo.

Tibor Mende arbeitete vor allem über die Hungersnöte in China und Indien. Von seinen vielen Büchern seien hervorgehoben *Indien vor dem Sturm* (1955)[2], *China, Weltmacht von Morgen* (1961)[3], *Fourmis et Poissons* (1979)[4].

---

1 *Partido Trabalhista Brasileiro.*
2 Frankfurt, Europäische Verlagsanstalt.
3 Düsseldorf, Diederichs.
4 Éditions du Seuil.

Einige der grundlegenden Bücher von René Dumont erschienen noch zu Lebzeiten von Castro und wurden von ihm unmittelbar angeregt. Hier wären zu nennen: *Le Développement agricole africain* (1965),[1] *Développement et Socialisme* (in Zusammenarbeit mit Marcel Mazoyer, 1969)[2], *Paysanneries aux abois* (1972)[3].

Abbé Pierre hat die Ideen Castros vor allem durch die 1949 gegründete Bewegung Emmaus weitergetragen.

Besondere Erwähnung verdient der Dominikanerpater Louis-Joseph Lebret. Von allen Gefährten in der ASCOFAM stand er Castro wohl am nächsten. Er war älter als dieser und sorgte für die Veröffentlich von Castros ersten Büchern in Frankreich. Als erster bot er Castro eine akademische Stellung außerhalb Brasiliens an: in dem 1958 gegründeten Institut International de Recherche et de Formation, Education et Développement (IRFED). Häufig bekam Castro Gelegenheit, Artikel in der Zeitschrift des Instituts – *Développement et Civilisation* – zu veröffentlichen.

Lebret war ein Vertrauter von Papst Paul VI. Als Experte auf dem Zweiten Vatikanischen Konzil wirkte er maßgeblich an der Enzyklika Populorum Progressio (»Über die Entwicklung der Völker«) mit, die ein wichtiger Faktor im Kampf gegen den Hunger war. 1965, ein Jahr vor seinem Tod, wurde Lebret vom Papst nach Genf geschickt, um ihn bei der ersten Konferenz der Vereinten Nationen für Handel und Entwicklung (UNCTAD) zu vertreten. Lebret mobilisierte die progressiven Katholiken zur Unterstützung des von Castro geführten Kampfes.[4]

Heute leben mehr als 40 Prozent der Männer, Frauen und Kinder von Recife in den schmutzigen Elendsvierteln, die sich an den Ufern des Capibaribe hinziehen. Gut eine Million Menschen bewohnen diese Viertel ohne Klärgruben und Abwasserkanäle, ohne fließen-

---

1 PUF.
2 Éditions du Seuil.
3 Erschienen in der Reihe »Esprit« bei Éditions du Seuil.
4 Besonders sei verwiesen auf: Louis-Joseph Lebret, *Das wunderbare Geheimnis der Liebe*, Graz, Styria, 1964; *Dynamique concrète du développement*, Paris, Éditions Ouvrières, 1967.

des Wasser und Elektrizität – bar aller Sicherheit. In den Hütten aus Wellblech, Holzlatten oder Pappe werden Säuglinge von den hungrigen Ratten angegriffen und manchmal sogar getötet.

Das Stadtgebiet von Recife gehört mit jährlich 61,2 Morden pro 100 000 Einwohner zu den gefährlichsten ganz Brasiliens. Der Prozentsatz der Kinder und Jugendlichen, die Morden zum Opfer fallen, ist einer der höchsten der Welt. Tausende von Kindern wurden ausgesetzt. Häufig sind sie die bevorzugten Opfer der Todesschwadrone.

Oft habe ich, wenn ich in Recife war, Demetrius Demetrio, den Leiter der Gemeinschaft der kleinen Propheten (CPP[1]), nachts auf seinen Wegen begleitet. Gegründet wurde die Gemeinschaft von Dom Hélder Câmara, um jeden Tag einige Dutzend dieser aus zerrütteten Familien stammenden Straßenkinder – Mädchen und Jungen – aufzunehmen, zu verköstigen und zu pflegen. Einige Kinder, die ich dort angetroffen habe, waren noch keine drei Jahre und doch schon allem ausgesetzt: sexuellem Missbrauch, Schlägen, Krankheiten und quälendem Hunger. Diejenigen, die ich kennengelernt habe, sind zweifellos gestorben, bevor sie das Erwachsenenalter erreichten.[2]

Die arbeitslosen Männer und Jungendlichen versuchen, auf der großen am Atlantik entlang führenden Avenida de Böa Vista, wo sich die Restaurants und Kneipen für Touristen drängen, mit *Biscate* ein paar Real zu verdienen. *Biscate* bezeichnet alle Zweige der Schattenwirtschaft: fliegende Händler, die Eis, geröstete Erdnüsse, Cachaça (Zuckerrohrschnaps) und *Abacaxí* (Ananas) verkaufen, Autowächter und -wäscher, Schuhputzer usw.

In Boa Vista kehren bei Anbruch der Dunkelheit die *Jangadas*, die traditionellen, mit einem einzigen Segel ausgerüsteten und aus Baumstämmen gefertigten Boote der Hochseefischer, in den Hafen zurück. Die Fischhändler warten in ihren Lieferwagen. Im Halbdunkel, abseits des Lichts der Straßenlaternen, verharren verhärmte Mütter mit ihren ausgemergelten, zerlumpten Kindern.

Sobald sich die Lieferwagen entfernen, stürzen sich diese bedau-

---

1 *Communidade dos pequenos profetas.*
2 Zu kontaktieren unter: demetrius.demetrio@gmail.com. Dazu die Website: http://www.pequenosprofetas.org.br/; und: www.youtube.com.br.: Pequenos Profetas.

ernswerten Geschöpfe auf die Reste: Fischköpfe, Gräten mit ein paar Fleischfetzen, alles ist ihnen recht. Die Gräten knacken in ihren Mündern. Schon oft habe ich das beklemmende Schauspiel beobachtet.

Als Josué de Castro die Elendsviertel durchstreifte, lebten etwa 200 000 Menschen an den sumpfigen Ufern des Capibaribe. Im Laufe der Zeit drangen die Migranten aus den ländlichen Gebieten bis auf die Wasserfläche vor, indem sie ihre baufälligen Hütten auf Pfählen errichteten.

Castro hatte beobachtet, wie seltsam sie sich ernährten. Der Capibaribe ist ein breiter Strom, der von den Hängen des Küstengebirges herabfließt. Seine Fluten sind im Winter braun und aufgewühlt, weil während der Monate Juli und August die Unwetter im Landesinneren toben. Meist ist der Fluss aber eine eklige Kloake, in der die Bewohner der Elendsviertel ihre Notdurft verrichten – eine riesiges, fast stehendes Sumpfgebiet, in dem es von Krebsen wimmelt.

In seinem Roman *Des Hommes et des crabes* (1966)[1] beschreibt Castro den »Kreislauf des Krebses«. In die Kloake unter ihren Hütten verrichten die Menschen ihre Notdurft. Die aasfressenden Krebse ernähren sich von den Exkrementen und anderem Unrat, der in das Flussbett gelangt. Dann rühren die Anrainer, die Beine bis zu den Knien im Schlamm, den Schlick auf und fangen die Krebse. Sie essen sie, sie verdauen sie, sie scheiden sie aus.

Die Krebse ernähren sich von dem, was die Menschen ausscheiden. Die Menschen fangen die Krebse, essen sie …

Das ist der Kreislauf.

---

1 Éditions du Seuil.

3

Hitlers »Hungerplan«

Seinen Sieg über Malthus verdankt Josué de Castro auch Adolf Hitler. Eines der wohl eindrucksvollsten Kapitel der *Geopolitik des Hungers* heißt »L'Europe, camp de concentration«.

Castro: »In diesem Europa, von den nazistischen Heuschreckenschwärmen kahlgefressen, von Bomben zerstört, von Panik gelähmt, von der Fünften Kolonne, von Verwaltungschaos und Korruption ruiniert, breitete sich wieder der Hunger aus, und fast ganz Europa wurde zu einer Art Konzentrationslager.«[1]

An anderer Stelle heißt es: »In dem Maß, wie Deutschland in die verschiedenen europäischen Länder einfiel«, führte es dort seine Politik des »organisierten Hungers ein«. Castro zitiert dann Boris Shub, der meint, die politische Leitidee der Nazis habe darin bestanden, »das Ausmaß der Ernährungsbeschränkungen der Völker Europas so festzulegen, daß die mageren Rationen, die das Dritte Reich übrig gelassen hatte, entsprechend seinen militärischen und politischen Zielen zwischen ihnen aufgeteilt wurden«[2].

Bekanntlich waren die Nazimonster pedantische Bürokraten. Parallel zur Rassendiskriminierung führten sie eine ebenso minutiöse Ernährungsdiskriminierung ein, das heißt, sie teilten die Bevölkerungen in den besetzten Gebieten in vier Kategorien ein:

»Gut ernährte« Bevölkerungsgruppen. Das waren Bevölkerungen,

---

1 Geopolitik des Hungers, a. a. O., S. 19.
2 a. a. O., S. 329.

die in der deutschen Kriegsmaschinerie eine Hilfsfunktion innehatten.

»Ungenügend ernährte« Bevölkerungsgruppen. Gruppen in den besetzten Gebieten, die sich infolge der Requirierung von Nahrungsmitteln pro Erwachsenem mit Tagesrationen von maximal 1000 Kalorien zufrieden geben mussten.

»Hungernde« Gruppen. Sie umfassten die Bevölkerungsteile, deren Zahl die Nazis verringern wollten, indem sie ihnen weniger Nahrung zugänglich machten, als zum Überleben notwendig war. Dazu gehörten die Bewohner der meisten jüdischen Gettos in Polen, Litauen, der Ukraine und so fort, aber auch Roma-Dörfer in Rumänien und auf dem Balkan.

»Zur Vernichtung durch den Hunger bestimmte« Gruppen. In manchen Lagern wurde die »schwarze Diät«, der Entzug von Nahrung, als Vernichtungswaffe eingesetzt.

Adolf Hitler wendete genauso viel kriminelle Energie auf, um die europäischen Völker auszuhungern, wie er investierte, um die rassische Überlegenheit Deutschlands zu dokumentieren.

Seine Hungerstrategie hatte ein doppeltes Ziel. Einerseits Deutschlands Autarkie zu sichern und andererseits die verschiedenen Volksgruppen dem Gesetz des Reichs zu unterwerfen.

Hitler war besessen von der Furcht vor einer Nahrungsmittelblockade, wie die Briten sie im Ersten Weltkrieg über Deutschland verhängt hatten. Gleich nach der Machtergreifung 1933 schuf er den *Reichsnährstand,* eine Organisation, die den Auftrag hatte, die »Lebensmittelversorgung des deutschen Volkes« zu sichern. Ein Sondergesetz unterstellte alle Bauern, alle Nahrungsmittelfabrikanten, alle Viehzüchter, alle Fischer und alle Getreidehändler der Aufsicht des Reichsnährstands.

Hitler wollte den Krieg. Zu dessen Vorbereitung legte er beträchtliche Nahrungsvorräte an. Zwei Jahre vor dem Überfall auf Polen war die Zwangsrationierung von Lebensmitteln minutiös vorbereitet worden. Zwischen 1933 und 1939 vereinnahmte das Dritte Reich 40 Prozent aller Nahrungsmittelexporte aus Jugoslawien, Griechenland, Bulgarien, der Türkei, Rumänien und Ungarn. Vor 1933 waren es nie mehr als 15 Prozent gewesen.

Zu einem ersten Schurkenstreich kam es 1938: Am 29. und 30. September trafen sich in München Chamberlain, Daladier, Benesch und Hitler. Durch Erpressung verschaffte sich Hitler die Zustimmung zur Annexion des Sudetenlands unter dem Vorwand, dort sei der größte Teil der Bevölkerung deutschstämmig. Von den Westmächten im Stich gelassen, war die Tschechoslowakei der Willkür Hitlers ausgeliefert. Der zwang die Regierung in Prag schließlich dazu, ihm – kraft eines ordnungsgemäß unterzeichneten Vertrags – 750 000 Tonnen Getreide zu verkaufen ... die er nie bezahlte!

Sobald der Krieg erklärt war, organisierte Hitler in den besetzten Ländern einen systematischen Nahrungsmittelraub.

Die eroberten Länder wurden ausgeplündert, ihre Vorräte gestohlen, Ackerbau, Viehzucht und Fischereiwesen ausschließlich in den Dienst des Reichs gestellt. Die siebenjährige Erfahrung des Reichsnährstands erwies sich als wertvoll. Regelmäßig schröpfte diese Organisation, die über Tausende von Güterwagen und Agronomen verfügte, die Nahrungsmittelwirtschaften Frankreichs, Polens, der Tschechoslowakei, Norwegens, Hollands, Litauens etc.

Als Arbeitsminister (Leiter der Deutschen Arbeitsfront) des Dritten Reichs war Robert Ley auch für den Reichsnährstand verantwortlich. Ley: »Eine tieferstehende Rasse braucht weniger Raum, weniger Kleider, weniger Essen und weniger Kultur als eine hochstehende Rasse.«[1]

Die Plünderung der besetzten Länder bezeichneten die Nazis als Kriegsrequirierung.

Der Überfall auf Polen fand im September 1939 statt. Augenblicklich annektierte Hitler die Getreideanbauflächen im Westen und unterstellte sie sofort der direkten Verwaltung des Reichsnährstands. Diese Region wurde vom Generalgouvernement Polen – so die deutsche Bezeichnung für die besetzen polnischen Gebiete und ihre Verwaltungsstruktur – abgetrennt und dem Reich als Warthe-

---

1 Eva Seeber, *Zwangsarbeiter in der faschistischen Kriegswirtschaft*, Berlin 1964, S. 154. vgl. auch die gründliche Dokumentation *Starvation over Europe*, die Boris Shub 1943 im Auftrag des Jüdischen Weltkongresses herausgegeben hat.

land[1] eingegliedert. Zu Beginn des Winters 1939 mussten die Bauern des Warthelands ihren neuen Herren – ohne die geringste Entschädigung – 480 000 Tonnen Weizen, 50 000 Tonnen Gerste, 160 000 Tonnen Roggen, mehr als 100 000 Tonnen Hafer und Zehntausende Stück Vieh (Rinder, Schweine, Schafe, Ziegen und Hühner) abliefern.

Doch im Generalgouvernement war die Plünderung nicht weniger gründlich. Dort organisierte Generalgouverneur Hans Frank, dessen Gangstermentalität Curzio Malaparte in seinem Roman *Kaputt* unübertrefflich schildert,[2] die Raubzüge. Allein im Jahr 1940 stahl er im kolonisierten Polen 100 000 Tonnen Weizen, 100 Millionen Eier, 10 Millionen Kilogramm Butter und 100 000 Schweine und schickte sie ins Reich.

So hielt der Hunger Einzug im Wartheland und in ganz Polen.

Zwei Länder hatten besondere Voraussicht bewiesen: Norwegen und die Niederlande.

Norwegen hatte zur Zeit der napoleonischen Kontinentalsperre eine schreckliche Hungersnot erlebt. Nun machte es sich den Umstand zunutze, dass es die drittgrößte Handelsflotte der Welt besaß.

Die Regierung in Oslo ließ während der Dreißigerjahre in der ganzen Welt Nahrung zusammenkaufen. Hoch im Norden wurden an den Ufern der Fjorde Tausende Tonnen von Stock- und Klippfisch, Reis, Weizen, Kaffee, Tee, Zucker und Tausende Hektoliter Öl eingelagert.

Die Niederländer verfuhren genauso. Als die Nazis Polen überfielen, nahm die Regierung in Den Haag in der ganzen Welt Dringlichkeitskäufe vor. Sie legte sich einen Vorrat von 33 Millionen Hühnern an und erhöhte den Schweinebestand um 1,8 Millionen Stück.

Als die Naziarmeen über Norwegen und die Niederlande herfielen, trauten die Reichsnährstandsfunktionäre, die ihnen auf dem Fuße folgen, ihren Augen nicht: Sie hatten ihre Plünderungspläne nach den alten Zahlen aufgestellt. Überglücklich entdeckten sie die unerwarteten Schätze – und stahlen alles.

1940 besetzten die Nazis Norwegen. Drei Jahre später zog die nor-

---

1 Nach dem Fluss Warthe, der dieses Gebiet durchfließt.
2 Curzio Malaparte, *Kaputt*, Frankfurt, Fischer Verlag, 2007, S. 182ff.

wegische Wirtschaftswissenschaftlerin Else Margrete Roed eine erste Bilanz:

»Wie ein Heuschreckenschwarm fielen sie [die Deutschen] über das Land her und verschlangen alles, was sie fanden. Nicht nur, dass wir Hunderttausende gefräßige Deutsche durchfüttern mussten, vielmehr kehrten auch die deutschen Schiffe, die die Soldaten [zu uns] gebracht hatten, vollbeladen mit norwegischen Nahrungsmitteln nach Hause zurück. Von da an verschwanden alle Produkte nach und nach vom Markt: zuerst die Eier, dann Fleisch, Weizenmehl, Kaffee, Milch, Schokolade, Tee, Fischkonserven, Obst und Gemüse und schließlich auch Käse und Frischmilch – und alles landete im Schlund der Deutschen.«[1]

In den Niederlanden und in Norwegen starben Zehntausende am Hunger oder seinen Folgen. Kwashiorkor, Blutarmut, Tuberkulose, Noma grassierten unter den Kindern.

Praktisch in allen besetzten Gebieten machten die Menschen Ähnliches durch. In zahlreichen Ländern verschärfte sich der Mangel an tierischen Proteinen dramatisch. Welche Proteinmenge die Besatzer pro Kopf der Bevölkerung für notwendig hielten, schwankte – je nach Land, Bevölkerungskategorie und Gutdünken des zuständigen Gauleiters – zwischen 10 und 15 Gramm am Tag. Die Fettration sank rapide: In Belgien fiel sie von 30 Gramm auf 2,5 Gramm pro Tag und Erwachsenem.

In der von Berlin festgelegten Rassenhierarchie rangierten die Slawen ganz unten auf der Stufenleiter, unmittelbar über den Juden, Zigeunern und Schwarzen. Daher war die Lebensmittelrationierung in Osteuropa besonders grausam.

In den besetzten Ländern Osteuropas fiel die Tagesration eines Erwachsenen rasch unter 1000 Kilokalorien pro Tag (wir erinnern uns: Überlebensnotwendig sind 2200 Kilokalorien). Schon bald entsprach sie der eines Häftlings in den Konzentrationslagern.

Sie bestand vor allem aus oft verfaulten Kartoffeln und Brot, das häufig verschimmelt war.

---

1 Else Margrete Roed, »The food situation in Norway«, *Journal of the American Dietetic Association*, Dezember 1943.

1943 gelang es Maria Babicka, einen Bericht über die polnische Nahrungssituation aus dem Land hinauszuschmuggeln. Er wurde im *Journal of the American Dietetic Association* veröffentlicht. Babicka schrieb: »Das polnische Volk ernährt sich von Hunden, Katzen und Ratten und kocht sich Suppen aus den Fellen von Aas oder Baumrinde.«[1]

Im Winter 1942 wurde die tägliche Ration eines erwachsenen Polen im Mittel auf 800 Kilokalorien reduziert. Die Folge: Die Bevölkerung litt unter Hungerödemen, Tuberkulose, der fast vollkommenen Unfähigkeit, normal zu arbeiten, und einer rasch zunehmenden Antriebslosigkeit infolge von Blutarmut.[2]

Die Nazistrategie, die darauf abzielte, bestimmte Bevölkerungen oder Bevölkerungsgruppen durch Hunger zu schwächen oder zu vernichten, wurde in verschiedenen Spielarten umgesetzt.

In Himmlers Reichssicherheitshauptamt war beispielsweise ein wissenschaftlicher Plan – der »Hungerplan« – ausgearbeitet worden, um bestimmte Bevölkerungsgruppen, die dem »unwerten Leben« zugerechnet wurden, durch Hunger zu vernichten.[3]

Mit Vorliebe haben sich die Henker des Reichssicherheitshauptamtes die Juden und Zigeuner vorgenommen. Zu ihrer Vernichtung waren ihnen alle Mittel recht: Gaskammern, Massenhinrichtungen und eben der Hunger.

In den jüdischen Gettos von der Ostsee bis zum Schwarzen Meer waren, durch Mauern hermetisch abgeschottet und von SS-Posten »geschützt«, manchmal Hunderttausende von Menschen eingepfercht, die auf eine »schwarze Diät« gesetzt wurden, sodass viele ihrer Bewohner schließlich verhungerten.[4]

---

1 Maria Babicka, »The current food situation inside Poland«, *Journal of the American Dietetic Association*, April 1943.
2 ebd.
3 Soencke Neitzel und Harald Weizer, »Pardon wird nicht gegeben«, *Blätter für deutsche und internationale Politik,* Nr. 6, 2011.
4 Adam Hochschild, in: *Harpers Magazine*, New York, Februar 2011.

Das erinnert mich an einen Besuch des ehemaligen Konzentrationslagers Buchenwald in Thüringen.

Die Baracken der Häftlinge, das Lazarett, die Hinrichtungskammer (der mit Handschellen an einen Stuhl gefesselte Häftling wurde von einem SS-Mann durch Genickschuss getötet), die SS-Kasernen, die beiden Verbrennungsöfen, der sogenannte Appellplatz, wo jeden Tag ausgewählte Gefangene aufgehängt wurden, die Villa des Kommandanten und seiner Familie, die Schornsteine, Küchen, die Massengräber – das alles liegt auf einem idyllischen Hügel, den man durch den namengebenden Buchenwald zu Fuß erklimmt, nachdem man das in einem Tal gelegene Weimar verlassen hat, wo zu einer anderen Zeit Johann Wolfgang von Goethe bis zu seinem Tod im Jahr 1832 lebte und arbeitete.

Gleich nach Eintritt in das Lager, hinter dem grauen, heute verrosteten Eisentor, stößt der Besucher auf ein eingezäuntes Gelände, groß wie ein Fußballfeld, das von drei Meter hohen Stacheldrahtrollen umgeben ist. Der Fremdenführer, ein junger DDR-Bürger, erklärt uns mit neutraler Stimme: »Dort hat die Lagerleitung [er sagt ›Lagerleitung‹ und nicht ›Nazis‹] die Häftlinge verhungern lassen ... Die Einfriedung wurde zum ersten Mal 1940 bei der Ankunft der polnischen Offiziere verwendet.«

Hier wurden mehrere Tausend polnische Gefangene eingepfercht. Sie mussten abwechselnd schlafen, weil sie selbst aufrecht stehend kaum genügend Platz hatten. Tag und Nacht mussten die Häftlinge, aneinander gepresst, auf den Beinen ausharren. Sie bekamen gar nichts zu essen und mussten sich mit ein paar Tropfen Brackwasser begnügen, die aus zwei eisernen Wasserleitungen kamen. Ohne Dach und Decken waren sie der Witterung hilflos ausgeliefert. Man hatte sie im November nach Buchenwald gebracht: Als Schutz hatten sie lediglich ihre Mäntel.

Der Schnee legte sich ihnen auf Kopf und Schultern. Drei Wochen dauerte ihr Todeskampf. Dann traf die nächste Gruppe polnischer Offiziere ein.

Rund um den Stacheldraht hatte die SS MG-Nester aufgebaut. Jede Flucht war ausgeschlossen.

Nach dem Zerfall der Sowjetunion im Jahr 1991 durchstöberte der Historiker Timothy Snyder die jetzt zugänglich gewordenen Archive und beschrieb, welche Qualen die sowjetischen Kriegsgefangenen erlitten, die von den Nazis zur Vernichtung durch Hunger bestimmt wurden.[1]

Die Nazimonster waren, wie gesagt, grausige Buchhalter. In jedem Lager – egal, ob sein Zweck Zwangsarbeit, Ausrottung durch Gas oder Vernichtung durch Hunger war – musste ein »Lagerbuch« geführt werden.

In zahlreichen dieser Lagerbücher berichten die SS-Männer mit aller Ausführlichkeit über wiederholte Fälle von Kannibalismus, die sie höchst erfreut vermerkten, sahen sie doch in dem Kannibalismus, zu dem sich die jungen, dem Hungertod nahen Rotarmisten hinreißen ließen, den endgültigen und unwiderleglichen Beweis für die barbarische Wesensart des slawischen Menschen.

Unter anderem ergaben Snyders Recherchen, dass in einem der Lager, in dem die Vernichtung durch Hunger praktiziert wurde, mehrere Tausend Kriegsgefangene aus der Ukraine, Russland, Litauen und Polen ein Gesuch unterzeichneten, das sie dem Lagerkommandanten übergaben.

Sie baten darum, erschossen zu werden.

Für mich ist unfassbar, wie blind das alliierte Oberkommando während der ganzen Dauer des Krieges für die Nazistrategie war, bestimmte Bevölkerungsgruppen in den besetzten Gebieten durch Hunger zu kontrollieren und später zu vernichten.

In Buchenwald fiel mir auf, dass es nur diesen einen Schienenstrang gab, diese Gleise, die sich, inzwischen fast bukolisch von einer Vegetation aus Gräsern und Wiesenblumen überwuchert, durch die malerische, friedliche Landschaft Thüringens schlängelten.

Kein amerikanischer, englischer oder französischer Bomber hat sie je zerstört.

Jahrelang trafen die Züge mit den Häftlingen völlig unbehelligt am Fuß des Hügels ein.

---

1 Timothy Snyder, *Bloodlands, Europe between Hitler and Stalin*, New York, Basic Books, 2010.

Freunde von mir, die Auschwitz besichtigt haben, kamen mit der gleichen Empörung, dem gleichen Unverständnis zurück: Der einzige Schienenstrang, der bis Anfang 1945 diese Todesfabrik täglich belieferte, wurde nie zerstört.

Im Herbst 1944 befreiten die alliierten Streitkräfte den südlichen Teil der Niederlande. Dann setzten sie ihren Weg nach Osten fort und drangen in Deutschland ein, wobei sie den gesamten Norden Hollands – vor allem die Städte Rotterdam, Den Haag und Amsterdam – aussparten und der Schreckensherrschaft der Gestapo überließen. Zu Tausenden wurden die Widerstandskämpfer verhaftet. In den Familien wütete der Hunger. Die staatliche Eisenbahn fiel völlig aus. Der Winter kam, und vom Land gelangte kaum noch Nahrung in die Städte.

Max Nord schreibt im Katalog der Fotoausstellung »Amsterdam im Winter und Hunger«: »Der Westteil Hollands lebte in bitterer Hoffnungslosigkeit und größter Not, ohne Nahrung und Kohle ... Es gab kein Holz für Särge, daher wurden lange Reihen von Leichen in den Kirchen aufgestapelt ... ohne sich um uns zu kümmern, marschierten die alliierten Streitkräfte in Deutschland ein.«[1]

Auch Stalin hat sich während des Zweiten Weltkriegs durch Hungermassaker hervorgetan.

So berichtet Adam Hochschild von der eisigen Nacht im Februar 1940, in der die sowjetische Geheimpolizei 139 794 Polen verhaftete. Dabei handelte es sich um ganze Familien, was folgende Bewandtnis hatte: Die sowjetischen Besatzungstruppen im Osten Polens hatten den gefangenen polnischen Soldaten und Offizieren erlaubt, mit ihren Familien zu korrespondieren. So brachte die Geheimpolizei die Adressen der Familien in Erfahrung. In dieser Februarnacht des Jahres 1940 holten sich die NKWD-Killer die Kinder, Ehefrauen und Eltern ihrer Kriegsgefangenen, um sie zu deportieren. In Viehwaggons schickten sie sie auf die Reise nach Sibirien. Da die Lager des Gulag bereits überbelegt waren, musste sich die Polizei der Tausende von Familien irgendwie »entledigen« und setzte sie deshalb unterwegs aus. Ohne Nahrung, ohne Decken, ohne Wasser.

---

1 Max Nord, *Amsterdam tijdens den Hongerwinter*, Amsterdam, 1947.

4

Ein Licht in der Nacht: die Vereinten Nationen

In Europa endete das Martyrium des Hungers nicht am 8. Mai 1945 mit der Kapitulation des Dritten Reichs. Die Landwirtschaft war verwüstet, die Industrie vernichtet, die Infrastruktur zerstört. Daher litten die Menschen vieler Länder auch weiterhin unter Hunger, Mangelernährung und Krankheiten, die durch den Lebensmittelmangel und das geschwächte Immunsystem großer Bevölkerungsgruppen hervorgerufen wurden.

Dazu schreibt Josué de Castro: »Eine der dringendsten Aufgaben der Nachkriegszeit war die Lieferung von Lebensmitteln an dieses zerrissene und in sechs Kriegsjahren ruinierte Europa. Durch die Verminderung der Produktivität des Bodens aus Mangel an Düngemitteln, die Verringerung der kultivierten Flächen, den relativen Arbeitskräftemangel und das Fehlen landwirtschaftlicher Geräte und Maschinen war die Agrarproduktion um 40 % gegenüber der Vorkriegszeit zurückgegangen. Dieser Rückgang war um so schwerwiegender, als trotz der hohen Verluste an Menschenleben die Bevölkerung in den Kriegsjahren um 20 % zugenommen hatte.«[1]

Zu Frankreich meint Castro: »Frankreich ist ein typisches Beispiel dafür: Krieg, Besatzung und Befreiung schufen eine außerordentlich schwierige Versorgungslage, so daß Frankreich noch lange nach seiner Befreiung Hunger litt und vom Schwarzmarkt geschröpft wurde. Die Sanierung seiner Landwirtschaft stieß auf ernste Hindernisse, besonders wegen des miserablen Zustandes seiner Ländereien und

---

1 Josué de Castro, *Geopolitik des Hungers*, a. a. O., S. 337.

seiner landwirtschaftlichen Maschinen und des Mangels an Dünger und Arbeitskräften.«[1]

Eines der schwierigsten Probleme beim Nahrungsmittelanbau war die Düngerknappheit. 1939 belief sich in Frankreich die verfügbare Menge an mineralischem Dünger auf vier Millionen Tonnen. Diese Zahl war 1945 auf 250 000 Tonnen gefallen.

Ein weiteres Problem waren die Arbeitskräfte in der Landwirtschaft. Mehr als 100 000 französische Landwirte hatten zwischen 1939 und 1945 ihre Betriebe aufgegeben: entweder weil ihre Höfe verwüstet waren oder die Besatzer sie finanziell ruiniert hatten.

Während des Krieges befanden sich 400 000 französische Bauern in Gefangenschaft, 50 000 waren gefallen.

Der Wiederaufbau war langsam und mühsam.[2]

Dazu Castro: »Der starke Produktionsabfall und das absolute Fehlen finanzieller Mittel zum Import von Agrarprodukten ließen Frankreich noch lange Jahre unter der Lebensmittelknappheit leiden.«[3]

Durch die Leiden und Entbehrungen, die Unterernährung und den Hunger in der düsteren Zeit der Nazibesatzung waren die Europäer für Castros Analysen sensibilisiert.

Als Gegner der malthusianischen Ideologie vom Gesetz der Notwendigkeit setzten sie sich mit Nachdruck für die Kampagne gegen den Hunger ein und halfen beim Aufbau internationaler Organisationen, die diese Kampagnen führen konnten.

Das persönliche Schicksal von Josué de Castro und sein Kampf gegen den Hunger sind eng mit dem der Vereinten Nationen verknüpft.

Heute ist diese internationale Organisation ein bürokratischer Dinosaurier unter der Leitung eines untätigen und farblosen Südkoreaners, der unfähig ist, auf die Bedürfnisse, Erwartungen und Hoffnungen der Völker einzugehen.

---

1 a.a.O., S. 345.
2 Vgl. das schöne Buch von Edgar Pisani, *Un Vieil Homme et la terre*, Paris, Éditions du Seuil, 2004 ; ders., Vive la révolte!, Paris, Éditions du Seuil, 2006.
3 a.a.O., S. 345.

Die UNO löst keine öffentliche Begeisterung mehr aus. Das war ganz anders, als sie bei Kriegsende gegründet wurde.

Der anrührende Name »Vereinte Nationen« wurde zum ersten Mal 1941 genannt. Und zwar im Kontext des Kampfes gegen den Hunger.

Am 14. August 1941 trafen sich der britische Premier Winston Churchill und der amerikanische Präsident Franklin D. Roosevelt auf dem Schweren Kreuzer *USS Augusta* im Atlantik vor der Küste Neufundlands. Roosevelt war Initiator des Projekts.

In seiner »Rede über die vier Freiheiten« vom 6. Januar 1941 hatte er die Freiheiten genannt, nach deren Verwirklichung er strebte: Rede- und Religionsfreiheit, Freiheit von Not (*freedom from want*) und von Furcht (*freedom from fear*).[1]

Die vier Freiheiten liegen der Atlantischen Charta zugrunde. Hören wir die Artikel 4 und 6 der Charta: »Sie [unsere Länder] sind bestrebt, mit Rücksicht auf bestehende Verpflichtungen dahin zu wirken, daß alle Staaten, ob groß oder klein, ob Sieger oder Besiegte, gleichermaßen Zutritt zum Handel und zu den Rohstoffen der Welt erhalten, um zu wirtschaftlichem Wohlstand zu gelangen ...

Nach der endgültigen Zerstörung der Nazi-Herrschaft erhoffen sie die Gestaltung eines Friedens, der es allen Völkern ermöglicht, innerhalb ihrer Grenzen in Frieden zu leben, und der allen Menschen in allen Ländern ein Leben frei von Furcht und Not gewährleistet.«

Auch weiterhin wurden die Menschen in den besetzten und kriegsverwüsteten Gebieten vom Hunger heimgesucht. Nach dem militärischen Sieg war für Churchill und Roosevelt klar, dass die Vereinten Nationen alle ihre Ressourcen und Kräfte vorrangig der Beseitigung des Hungers widmen müssten.

Der Kanadier John Boyd Orr, der auf der *USS Augusta* anwesend war, schrieb: »Wenn die Achsenmächte vollkommen vernichtet sind, werden die Vereinten Nationen die Welt kontrollieren. Doch es wird eine Trümmerwelt sein. In vielen Ländern sind die politischen, wirtschaftlichen und sozialen Strukturen vollkommen zerstört. Selbst in

---

1 Die vier Freiheiten standen bereits im Mittelpunkt des *New Deal*, des Programms, mit dem er 1932 Präsident geworden war.

den vom Krieg weniger betroffenen Ländern sind diese Strukturen schwer in Mitleidenschaft gezogen. Zweifellos muss diese Welt wiederaufgebaut werden … Eine solche Aufgabe lässt sich nur bewältigen, wenn die freien Nationen, die sich zusammengeschlossen hatten, um die Weltherrschaft der Nazis zu verhindern, vereint bleiben, um sich gemeinsam an den Aufbau einer neuen und besseren Welt zu machen.«[1]

Einige Monate vor seinem Tod fasste Franklin D. Roosevelt noch einmal wunderbar die auf der *USS Augusta* getroffenen Entscheidungen zusammen: »*We have come to a clear realization of the fact that true individual freedom cannot exist without economic security and independence. Necessitous men are not free men. People who are hungry and out of a job are the stuff of which dictatorships are made.*

In our day these economic truths have become accepted as self-evident. We have accepted, so to speak, a second Bill of Rights under which a new basis of security and prosperity can be established for all – regardless of station, race or creed.«[2]

Diese Energie und Hoffnung speiste die weltweite Kampagne gegen den Hunger, die größtenteils vom wissenschaftlichen Werk und dem unermüdlichen Kampf Josué de Castros und seiner Mitstreiter angeregt worden war.

Allerdings sind hier zwei Einschränkungen zu erwähnen, die diesem großherzigen Projekt innewohnten.

Die erste betrifft die damalige politische Organisation der Welt: Die Vereinten Nationen der Vierzigerjahre waren in ihrer großen Mehrheit westlich und weiß.

Ende des Zweiten Weltkriegs lebten noch zwei Drittel des Planeten unter dem Joch des Kolonialismus. Nur 43 Nationen nahmen im

---

1 John Boyd Orr, *The Role of Food in Postwar Reconstruction*, Montreal, Bureau International du Travail, 1943.
2 Es kann keine wahre individuelle Freiheit ohne wirtschaftliche Sicherheit und Unabhängigkeit geben. Menschen, die Not leiden, sind nicht frei. Völker, die hungrig oder arbeitslos sind, liefern den Stoff, aus dem Diktaturen gemacht werden.
Heute halten wir diese wirtschaftlichen Wahrheiten für selbstverständlich. Wir brauchen eine zweite Menschenrechtserklärung, nach deren Maßgabe wir eine neue Grundlage für die Sicherheit und den Wohlstand aller schaffen können – unabhängig von Herkunft, Rasse oder Religion.« Franklin D. Roosevelt, Rede vom 11. Januar 1944 vor dem Kongress der Vereinigten Staaten.

Juni 1945 an der Gründungssitzung der Vereinten Nationen in San Francisco teil. Teilnehmen konnten dort nur Staaten, die den Achsenmächten vor dem 8. Mai 1945 den Krieg erklärt hatten.

Bei der UN-Generalversammlung am 10. Dezember 1948 in Paris, als die Allgemeine Erklärung der Menschenrechte verabschiedet wurde, waren, wie erwähnt, nur 64 Nationen vertreten.

Die zweite Beschränkung erwächst aus einem Widerspruch, der der UNO seit ihrer Gründung immanent ist: Ihre Legitimität beruht auf dem freien Zusammenwirken von Nationen gemäß den Grundsätzen der Charta – einem Zusammenwirken, das in der Präambel zum Ausdruck kommt: »Wir, die Völker der Vereinten Nationen …« Doch die Organisation ist ein Zusammenschluss von Staaten, nicht von Nationen. Ihre Exekutive ist der Sicherheitsrat, dem (heute) 15 Staaten angehören. Die (heute) aus 194 Staaten bestehende Generalversammlung bildet ihr Parlament.

Der Wirtschafts- und Sozialrat koordiniert die Arbeit der Sonderorganisationen (FAO, WHO, ILO, WMO usw.). Er setzt sich aus Botschaftern und Botschafterinnen zusammen, mit anderen Worten, aus Repräsentanten von Staaten. Der Menschenrechtsrat, der die Anwendung der Allgemeinen Menschenrechtserklärung durch die Mitgliedsstaaten überwacht, umfasst 47 Staaten.

Nun ist aber zur Genüge bekannt, dass moralische Überzeugungen, Hingabe, Empfinden für Gerechtigkeit und Solidarität nicht unbedingt zum Wesen des Staates gehören. Sein Beweggrund ist eher die nach ihm benannte Denkweise – die Staatsräson.

Bis heute wirken sich diese Einschränkungen aus.

Das ändert nichts daran, dass dem Bewusstsein des Westens nach dem Krieg ein Erweckungserlebnis widerfuhr: Es brach das Tabu des Hungers.

Die Völker, die Hunger erduldet hatten, waren nicht mehr bereit, die Doxa der Schicksalhaftigkeit hinzunehmen. Sie wussten sehr wohl, dass der Hunger eine Waffe war, die die Besatzer gegen sie eingesetzt hatten, um ihren Willen zu brechen und sie zu vernichten. Das hatten sie am eigenen Leibe erfahren. Entschlossen beteiligten sie sich deshalb am Kampf gegen die Geißel – an der Seite von Josué de Castro und seinen Mitstreitern.

5

Josué de Castro, Epoche zwei: Ein sehr lästiger Sarg

1961 wurde in Brasilien João Goulart, der Kandidat der brasilianischen Arbeiterpartei (PTB) zum Präsidenten der Republik gewählt.
Er leitete sofort eine Reihe von Reformen ein, vorrangig die Agrarreform.

Josué de Castro ernannte er zum Botschafter am europäischen Sitz
der Vereinten Nationen in Genf.

Dort habe ich ihn kennengelernt. Auf den ersten Blick war er ganz
der Bourgeois aus Pernambuco, bis hin zur unaufdringlichen Eleganz
seiner Kleidung. Hinter seiner filigranen Brille lag ein ironisches Lächeln. Er sprach mit leiser Stimme, war liebenswürdig, aber zurückhaltend, sehr sympathisch und von unübersehbarer moralischer Integrität.

Castro erwies sich als kompetenter und gewissenhafter Missionschef, aber wenig geneigt, sich dem Lebensstil des diplomatischen
Korps anzupassen. Seine beiden Töchter Anna-Maria und Sonia sowie sein Sohn Josué besuchten die staatliche Schule in Genf.

Der Posten in Genf hat ihm mit Sicherheit das Leben gerettet.

Als nämlich General Castelo Branco, ferngesteuert vom Pentagon,
die brasilianische Demokratie zerstörte, standen ganz oben auf der
ersten von den Putschisten veröffentlichten Liste der »Vaterlands-
feinde« die Namen von João Goulart, Leonel Brizola[1], Francisco Julião, Miguel Arraes und Josué de Castro.

---

1 Leonel Brizola hatte João Goularts Schwester geheiratet. Er war wie er einer der
Führer der PTB und vor dem Staatsstreich Gouverneur von Rio Grande do Sul und
Abgeordneter im Nationalkongress.

Bei Tagesanbruch des 10. April 1964 umstellten Fallschirmjäger den Regierungspalast von Recife. Miguel Arraes war bereits an seinem Arbeitsplatz. Er wurde entführt und verschwand. Eine ungeheure Woge internationaler Solidarität zwang seine Peiniger jedoch, ihn wieder freizulassen. Wie Castro und Julião war Arraes in ganz Lateinamerika zu einem Symbol des Kampfes gegen den Hunger geworden.

Es folgten zehn Jahre des Exils, zunächst in Frankreich, dann in Algerien. 1987 traf ich Arraes wieder. Nach dem Ende der Diktatur war er erneut zum Gouverneur von Pernambuco gewählt worden. Sogleich hatte er die Arbeit wieder aufgenommen, die er zwanzig Jahre zuvor hatte liegenlassen müssen. Mit seiner heiseren, kaum vernehmlichen Stimme sagte er zu mir: »Ich habe all die alten Probleme wiedergefunden, nur um das Zehnfache verschlimmert.«

Francisco Julião war noch am Morgen des Staatsstreichs in den Untergrund gegangen. Nach seiner Denunziation wurde er in Petrolina, an der Grenze der Bundesstaaten Pernambuco und Bahia, verhaftet und brutal gefoltert, überlebte aber und wurde freigelassen. Er starb im mexikanischen Exil.[1]

Von 1964 bis 1985 ruinierte diese barbarische, zynische und korrupte Militärdiktatur das Land. Eine Abfolge von Generälen und Marschällen, einer blutrünstiger und stumpfsinniger als der andere, herrschte über dieses prachtvolle und rebellische Volk.

In den Hangars des Luftwaffenstützpunktes Santos-Dumont, im Stadtzentrum von Rio de Janeiro, gingen die Folterknechte des Luftwaffengeheimdienstes ihrem Gewerbe nach. Die Geheimdienstleute der Marine quälten die Studenten, Professoren und Gewerkschafter – Männer und Frauen –, die man in das Kellergeschoss des Generalstabs der Marine verschleppt hatte, ein riesiges weißes Gebäude, acht Stockwerke hoch und nur einige Hundert Meter von der Praça Quince (»Platz 15«) und der Universität Cândido Mendes entfernt.

Nacht für Nacht durchkämmten Militärkommandos in Zivil, Listen der Verdächtigen in der Hand, die Stadtviertel Flamengo, Bo-

---

1 Brizola und Goulart gelang es, sich ihrer Verhaftung durch die Flucht nach Uruguay zu entziehen.

132

tafogo und Copacabana ebenso wie die endlosen Elendsviertel der Zona Norte mit ihren Arbeitersiedlungen und den unzähligen Pfahl-hütten der *Favelas.*

Doch vom Mündungsgebiet des Amazonas bis zur uruguayischen Grenze war der Widerstand aktiv.

Die Bauernligen, Landarbeiter- und Industriegewerkschaften, die Parteien und Bewegungen der Linken wurden von den Geheim-diensten und Kommandos der Diktatur zerschlagen. So wurde der Untergrundkampf nur noch von einigen bewaffneten Widerstands-gruppen fortgeführt, die in den ländlichen Gebieten operierten – etwa der VAR-Palmarès, zu der auch die gegenwärtige brasilianische Präsidentin Dilma Rousseff gehörte. Dilma Rousseff wurde verhaftet und wochenlang von den Schergen der Abteilung für politische und soziale Ordnung (DOPS – Departamento de Orden Político y So-cial) gefoltert. Sie gab keinen ihrer Genossen preis.

VAR-Palmarès steht für *Vanguardia armada revolucionaria-Palma-rès* (Bewaffnete Revolutionäre Avantgarde-Palmarès). Palmarès war im 18. Jahrhundert der Name eines *Quilombo* – einer Republik auf-ständischer Sklaven – im Bundesstaat Espiritu Santo.

Vierzehn Länder boten Josué de Castro Asyl an. Seine Wahl fiel auf Frankreich.

In Paris wurde er Mitbegründer der Modelluniversität Vincennes, heute Universität Paris-VIII in Saint-Denis. Dort lehrte er seit Se-mesterbeginn 1969.

Deshalb schränkte er jedoch seine internationale Tätigkeit nicht ein. Trotz des Protestes der in Brasilien wütenden Generäle boten ihm die Vereinten Nationen auch weiterhin ein Forum.

1972 hielt Castro die Eröffnungsrede der ersten Weltumweltkon-ferenz (Konferenz der Vereinten Nationen über die menschliche Umwelt) in Stockholm. Seine Thesen über den familiären, aus-schließlich den Bedürfnissen der Bevölkerung dienenden Nah-rungsmittelanbau wirkten sich nachhaltig auf die Abschlussreso-lution und den Aktionsplan dieser allerersten UN-Tagung über Umweltfragen aus.

Josué de Castro starb am Morgen des 24. September 1973 mit 65 Jahren in seiner Pariser Wohnung an einem Herzstillstand.

Die Trauerfeier fand in der Kirche La Madeleine in Paris statt. Nach schwierigen Verhandlungen hatten die Kinder die Erlaubnis erhalten, ihren Vater in brasilianischer Erde zu bestatten. Als das Flugzeug mit seinem Sarg auf dem Flugplatz Guararapes in Recife landete, erwartete ihn dort eine riesige Menschenmenge.

Doch niemand durfte sich dem Sarg nähern. Die unmittelbare Umgebung war durch Tausende von Bereitschaftspolizisten, Fallschirmjäger und Soldaten abgeriegelt.

Der Verstorbene war noch immer so lebendig im Herzen der Brasilianer, dass die Diktatoren seinen Sarg fürchteten wie die Pest.

Heute liegt Josué de Castro auf dem Friedhof São João Batista in Rio de Janeiro.

André Breton schreibt: »Alles läßt uns glauben, daß es einen bestimmten geistigen Standort gibt, von dem aus Leben und Tod, Reales und Imaginäres, Vergangenes und Zukünftiges, Mitteilbares und Nicht-Mitteilbares, Oben und Unten nicht mehr als widersprüchlich empfunden werden.«[1]

Josué de Castros Leben bestätigt diese Hypothese.

Er war geborener, aber nicht praktizierender Katholik, trotzdem gläubig – gläubig jenseits aller Dogmen.

Eine konflikttrÄchtige, aber von gegenseitiger Achtung geprägte Beziehung verband Josué de Castro mit Gilberto Freyre, Herr der Casa Amarella[2], Autor des berühmten Buchs *Casa-Grande e Senzala*[3]. Der sehr konservative Freyre fand durchaus gute Seiten an der Militärdiktatur ... zumindest bis zu dem Weihnachten 1968 verkündeten Institutionellen Akt Nr. 5, der auch noch die letzten demokratischen Freiheiten abschaffte.

Freyre hielt seine Hand schützend über das bekannteste *Umbanda*-Haus Recifes, den Terreiro von Sieu Antonio im Bairro do Gato.

1 »Zweites surrealistisches Manifest«, zitiert in: Volker Zotz, *André Breton mit Selbstzeugnissen und Bilddokumenten,* Reinbek, 1990, S. 83.
2 Sein Haus in Recife.
3 Deutsch unter dem Titel: *Herrenhaus und Sklavenhütte,* Klett-Cotta, 1982.

Umbanda ist eine Mischreligion. In ihr kommen Mythen, Riten und Prozessionen zusammen, deren Ursprünge vom *Candomblé* der Nagô-Yoruba bis zu kardecistisch-spiritualistischen[1] Einflüssen reichen.

Castro, ein leidenschaftlicher Soziologe, teilte uneingeschränkt den Standpunkt von Roger Bastide, nämlich die Auffassung, es sei die Aufgabe des Soziologen, »alle Verhaltensweisen zu untersuchen, welche Menschen eignen, um Menschen zu sein«. Doch die aus Afrika eingeführten und in der Sklaverei bewahrten Religionen – *Umbanda und Candomblé* – stießen bei den herrschenden weißen Klassen auf tiefe (rassistische) Verachtung.

Castro interessierte sich lebhaft für Volksreligionen und ihre Kosmogonien. Eifrig besuchte er, von Freyre geführt, den Terreiro do Gato.

Dank Roger Bastide habe ich diesen Terreiro Anfang der Siebzigerjahre kennengelernt.[2] Die Tropennacht war schwer von allen Gerüchen der Erde. Der Klang ferner Trommeln hing wie dumpfes Grollen in der Luft. Lange mussten wir durch die dunklen Gassen mit ihren unruhigen Schatten gehen, das Viertel war riesig.

Der Wächter erkannte Bastide. Er rief Sieu Antonio. Bastide palaverte. Ich durfte eintreten.

Vor dem Altar drehten die weißgekleideten schwarzen Frauen und jungen Mädchen ihre hypnotischen Kreise, bis sie in Trance fielen. Das Schweigen der Anwesenden brach Xangos Stimme. Das Universum der *Umbanda* ist zum Bersten gefüllt mit Mysterien, seltsamen Zufällen, Koinzidenzen.

Sind Anzeichen dafür auch im Folgenden zu erkennen?

Am 17./18. Januar 2009 feierte die Universität Paris-VIII den vierzigsten Jahrestag ihrer Gründung. Die Universität Vincennes in Saint-Denis ist nach der Sorbonne zweifellos die international bekannteste französische Universität und die angesehenste in den Län-

---

1 Allan Kardec hat in Frankreich eine spiritistische Lehre begründet, die im 19. Jahrhundert auf Brasilien übergriff.

2 Jean Ziegler, *Die Lebenden und der Tod*, Darmstadt, Luchterhand, 1977. Neue, komplett überarbeitete Ausgabe, Salzburg, Ecowin, 2012.

dern des Südens. Sie ist, wie ihr Präsident Pascal Binczak sagt, eine »Welt-Universität«.

Aus dem Aufstand vom Mai 1968 entstanden, verkörpert sie den Geist der Offenheit und radikalen Kritik der Studentenbewegung. Seit ihrer Gründung hat die Universität Paris-VIII mehr als 2000 Doktorate verliehen, davon die Hälfte an Männer und Frauen aus Lateinamerika, Afrika und Asien.

Âlvaro García Linera, seit 2006 Vizepräsident von Bolivien, Marco Aurélio Garcia, außenpolitischer Berater der brasilianischen Präsidentin, Fernando Henrique Cardoso, Ex-Präsident Brasiliens, und seine Frau Ruth Cardoso haben dort gelehrt oder studiert.

Paris VIII hatte beschlossen, diesen Jahrestag mit einem internationalen Kolloquium zu Ehren Josué de Castros und seines hundertsten Geburtstags zu begehen. Ich wurde eingeladen, dort eine Rede zu halten, und erhielt an diesem Tag – auf Vorschlag von Alain Bué und seiner Kollegin Françoise Plet – ein Ehrendoktorat.

Und dann noch dies: Olivier Bétourné hat als junger Lektor im Verlagshaus Éditions du Seuil Anfang der Achtzigerjahre dafür gesorgt, das die *Géographie de la faim* in Frankreich neu aufgelegt wurde. Und genau dieser Olivier Bétourné, heute Präsident der Éditions du Seuil, hat die Idee für das vorliegende Buch gehabt. Um den Kampf wieder zu beleben.

DRITTER TEIL

Das Recht auf Nahrung und seine Feinde

1

Die Kreuzritter des Neoliberalismus

Die Feinde des Rechts auf Nahrung sind die transkontinentalen Privatkonzerne, die – direkt oder indirekt – den größten Teil des Weltagrarhandels kontrollieren. Ihre Geschäftsmaxime ist die Profitmaximierung. Ihre Legitimationstheorie die Doxa des Neoliberalismus. Ihre *Chief Executive Officers* (CEOs) bestimmen jeden Tag, wer auf diesem Planeten stirbt und wer lebt. Ihr Einfluss auf die meisten westlichen Regierungen ist entscheidend. So haben zum Beispiel die Vereinigten Staaten den Internationalen Pakt Nr. 1 über wirtschaftliche, soziale und kulturelle Menschenrechte – dessen Artikel 11 das Recht auf Nahrung festschreibt – nicht ratifiziert. Andere westliche Staaten – Großbritannien, Australien, Kanada, die Schweiz u. a. – sind dem Pakt zwar beigetreten, weigern sich aber, die Justiziabilität des Rechts auf Nahrung anzuerkennen.

Für die Agrarkonzerne und die ihnen hörigen Regierungen gelten ausschließlich die zivilen und politischen Menschenrechte (Meinungs-, Religions-, Versammlungsfreiheit, Recht auf physische Integrität, auf Migration etc.). Für die wirtschaftlichen, sozialen und kulturellen Menschenrechte hingegen, so ihre Argumentation, sei allein der Markt zuständig. Das Massaker des Hungers? Es könne allein durch Steigerung der Marktkräfte beseitigt werden. Die Totalliberalisierung der Waren-, Kapital-, Patent- und Dienstleistungsströme, die Privatisierung aller öffentlichen Sektoren seien Voraussetzung für diese Steigerung. Jeder normative Eingriff in das Marktgeschehen (Agrarreform, Subventionierung der Basislebensmittelpreise zugunsten der ärmsten Bevölkerungsteile, Verbot der Börsenspekulation auf Grundnahrungsmittel etc.) seien strikt abzulehnen.

Heute kontrollieren die zweihundert größten Konzerne der Agrarindustrie rund ein Viertel der globalen Lebensmittelerzeugung. In der Regel erwirtschaften diese Unternehmen astronomische Gewinne und verfügen über weit größere Finanzmittel als die meisten Staaten, in denen sie ihren Sitz haben.[1] De facto haben sie ein Monopol auf die gesamte Nahrungskette, angefangen bei der Erzeugung über den Transport, die Silohaltung, die Verarbeitung und Vermarktung bis hin zum Einzelvertrieb der Produkte, was letztlich die Wahlmöglichkeiten der Erzeuger und Verbraucher erheblich einschränkt.

Seit Erscheinen von Dan Morgans Buch *Merchants of Grain*, das zum Klassiker wurde, verwenden die amerikanischen Medien häufig den Ausdruck »Getreidehändler«, um die wichtigsten transkontinentalen Agrarkonzerne zu bezeichnen.[2] Der Begriff ist unzutreffend: Die Giganten der Lebensmittelindustrie kontrollieren nicht nur die Preisbildung und den Handel der Nahrungsmittel, sondern auch wichtige Bereiche der Agroindustrie, vor allem Saatgut, Dünger, Pestizide, Lagerung, Transport und so fort.

Lediglich zehn Unternehmen – darunter Aventis, Monsanto, Pioneer und Syngenta – beherrschen ein Drittel des Saatgutmarktes, dessen Umsatz mit 23 Milliarden Dollar im Jahr beziffert wird, und 80 Prozent des Pestizidmarktes, den man auf 28 Milliarden Dollar schätzt.[3] Zehn weitere Konzerne, darunter Cargill, kontrollieren 57 Prozent des Absatzes der dreißig größten Einzelhandelsketten der Welt und kommen auf 37 Prozent der Einnahmen, die die hundert größten Lebensmittel- und Getränkekonzerne erwirtschaften.[4]

---

1 Andrew Clapham, *Human Rights Obligations of Non-State Actors*, Oxford, Oxford University Press, 2006.

2 Dan Morgan, *Merchants of Grain, The Power and Profits for the Five Giant Companies at the Center of the World's Food Supply*, New York, Viking Press, 1. Aufl., 1979.

3 Zahlen für 2011.

4 Diese Analysen sind Auszüge aus meinem Bericht für den Menschenrechtsrat: »Promotion et protection de tous les droits de l'homme, civils, politiques, économiques, sociaux et culturels, y compris le droit au développement« (»Förderung und Schutz aller Menschenrechte, das heißt, der bürgerlichen, politischen, wirtschaftlichen, sozialen und kulturellen Rechte, einschließlich des Rechts auf Entwicklung«), Bericht des Sonderberichterstatters für das Recht auf Nahrung, Jean Ziegler, UN/A/HRC/7/5.

Sechs Unternehmen teilen 77 Prozent des Düngermarktes unter sich auf: Bayer, Syngenta, BASF, Cargill, DuPont, Monsanto.

In einigen Bereichen der Verarbeitung und Vermarktung von Agrarprodukten liegen mehr als 80 Prozent des Handels mit einem gegebenen landwirtschaftlichen Erzeugnis in den Händen einiger weniger transkontinentaler Konzerne. Laut Denis Horman beherrschen »sechs Unternehmen rund 85 Prozent des Welthandels mit Getreide; acht teilen 60 Prozent des Weltkaffeemarktes unter sich auf; drei kontrollieren mehr als 80 Prozent des Kakaohandels und ebenfalls drei 71 Prozent des Bananenhandels.«[1]

Dieselben oligarchischen Marktpotentaten bestimmen im Wesentlichen auch über Transport, Versicherung und Vertrieb der Nahrungserzeugnisse. An den Börsen für Agrarrohstoffe setzen ihre Trader die Preise für die wichtigsten Nahrungsmittel fest.

Dazu Doan Bui: »Von Saatgut bis Dünger, von Lagerung über Verarbeitung bis Vertrieb... machen sie das Gesetz für Millionen Bauern auf unserem Planeten, egal, ob sie Landwirte in der Beauce oder Kleinbauern im Pandschab sind. Diese Unternehmen kontrollieren die Nahrung der Welt.«[2]

In seinem wegweisenden, vor 50 Jahren veröffentlichten Buch *Modern Commodity, Futures Trading* verwendete Gerald Gold[3] zur Beschreibung dieser Verhältnisse, je nach betrachtetem Aktivitätsbereich, die Begriffe »Kartell« oder »Monopol«. Heute sprechen die Vereinten Nationen von »Oligopolen« zur besseren Charakterisierung von Märkten, wo eine sehr kleine Zahl (griech. *oligos*) von Anbietern (Verkäufern) einer sehr großen Zahl von Nachfragern (Käufern) gegenübersteht.

Von den Kraken der Agrarindustrie sagt João Pedro Stedilé: »Ihr

---

1 Denis Horman, »Pouvoir et stratégie des multinationales de l'agroalimentaire«, in: Gresea (Groupe de Recherche pour une stratégie économique alternative), http://www.gresea.be/EP_06-DH_Agrobusiness_STN.html//_ed, 2006.

2 Doan Bui, *Les Affameurs, Voyage au cœur de la planète faim*, Paris, Éditions Privé, 2009, S. 13.

3 Zum ersten Mal 1959 in New York vom Commodity Research Bureau veröffentlicht. Diese 1934 gegründete Organisation führt Erhebungen zu Preisbewegung, Erzeugung, Vertrieb und Verbrauch landwirtschaftlicher Rohstoffe durch.

Ziel ist es nicht, Lebensmittel zu erzeugen, sondern Waren, um Geld zu verdienen.«[1]

Schauen wir uns Cargill etwas näher an, ein Musterbeispiel. Cargill ist mit 1100 Zweigniederlassungen in 66 Ländern vertreten und beschäftigt weltweit 131 000 Mitarbeiter. 2007 verzeichnete das Unternehmen einen Umsatz von 88 Milliarden Dollar und einen Nettogewinn von 2,4 Milliarden. Dieser Profit war um 55 Prozent höher als der des Jahres zuvor. 2008, im Jahr der großen weltweiten Lebensmittelkrise, erzielte Cargill einen Umsatz von 120 Milliarden Dollar und einen Reingewinn von 3,6 Milliarden.

1865 in Minneapolis gegründet, ist Cargill heute der mächtigste Getreidehändler der Welt. Das Unternehmen besitzt Tausende von Silos, Tausende von Hafenanlagen und eine Handelsflotte, die diese Anlagen untereinander verbindet. Es ist führend in der Verarbeitung von Ölpflanzen, Mais und Getreide.

Cargill gehört zu den Unternehmen, die unter schärfster Beobachtung von NGOs, vor allem amerikanischer Organisationen, stehen. Ich beziehe mich hier auf die Untersuchung der NGO *Food and Water Watch*: »*Cargill, a threat to food and farming*« (»Cargill, eine Bedrohung für Nahrung und Landwirtschaft).[2]

Unter anderem ist Cargill der wichtigste Hersteller von mineralischem Dünger, was der Konzern vor allem seiner Tochtergesellschaft Mozaïc verdankt. Dank ihres Quasimonopols hatte diese Gesellschaft 2009 entscheidenden Anteil an einer Preiserhöhung; beispielsweise haben sich die Nitratdünger um 34 Prozent, die Phosphat- und Kaliumdünger sogar um 100 Prozent verteuert.

2007 (die letzten verfügbaren Zahlen), stand Cargill weltweit an zweiter Stelle der *Meat Packer* (Fleischhändler), an zweiter Stelle der

---

1 João Pedro Stedilé und Coline Serreau, in: *Solutions locales pour un désordre global*, Arles, Actes Sud, 2010. Stedilé ist einer der wichtigsten Führer der Bewegung der Landarbeiter ohne Boden (MST) in Brasilien; vgl. ferner: Jamil Chade, *O mundo não é plano, A tragedia silenciosa de 1 bilhão de famientos*, São Paulo, Editora Saraiva, 2010.

2 *Food and Water Watch*, Washington D.C., 2009. Natürlich weist Cargill alle in diesem Bericht enthaltenen Beschuldigungen zurück.

Eigentümer von *Feed Lots* (Rindermastanlagen). an zweiter der *Pork Packer* (Schweinefleischlieferanten), an dritter der Putenerzeuger und an zweiter der Futtermittelhersteller.

Von Brasilien über die Vereinigten Staaten bis Kanada besitzt Cargill eine Vielzahl von Schlachthäusern. Zusammen mit drei anderen Unternehmen kontrolliert Cargill 78 Prozent der US-amerikanischen Schlachthäuser.

Zur Verarbeitung der Fleischwaren schreibt Food and Water Watch: »Zu den zweifelhaften Praktiken, die Cargill vorgeworfen werden, gehört die Begasung von Fleischpackungen mit Kohlenmonoxid, damit der Inhalt auch noch nach Ablauf des Verfallsdatums seine rötliche Farbe behält. Angeblich verhindert diese Begasung die Entwicklung des Bakteriums *E. coli* (obwohl es keinen Beweis für diese Behauptung gibt). Das ist eine Täuschung des Verbrauchers, der sich nicht mehr auf den visuellen Eindruck verlassen kann, um zu entscheiden, ob das Fleisch frisch ist oder nicht.«

Aus derselben Untersuchung geht hervor, dass Cargill die höchst umstrittene Methode der Lebensmittelbestrahlung zur Abtötung von Bakterien verwendet, die sich nach Einschätzung verschiedener Fachleute als höchst gesundheitsgefährdend erweisen könnte.

Food and Water Watch: »Von Januar 2006 bis Juni 2008 hat sich der Preis für Reis verdreifacht, der für Mais und Soja um 150 Prozent erhöht und der für Weizen verdoppelt.«

Dank seiner Hafenanlagen, der in der ganzen Welt vorhandenen Silos, ist Cargill in der Lage, riesige Mengen Mais, Soja und Reis einzulagern – und zu warten, bis die Preise anziehen. Umgekehrt kann Cargill dank seiner gewaltigen Flotte von Handelsschiffen und Frachtflugzeugen seine Waren in Rekordzeit verschieben.

Cargill ist auch einer der größten Baumwollhändler der Welt. Seine Hauptbezugsquelle ist Zentralasien, insbesondere Usbekistan. In Taschkent unterhält das Unternehmen ein Einkaufsbüro, das in Usbekistan Baumwolle für 50 bis 60 Millionen Dollar pro Jahr aufkauft.

Doch das Außenministerium in Washington (*Human Rights Report*, 2008) verweist auf Kinderarbeit: Danach waren 2007 in Usbekistan 250 000 Kinder zur Arbeit auf den Baumwollfeldern gezwungen worden. Das amerikanische Außenministerium prangert auch den armseligen Lohn der Kinder an: 5 Cent für ein Kilogramm gepflückte Baumwolle; häufig werden Kinder, die die Tagesquoten nicht schaffen, brutal geschlagen.

Außerdem unterhält Cargill eine Organisation, die sich »Financial Services and Commodity-Trading Subsidiary« nennt. Sie operiert an den wichtigsten Börsen für Agrarrohstoffe. Wie andere Oligopole kann Cargill also entscheidend auf die Preisbildung der Lebensmittel Einfluss nehmen.

Dan Morgan liefert ein Beispiel: »Während die Ladung auf hoher See ist, wechselt sie oft zwanzig oder dreißig Mal den Besitzer, bevor sie tatsächlich gelöscht wird … Cargill verkauft möglicherweise an Tradax, das [die Ladung] an einen deutschen Händler veräußert, der sie an einen italienischen Spekulanten abtritt, der sie einem anderen Italiener überlässt, der sie schließlich an Continental verkauft …«[1]

Einer der großen Machtfaktoren dieser Handelsriesen ist die vertikale Kontrolle, die sie auf den Markt ausüben.

Konzernsprecher Jim Prokopanko beschreibt am Beispiel des »Hähnchen-Netzes«, was er die totale Kontrolle über die Nahrungskette nennt.[2] Cargill produziert den Phosphatdünger in Tampa, Florida. Damit düngt das Unternehmen seine Sojaplantagen in den Vereinigten Staaten und Argentinien. In firmeneigenen Fabriken werden die Sojabohnen zu Mehl verarbeitet.

Mit Cargill-Frachtern wird das Mehl nach Thailand gebracht, wo es auf Hühner-Farmen im Besitz von Cargill an die Tiere verfüttert wird. In fast vollautomatischen Cargill-Betrieben werden die Tiere geschlachtet und ausgenommen.

Cargill verpackt die Hähnchen.

Cargills Flotte transportiert sie nach Japan, Amerika und Europa.

---

1 Dan Morgan, *Merchants of Grain*, a. a. O. Seit Erscheinen des Buchs ist Tradax von Cargill zurückgekauft worden, und Continental hat seine Handelsabteilung an Cargill verkauft. Ein Hochseeschiff – im Jargon der Kaufleute *Float* genannt – befördert im Allgemeinen eine Ladung von 20 000 Tonnen.

2 Jim Prokopanko, Interview mit Benjamin Beutler, »Konzentrierte Macht«, *Die Junge Welt*, Berlin, 23. November 2009. (http://www.ag-friedensforschung.de/themen/ Armut/ konzerne.html. Aufgerufen am 28.05.2012)

Cargill-Lastwagen bringen sie schließlich in die Supermärkte, großenteils ebenfalls Eigentum der Familien MacMillan und/oder Cargill, die 85 Prozent der Aktien des transkontinentalen Trusts besitzen.

Auf dem Weltmarkt wirken die Oligopole mit ihrem ganzen Gewicht auf die Preisgestaltung der Nahrungsmittel ein. Natürlich zu ihrem Vorteil, das heißt, sie provozieren Höchstpreise! Doch wenn es darum geht, einen lokalen Markt zu erobern, Konkurrenten auszuschalten, greifen die Kraken des Getreides auch gerne einmal zu Dumpingpreisen. Beispiel: Die Vernichtung der einheimischen Geflügelzucht in Kamerun. Die massive Einfuhr billiger ausländischer Hähnchen hat dort Zehntausende Familien – die Besitzer von Geflügel- und Eierfarmen – in den Ruin getrieben.

Kaum sind die einheimischen Erzeuger ausgeschaltet, erhöhen die Konzernherren ihre Preise massiv.

Häufig üben die transkontinentalen Kraken einen entscheidenden Einfluss auf die Politik internationaler Organisationen und fast aller westlichen Regierungen aus.

Die Konzernmogule gebärden sich als entschlossene Feinde des Rechts auf Nahrung.

Wie bereits dargelegt, geht ihre Argumentation wie folgt: Der Hunger ist tatsächlich eine skandalöse Tragödie. Verantwortlich ist eine unzulängliche Produktivität der Weltlandwirtschaft, das heißt, die Unfähigkeit, mit ihrem Ertrag den vorhandenen Bedarf zu decken. Um den Hunger zu bekämpfen, muss folglich die Produktivität erhöht werden, ein Ziel, das sich nur unter zwei Bedingungen erreichen lässt: erstens, einer maximalen Industrialisierung der landwirtschaftlichen Produktionsprozesse mit höchstmöglichem Kapitaleinsatz und fortschrittlichster Technik (transgenem Saatgut, hochwirksamen Pestiziden[1], etc.), mit dem Nebeneffekt, dass die unzähligen angeblich »unproduktiven« Familien- und Subsistenzbetriebe beseitigt werden; zweitens, der weitestgehenden Liberalisierung der Weltagrarmärkte.

---

1 Im Jahresdurchschnitt werden in Frankreich 76 000 Tonnen Pestizide verbraucht.

Nur ein vollkommen freier Markt ist in der Lage, ein Höchstmaß an wirtschaftlichen und produktiven Kräften freizusetzen. Soweit das Credo. Jeder normative Eingriff in das freie Spiel der Kräfte – egal, ob staatlicher oder zwischenstaatlicher Art – müsse die Entfaltung dieser Marktkräfte hemmen.

Die Vereinigten Staaten – und die sie unterstützenden zwischenstaatlichen Organisationen – bekämpfen das Recht auf Nahrung. Ich räume ein, dass ihre Haltung weder auf Blindheit noch auf Zynismus beruht.

Im Weißen Haus weiß der Präsident genau, wie grauenhaft der Hunger in den Ländern des Südens wütet. Wie alle anderen zivilisierten Länder geben auch die Vereinigten Staaten vor, ihn zu bekämpfen. Doch nach ihrer Ansicht kann nur der freie Markt die Geißel besiegen: Sobald man die Produktivität der Weltlandwirtschaft durch Totalliberalisierung und Totalprivatisierung maximal gesteigert habe, sei der Zugang zu angemessener, ausreichender und regelmäßiger Nahrung automatisch gesichert. Der endlich befreite Markt werde seine Wohltaten wie einen Goldregen über der Menschheit ausgießen.

Heute bestimmen WTO, IWF und Weltbank die wirtschaftlichen Beziehungen, die die Oligarchien des globalisierten Finanzkapitals zu den Völkern des Südens unterhalten. In der Agrarpolitik unterwerfen sich diese Organisationen faktisch den Interessen der transkontinentalen Konzerne. Deshalb spielen FAO und WFP, die ursprünglich einmal mit dem Kampf gegen extreme Armut und Hunger beauftragt waren, im Vergleich zu diesen Organisationen nur noch eine marginale Rolle.

Um zu ermessen, wie tief der Graben ist, der die Feinde und die Fürsprecher des Rechts auf Nahrung trennt, sollten wir betrachten, welche Haltung die Vereinigten Staaten zum Internationalen Pakt der Vereinten Nationen über wirtschaftliche, soziale und kulturelle Rechte (Pakt Nr. 1) einnehmen und welche Verpflichtungen tatsächlich aus ihm erwachsen.

Die Vereinigten Staaten haben sich stets geweigert, ihn zu ratifizieren. WTO und IWF bekämpfen ihn.

Die Signatarstaaten sind drei verschiedene Verpflichtungen eingegangen. Erstens müssen sie für einen jeden Bewohner ihres Staatsgebietes das Recht auf Nahrung »anerkennen«. Das heißt, sie dürfen nichts tun, was die Wahrnehmung dieses Rechtes schmälern könnte.

Nehmen wir zum Beispiel Indien. Die Wirtschaft dieses Landes hängt auch heute noch weitgehend von der Landwirtschaft ab: 70 Prozent der Bevölkerung leben auf dem Land. Laut dem 2011 veröffentlichten »Bericht über die menschliche Entwicklung« des UNDP gibt es in Indien im Verhältnis zu seiner Bevölkerung, aber auch in absoluten Zahlen die meisten schwerst und permanent unterernährten Kinder der Welt, mehr als in allen subsaharischen Ländern Afrikas zusammen.

Ein Drittel aller in Indien geborenen Kinder sind untergewichtig, was darauf schließen lässt, dass auch ihre Mütter stark unterernährt sind. Jedes Jahr erleiden dort Millionen Säuglinge infolge von Unterernährung irreparable Hirnschäden, und weitere Millionen Kinder unter zwei Jahren verhungern.

Nach Auskunft des indischen Landwirtschaftsministers Sharad Pawar haben von 1997 bis 2005 mehr als 150 000 arme Bauern Selbstmord begangen, um sich aus dem Würgegriff der Schulden zu befreien. 2010 nahmen sich allein in den indischen Bundesstaaten Orissa, Madhya Pradesh, Bihar und Uttar Pradesh mehr als 11 000 überschuldete Bauern das Leben – meist indem sie Pestizide schluckten.[1] Die Bauernorganisation Ekta Parishad weist auf die schreckliche Ironie hin, die darin liegt, dass der Bauer sich mit dem Stoff umbringt, der für seine Überschuldung verantwortlich ist.

Im August habe ich im Rahmen meines Mandats als Sonderberichterstatter der Vereinten Nationen für das Recht auf Nahrung mit meinem kleinen Team von wissenschaftlichen Mitarbeitern eine Mission in Shivpur, Madhya Pradesh, durchgeführt. Shivpur ist der Name einer Stadt und eines Distrikts; letzterer umfasst etwa 1000 Dörfer, in denen jeweils 300 bis 2000 Familien leben.

---

1 Vgl. die Dokumentation der Bauernorganisation Ekta Parishad über den Schuldendienst in der Landwirtschaft, Neu-Delhi, 2011.

Im Distrikt Shivpur ist die Erde schwer und fruchtbar, der Waldbestand herrlich. Trotzdem herrschen schreckliche Armut und schockierende Ungleichheit.

Bis zur Unabhängigkeit Indiens war das ins Gangestal geschmiegte Shivpur die Sommerresidenz der Maharadschas von Gwalior. Aus der Glanzzeit der Scindia-Dynastie stammt ein prunkvoller, aus Ziegelsteinen erbauter Palast, ein Polofeld und vor allem ein 900 Quadratkilometer großer Naturpark, der von frei lebenden Pfauen und Hirschen bevölkert ist. Außerdem gibt es Krokodile in einem künstlichen See und Tiger in einem Käfig.

Aber der Distrikt wird noch heute von einer Kaste besonders mitleidloser Großgrundbesitzer beherrscht.

Der *District Controller*, dessen Kompetenzen in etwa denen eines deutschen Landrats entsprechen, ist Mrs. Gheeta, eine aus Kerala stammende, schöne Frau von vierunddreißig Jahren, mit mattem Teint, tiefschwarzem Haar und strahlenden Augen. Sie trägt einen gelben, mit schmalen, roten Streifen gesäumten Sari.

Ich spüre sofort, dass diese Frau nichts mit den Funktionären zu tun hat, die wir am Tag zuvor in der Hauptstadt Bhopal gesprochen haben.

Sie ist von ihren wichtigsten Abteilungsleitern umgeben, lauter Männern mit beeindruckenden Schnurrbärten.

An der Wand hinter ihrem Schreibtisch entdecke ich die berühmte Fotografie, die Mahatma Gandhi am 28. Januar 1948 beim Gebet zeigt, zwei Tage vor seiner Ermordung; darunter die Worte:

> *His legacy is courage*
> *His bound truth*
> *His weapon love*

> (Sein Vermächtnis ist Mut,
> sein Horizont Wahrheit,
> seine Waffe Liebe.)

Die District Controllerin beantwortet unsere Fragen mit äußerster Vorsicht, als misstraue sie ihren schnurrbärtigen Mitarbeitern.

Wie immer ist das Programm sehr vollgepackt. Schon bald verab-

schieden wir uns. Während der drei folgenden Tage besichtigen wir
die Dörfer und die Felder des Distrikts. In Gwalior werden wir bereits erwartet. Und wir sind schon schlafen gegangen, als die Emp-
fangsdame des Hotels mich weckt.

Unten erwarte mich eine Besucherin – die District Controllerin
von Shivpur.

Ich wecke Christophe Golay und Sally-Ann Way.

Dann erzählt uns Mrs. Gheeta bis zum Morgengrauen die wahre
Geschichte ihres Distrikts.

Die Regierung in Neu-Delhi hat sie aufgefordert, das neue Gesetz über die Agrarreform durchzusetzen und das Land, das die
Großgrundbesitzer brachliegen lassen, an die Tagelöhner zu verteilen. Sie soll auch gegen Zwangsarbeit und Sklaverei vorgehen, Ermittlungen einleiten und Geldstrafen gegen die Großgrundbesitzer
verhängen.

Im Rahmen einer Feierstunde händigt sie den Landarbeitern ohne
Boden regelmäßig Besitzurkunden über solche nicht genutzten Flächen aus. Doch sobald ein *Dalit* (ein Kastenloser), einer der Ärmsten
der Armen aus der verachtetsten sozialen Gruppe Indiens, versucht,
seine Parzelle (ein Hektar landwirtschaftlich nutzbares Land pro
Familie), in Besitz zu nehmen, wird er von den Milizen der Großgrundbesitzer davongejagt, manchmal auch ermordet, wobei die Killer ohne Zögern ganze Familien auslöschen, Hütten niederbrennen
und Brunnen vergiften.

Wie nicht anders zu erwarten, verlieren sich die von der District
Controllerin eingeleiteten Ermittlungen meist im Treibsand der Verwaltung. Viele dieser Großgrundbesitzer unterhalten nützliche Beziehungen zu irgendwelchen Mitgliedern der Regierung von Madhya
Pradesh in Bhopal oder zu Bundesministern in Neu-Delhi.

Die District Controllerin war den Tränen nahe.

Angesichts dieser Verhältnisse kommt dem Kampf um die Justiziabilität des Menschenrechts auf Nahrung in Indien besondere Bedeutung zu.

Indien hat das Recht auf Leben in seine Verfassung geschrieben.
Nach Rechtsprechung des Obersten Gerichts schließt das Recht auf

Leben das Recht auf Nahrung ein. Im Laufe der letzten zehn Jahre ist diese Auffassung von mehreren Urteilen bestätigt worden.[1]

Nach einer mehr als fünfjährigen Trockenheit kam es 2001 im halbwüstenartigen Bundesstaat Rajasthan zu einer Hungersnot. Die für ganz Indien zuständige staatliche Gesellschaft Food Corporation of India sollte Soforthilfe leisten. Zu diesem Zweck hatte sie in ihren Depots in Rajasthan einige Zehntausend Sack Weizen gelagert. Doch wie allgemein bekannt, sind in Rajasthan viele Vertreter der Food Corporation of India korrupt. Die staatliche Gesellschaft beschloss 2001, ihre Vorräte unter Verschluss zu halten, damit die einheimischen Händler ihren Weizen zum höchstmöglichen Preis verkaufen konnten.

Daraufhin schritt das Oberste Gericht ein. Es befahl die sofortige Öffnung der staatlichen Depots und die Verteilung des Weizens an die hungernden Familien. Interessant ist die Begründung des Urteils vom 20. August 2001:

»Dem Gericht geht es darum, dass die Armen, die Notleidenden [*destitutes*] und alle anderen schutzlosen Bevölkerungsgruppen weder der Unterernährung noch dem Hungertod ausgesetzt werden … Es gehört zu den vornehmsten Aufgaben der zentralen und der bundesstaatlichen Regierung, eine Wiederholung dieser Vorgänge zu verhindern … Das Gericht verlangt lediglich, dass das im Überfluss vorhandene Getreide aus den zahlreichen Depots nicht ins Meer geschüttet oder den Ratten zum Fraß überlassen wird … Jede andere Vorgehensweise ist verwerflich. Wichtig ist allein, dass die Nahrung die Hungernden erreicht.«[2]

Einer der korruptesten Staaten der indischen Union ist Orissa. Seine Regierung hat in den Neunzigerjahren Tausende Hektar Ackerboden enteignet, um den Fluss Mahanadi mittels einer Reihe von Dämmen und Stauseen für die Stromerzeugung zu nutzen. Im Zuge dieses Projekts hat die Polizei Tausende von Bauernfamilien ohne Entschädigung von ihrem Land verjagt.

---

1 Christophe Golay, »Droit à l'alimentation et accès à la justice«, Dissertation, Institut universitaire des Hautes études internationales et du développement, Genf, 2009, veröffentlicht bei Éditions Bruylart, 2011.

2 *Supreme Court of India, civil Original Jurisdiction, Writ.* Petition, Nr. 196, 2001.

Daraufhin hat die NGO *Right to food Campaign* (Indische Kampagne für das Recht auf Nahrung), unterstützt von namhaften Anwälten und Bauerngewerkschaftern, beim Obersten Gericht in Neu-Delhi Klage eingereicht. Die Richter haben den Bundesstaat Orissa dazu verurteilt, die enteigneten Bauern »angemessen zu entschädigen«.

Das Gericht hat auch ausgeführt, was es unter einer »angemessenen Entschädigung« verstand: Da die indische Währung eine hohe Inflationsrate aufweise, könne die Entschädigung nicht finanzieller Art sein. Der Staat Orissa müsse die enteigneten Bauern mit Land entschädigen, das hinsichtlich Fläche, Nutzbarkeit, Fruchtbarkeit, Bodenbeschaffenheit und Verkehrsanbindung an die Märkte den enteigneten Ländereien entspreche.

Im Allgemeinen verkündet der Oberste Gerichtshof äußerst detaillierte Urteile. Er legt in allen Einzelheiten dar, was ein verurteilter Bundesstaat an Wiedergutmachung zu leisten hat, wenn er gegen das Recht auf Nahrung seiner Einwohner verstoßen hat.

Um die Durchführung dieser Maßnahmen zu überwachen, setzt der Gerichtshof spezielle Beamte ein, die weder Richter noch Rechtspfleger sind, sondern vereidigte *Commissioners* (Bevollmächtigte). Manchmal müssen sie jahrelang die Durchführung der Wiedergutmachungsmaßnahmen überwachen, zu denen der Bundesstaat verurteilt wurde.

Erinnern wir uns: Mehr als ein Drittel aller schwerst und dauerhaft unterernährten Menschen lebt in Indien. Die enteigneten Bauern – meist Analphabeten und die Ärmsten der Armen – besitzen natürlich weder das Geld noch die juristischen Kenntnisse, um als Kläger auftreten und – selbst wenn sie von Pflichtanwälten vertreten werden – jahrelange komplizierte Prozesse führen zu können.

Aus diesem Grund lässt das Oberste Gericht *Class Actions*, »Sammelklagen«, zu. An den Sammelklagen der Bauern beteiligen sich zivilgesellschaftliche Bewegungen, religiöse Gemeinschaften und Gewerkschaften, die selbst nicht zu den Geschädigten gehören. Diese Organisationen haben genügend Geld, Erfahrung und politisches Gewicht, um die juristischen Auseinandersetzungen führen zu können.

Eine weitere juristische Waffe, die eine Besonderheit der indischen Justiz darstellt, steht den Betroffenen zur Verfügung: die *Public Interest Litigation*[1], der Prozess im öffentlichen Interesse. Auf diese Weise »hat jeder Bürger ... das Recht, sich an ein zuständiges Gericht zu wenden, wenn er sich in seinen von der Verfassung garantierten Grundrechten verletzt oder bedroht fühlt«.

Da in Indien das Recht auf Nahrung ein verfassungsmäßig garantiertes Recht ist, kann jeder – selbst wenn er nicht unmittelbar betroffen ist – gegen eine Verletzung dieses Rechts Klage einreichen. Die Klagezulässigkeit erklärt sich aus dem »öffentlichen Interesse«. Mit einem Wort, jeder indische Bürger hat ein »Interesse« daran, dass alle Menschenrechte, also auch das Recht auf Nahrung, überall und ständig von der öffentlichen Gewalt anerkannt werden.[2]

Dank dem öffentlichen Interesse besitzt diese Klage große praktische Bedeutung. In Staaten wie Bihar, Orissa oder Madhya Pradesh liegt praktisch die ganze Macht der Verwaltung und Justiz in den Händen der höheren Kasten. Viele ihrer Vertreter sind korrupt bis auf die Knochen. Den Daliten und den Stammesleuten, den Angehörigen der Waldstämme, begegnen sie mit grenzenloser Verachtung.

Die enteigneten Bauern werden von den Ministern, Polizeioffizieren und örtlichen Richtern oft terrorisiert.

Colin Gonsalves, einer der Organisatoren der Right to Food Campaign berichtet, wie unvorstellbar schwierig es für ihn ist, die Familienväter, denen man widerrechtlich ihre Hütten, Brunnen und Parzellen genommen hat, dazu zu bringen, Klage einzureichen und vor den örtlichen Richter zu treten. Die Bauern zittern vor den Brahmanen.

Doch fortan kann der räuberische Staat dank der Einrichtung der *Public Interest Litigation* auch ohne Einwilligung der betroffenen Bauern zur Verantwortung gezogen werden.

---

1 Vgl. Christophe Golay, a. a. O.

2 Colin Gonsalves, »Reflections on the Indian Experience«, in: Squires u. a. (Hg.), *The Road to a Remedy. Current Issues in the Litigation of Economic, Social and Cultural Human Rights*, Sydney, Australia Human Rights Center, 2005.

Besonders aktiv ist das Oberste Gericht in Madhya Pradesh. Im Jahr 2000 sind 11 000 Bauernfamilien durch die bundesstaatliche Regierung von ihrem Land gejagt worden, weil Staudämme gebaut und Bodenschätze erschlossen werden sollten. In Hazaribagh sind Tausende Familien enteignet worden, weil der Staat ihr Land für eine Kohlenmine brauchte. Der Bau des riesigen Narmada-Staudamms hat mehrere Tausend Familien ihrer Subsistenzmittel beraubt. Gegenwärtig sind ihre Klagen auf materielle und finanzielle Entschädigungen bei Gericht anhängig.

Wenn ich an die ländlichen Gebiete von Madhya Pradesh denke, kommen mir die zu Skeletten abgemagerten Kinder mit den großen erstaunten Augen in den Sinn – »erstaunt über so viel Leid«, wie Edmond Kaiser[1] nicht ohne Sarkasmus schrieb. Für diese gastfreundlichen, herzlichen Menschen von Madhya Pradesh (einem der bedürftigsten Staaten Indiens) nimmt die Suche nach einer Handvoll Reis, einer Zwiebel, einem Stück Fladenbrot Tag für Tag ihre ganze Energie in Anspruch.

Der Pakt der Vereinten Nationen über die wirtschaftlichen, sozialen und kulturellen Rechte erlegt jedem Teilnehmerstaat noch eine zweite Verpflichtung auf: Er muss das Recht seiner Bürger auf Nahrung nicht nur »anerkennen«, sondern es auch gegen Verletzungen durch Dritte »schützen«.

Wenn Dritte das Recht auf Nahrung missachten, muss der Staat einschreiten, um seine Bürger zu schützen und das verletzte Recht wiederherzustellen.

Betrachten wir das Beispiel Südafrika. Als Teil der Verfassung genießt das Recht auf Nahrung dort einen besonders umfassenden Schutz.

In Südafrika gibt es eine nationale Menschenrechtskommission, die paritätisch mit Vertretern staatlicher Organisationen und der Zivilgesellschaft (Gewerkschaften, Kirchen, Frauenbewegungen etc.) besetzt ist. Diese Kommission kann – wenn das Recht auf Nahrung einer Bevölkerungsgruppe verletzt wird – jedes vom Parlament ver-

---

1 Gründer der NGO *Terre des Hommes*.

abschiedete Gesetz, jede von der Regierung verordnete Maßnahme, jede Entscheidung einer Behörde oder jede Vorgehensweise eines Privatunternehmens vor dem Verfassungsgericht in Pretoria oder vor den obersten Provinzgerichten Südafrikas anfechten.

Die südafrikanische Rechtsprechung ist vorbildlich.

Das Recht auf Trinkwasser gehört zum Recht auf Nahrung.

Die Stadt Johannesburg hatte ihre Trinkwasserversorgung an einen multinationalen Konzern verkauft. Anschließend hatte dieses Unternehmen den Wasserpreis massiv erhöht. Vielen Bewohnern der Armenviertel, die die exorbitanten Preise nicht zahlen konnten, wurde das fließende Wasser, über das sie bisher verfügt hatten, vom Betreiber abgestellt. Da dieser im Übrigen bei Trinkwassermengen von mehr als 25 Litern pro Tag Vorkasse verlangte, waren zahlreiche mittellose Familien gezwungen, sich ihr Wasser aus Bewässerungsgräben, verschmutzten Bächen oder Tümpeln zu holen.

Von der Kommission unterstützt, zogen daraufhin fünf Bewohner des Elendsviertels Phiri in Soweto vor das Oberste Gericht.

Und sie gewannen den Prozess.

Die Stadt Johannesburg wurde gezwungen, die herkömmliche öffentliche Trinkwasserversorgung zu erschwinglichen Preisen wiederherzustellen.[1]

Artikel 11 des Pakts über die wirtschaftlichen, sozialen und kulturellen Rechte legt eine dritte Verpflichtung für jeden Signatarstaat fest: Wenn eine Bevölkerung von einer Hungersnot heimgesucht wird und wenn der betroffene Staat nicht in der Lage ist, die Katastrophe mit eigenen Mitteln zu bekämpfen, muss er die internationale Gemeinschaft um Hilfe anrufen. Macht er das nicht oder nur mit vorsätzlicher Verzögerung, verletzt er das Recht seiner Bürger auf Nahrung.

2006 brach eine – durch Heuschrecken und Trockenheit verursachte – schreckliche Hungersnot in der Mitte und im Süden Nigers aus.

---

1 Zu dem Urteil vgl. *High Court of South Africa*, Lindiwe Mazibujo *et al.* gegen die Stadt Johannesburg, 30. April 2008.

Viele Getreidehändler weigerten sich kategorisch, ihre Vorräte auf den Markt zu werfen. Sie warteten darauf, dass der Mangel sich verschärfte und die Preise stiegen. Daher befand ich mich im Juli 2006 auf einer Mission im Büro des Präsidenten der Republik.

Oberst Mamadou Tandja, eingehüllt in einen prachtvollen blauen Umhang, in den Augen kalte Arroganz, leugnete das Offensichtliche. Er war Komplize der Getreidehändler. Erst als der Fernsehsender CNN, die Ärzte ohne Grenzen und die Action contre la faim die Weltöffentlichkeit mobilisierten und Kofi Annan persönlich eine dreitätige Reise nach Maradi und Zinder unternahm, bequemte sich die nigerische Regierung endlich, ein formelles Hilfsersuchen an das WFP zu stellen.

Als die ersten Lastwagen mit Reis- und Mehlsäcken und Wasserkanistern endlich in Niamey eintrafen, waren schon Tausende von Frauen, Männern und Kindern gestorben.

Das beunruhigte Tandja natürlich nicht im Geringsten, denn die Überlebenden hatten keine Möglichkeit, die Gründe für seine Untätigkeit untersuchen zu lassen oder gerichtlich gegen ihn vorzugehen.

Für die WTO, die amerikanische (australische, englische, kanadische etc.) Regierung, den IWF und die Weltbank sind alle diese von dem verhassten Pakt vorgesehenen normativen Eingriffe von vornherein des Teufels. Für die Anhänger des »Washingtoner Konsenses« stellen sie einen unerträglichen Anschlag auf die Freiheit des Marktes dar. (Als »Washingtoner Konsens« wird ein Bündel von informellen Vereinbarungen bezeichnet, die im Laufe der Achtziger- und Neunzigerjahre zwischen den einflussreichsten westlichen transkontinentalen Konzernen, den Wallstreet-Banken, der amerikanischen Federal Reserve Bank, der Weltbank und dem IWF geschlossen wurden, um alle regulatorischen Instanzen zu beseitigen, die Märkte zu liberalisieren und eine *Stateless Global Governance* einzurichten, mit anderen Worten, einen vereinheitlichten, sich selbst regulierenden Weltmarkt. Die theoretischen Grundsätze des »Konsenses« wurden 1989 von John Williamson entwickelt, damals Chefökonom und Vizepräsident der Weltbank.)

Diese Leute, die man im Süden als »Schwarze Raben des IWF«

bezeichnet, verteufeln die Argumente, die von den Anhängern des Rechts auf Nahrung vertreten werden, als reine Ideologie, doktrinäre Verblendung oder, schlimmer noch, kommunistische Dogmatik.

Es gibt eine Karikatur von Plantu in *Le Monde*, auf der man ein zerlumptes afrikanisches Kind hinter einem sehr dicken weißen Mann mit Brille und Schlips stehen sieht, der vor einer opulenten Mahlzeit sitzt. Das Kind sagt: »Ich habe Hunger.« Daraufhin dreht sich der dicke Weiße um und antwortet: »Hör auf, von Politik zu sprechen!«

2

Die apokalyptischen Reiter

Die drei apokalyptischen Reiter des Hungers sind die Organisationen WTO, IWF und, in geringerem Maße, die Weltbank.[1]

Gegenwärtig wird die Weltbank von Jim Yong Kim geleitet, der IWF von Christine Lagarde und die WTO von Pascal Lamy. Diesen drei Menschen gemeinsam sind außergewöhnliche berufliche Befähigung, bestechende Intelligenz und tiefverwurzelter Glaube an eine obskurantistische Doxa des Neoliberalismus.

Eine Merkwürdigkeit: Pascal Lamy ist Mitglied der Sozialistischen Partei Frankreichs. Diese drei Direktoren sind Technokraten und Realisten und agieren im Geschäftsleben ohne den Luxus von Gefühlen. Gemeinsam besitzen sie ganz ungewöhnliche Macht über die Völker, die zu den schwächsten unseres Planeten zählen.

Im Widerspruch zur Charta der Vereinten Nationen, die diese Aufgabe dem Wirtschafts- und Sozialrat der Vereinten Nationen zuweist, wird die Entwicklungspolitik der UNO von diesen Söldnern festgelegt.

IWF und Weltbank wurden 1944 im Städtchen Bretton Woods im Nordosten der Vereinigten Staaten gegründet. Sie sind Bestandteile des UN-Systems. Die WTO dagegen ist eine völlig selbständige Organisation, die nicht der UNO untersteht, sondern von etwas mehr als 150 Mitgliedsstaaten gebildet wird und auf dem Prinzip des ausgehandelten Konsenses beruht.

---

1 2010 hat die *Internationale Finanz-Corporation*, eine Gesellschaft der Weltbankgruppe, 2,4 Milliarden Dollar für die Subsistenzlandwirtschaft in 33 Ländern Afrikas, Asiens und Lateinamerikas bereitgestellt.

Gegründet wurde die WTO 1995. Sie ging aus dem GATT (Allgemeines Zoll- und Handelsabkommen/ *General Agreement on Tariffs and Trade*) hervor, das Ende des Zweiten Weltkriegs zur Vereinheitlichung und Senkung der Zölle von den Industriestaaten vereinbart wurde.

Marcel Mazoyer ist heute Professor für Internationale Agrarwissenschaft am *Institut d'agronomie de Paris* (Agro-Paris-Tech). Vor den bei den Vereinten Nationen in Genf akkreditierten Botschafterinnen und Botschaftern hat er am 30. Juni 2009 im Rahmen der UNCTAD in Genf die Politik der WTO einer gnadenlosen Kritik unterzogen: »... die Liberalisierung des Agrarhandels kann, da sie die Konkurrenz zwischen äußerst ungleichen Landwirtschaften und die Preisinstabilität verschärft, nur zur Verschärfung der Nahrungs-, Wirtschafts- und Finanzkrise beitragen.«[1]

Welches Ziel verfolgt der IWF, wenn er für die Totalliberalisierung der Waren-, Patent-, Kapital- und Dienstleistungsströme kämpft?

Der ehemalige Sekretär der UNCTAD und ehemalige brasilianische Finanzminister Rubens Ricupero gibt eine knappe und klare Antwort: »Die einseitige wirtschaftliche Abrüstung der Länder des Südens.«

IWF und WTO gehören nach meiner Einschätzung seit jeher zu den entschiedensten Feinden der wirtschaftlichen, sozialen und kulturellen Menschenrechte, ganz besonders des Rechts auf Nahrung. Wie gesagt, die rund 2000 Funktionäre des IWF und die 750 Bürokraten der WTO verabscheuen jeden normativen Eingriff in das freie Spiel der Kräfte. Im Prinzip hat sich ihre Politik seit ihrer Gründung nicht verändert, auch wenn Dominique Strauss-Kahn, von 2007 bis zu seinem Rücktritt im Mai 2011 Direktor des Fonds, den Schwellenländern mehr Mitspracherecht im IWF eingeräumt hat und bemüht war, eine günstigere Kreditpolitik für die armen Länder zu entwickeln... was nichts daran ändert, dass sie über kurz oder lang zum Bankrott verurteilt sind.

---

1 Marcel Mazoyer, Inernationales Kolloquium »Crise alimentaire et crise financière«, UNCTAD, Juni 2009 ; ders.: »Mondialisation libérale et pauvreté«, *Alternative Sud*, Nr. 4, 2003 ; *La fracture agricole et alimentaire mondiale*, in Zusammenarbeit mit Laurence Roudart, Paris, 2005.

Ein einfaches Bild zeigt, wie recht Mazoyer und Ricupero mit ihrer Meinung haben.

In einem Boxring stehen sich Wladimir Klitschko, der Weltmeister im Schwergewicht, und ein unterernährter bengalischer Arbeitsloser gegenüber.

Was sagen die Ayatollahs des neoliberalen Dogmas? Für Gerechtigkeit ist gesorgt, weil die Handschuhe der beiden Akteure identisch sind, die Kampfzeit für beide gleich ist, weil sich beide in demselben Ring gegenüberstehen und die Boxregeln für beide gelten. Also, möge der Bessere gewinnen!

Der unparteiische Ringrichter ist der Markt.

Die Absurdität des neoliberalen Dogmas springt ins Auge.

Während meiner zwei Mandate als Sonderberichterstatter der Vereinten Nationen für das Recht auf Nahrung habe ich nacheinander vier amerikanische Botschafter am europäischen Sitz der Vereinten Nationen in Genf erlebt: Ausnahmslos haben alle vier meine Berichte und alle meine Empfehlungen heftig bekämpft. Zwei Mal verlangten sie (vergeblich) von Kofi Annan meine Abberufung; und natürlich stimmten sie gegen die Erneuerung meines Mandats.

Zwei dieser Botschafter – vor allem ein Nabob der Pharmaindustrie aus Arizona, ein persönlicher Freund von George W. Bush – haben mich mit erbittertem Hass verfolgt. Ein anderer begnügte sich mit der strikten Befolgung der Anweisungen des Außenministeriums: Leugnung der wirtschaftlichen, sozialen und kulturellen Menschenrechte, alleinige Anerkennung der bürgerlichen und politischen Rechte.

Mit einem der vier knüpfte ich freundschaftliche Beziehungen. George Moose war Botschafter von Präsident Clinton. Moose war ein kluger, gebildeter Afroamerikaner, den seine Frau Judith begleitete, eine amüsante, sympathische Intellektuelle, die offensichtlich der Linken angehörte und ebenfalls für das State Department tätig war.

Vor seiner Nominierung für den Posten in Genf war George Moose stellvertretender Staatssekretär für Afrika.

Er hatte 1996 Laurent Kabila, einen obskuren Widerstandskämp-

159

fer und Goldschmuggler, der sich in die Berge von Maniema[1] zurückgezogen hatte, ausgewählt und zum Chef der *Alliance des forces démocratiques de libération* (AFDL) in Zaïre gemacht, der heutigen Demokratischen Republik Kongo.

In hohem Maße mit der Geschichte des Landes vertraut, wusste Moose, dass Kabila der einzige überlebende Anführer der lumumbistischen Rebellion von 1964 war, der sich nicht an Mobutu verkauft hatte und der bei der kongolesischen Jugend noch immer ungebrochene Glaubwürdigkeit besaß. Der Gang der Ereignisse sollte zeigen, wie klug Moose gewählt hatte.

Aber unsere gemeinsame Leidenschaft für Afrika reichte nicht aus. Solange er in Genf blieb, bekämpfte auch George Moose meine Empfehlungen oder Initiativen und jeden meiner Berichte über das Recht auf Nahrung. Über seine wirkliche Einstellung zu dieser Frage bin ich mir nie schlüssig geworden.[2]

Seit dem Zusammenbruch der Sowjetunion 1991, also seit mehr als zwanzig Jahren, schreitet die Privatisierung und Liberalisierung der Waren-, Dienstleistungs-, Patent- und Kapitalbewegungen mit verblüffendem Tempo fort. Daher sehen sich die armen Staaten des Südens weitgehend ihres Rechts auf Souveränität beraubt. Die Grenzen sind verschwunden und die öffentlichen Sektoren – bis hin zu den Krankenhäusern und Schulen – privatisiert. Und überall in der Welt wächst die Zahl der Opfer von Unterernährung und Hunger.

Eine viel beachtete Studie von Oxfam (*Oxford Commitee for Famine Relief*)[3] hat gezeigt, dass jedes Strukturanpassungsprogramm, das der IWF in dem Jahrzehnt von 1990-2000 durchgeführt hat, Millionen Menschen dem Hunger ausgeliefert hat.[4]

Der Grund ist einfach: Der IWF verwaltet die Auslandsschulden der 122 Staaten, die die sogenannte Dritte Welt bilden. Die beliefen

1 Vgl. Jean Ziegler, *Das Gold von Maniema*, Roman, München, Knaus, 1996.
2 George Moose hat den diplomatischen Dienst quittiert, als die Neokonservativen ins Weiße Haus einzogen.
3 1942 für den Kampf gegen Armut und Hunger gegründet.
4 »Impact of Trade Liberalisation on the Poor, Deregulation and the Denial of Human Rights«, Oxfam/IDS Research Project, 2000.

sich am 31. Dezember 2010 auf über 2100 Milliarden (2,1 Billionen) Dollar.

Um die Zinsen und Tilgungsraten ihrer Schulden bei den Gläubigerbanken und dem IWF bedienen zu können, brauchen die Schuldnerländer Devisen. Denn die großen Gläubigerbanken akzeptieren natürlich keine Bezahlung in haitianischen Gourdes, bolivianischen Bolivianos oder mongolischen Tugriks.

Wie kann sich ein armes Land in Südasien, den Anden oder Schwarzafrika die erforderlichen Devisen beschaffen? Indem es Produkte oder Rohstoffe ausführt, die ihm in Devisen bezahlt werden.

Von den 54 Ländern Afrikas sind 37 fast reine Agrarstaaten.

In regelmäßigen Abständen räumt der IWF den überschuldeten Ländern ein befristetes Moratorium oder eine Refinanzierung ihrer Schulden ein. Unter der Bedingung, dass die überschuldeten Länder sich einem sogenannten Strukturanpassungsprogramm unterwerfen. Alle diese Programme zwingen die betroffenen Länder zu oft massiven Kürzungen der Ausgaben für Gesundheitswesen, Bildungssystem und Sozialleistungen – etwa Subventionen auf Grundnahrungsmittel und Unterstützung bedürftiger Familien.

Das erste Opfer der Strukturanpassungsprogramme ist der öffentliche Dienst. Tausende von Beamten und Angestellten – Krankenschwestern, Lehrer und andere Beschäftigte – werden im Rahmen dieser Anpassungsprogramme des IWF entlassen.

In Niger, einem Land von Hirten und Viehzüchtern mit über 20 Millionen Stück Vieh, hat der IWF, wie erwähnt, die Privatisierung des Nationalen Veterinäramts verlangt. Seither müssen die Viehzüchter für Impfstoffe, Vitamine und Antiparasitika, die sie zur Behandlung ihrer Tiere brauchen, völlig überhöhte Preise an die transkontinentalen Konzerne bezahlen.

Die Folge? Zehntausende Familien haben ihre Viehbestände verloren. Heute fristen sie ein armseliges Leben in den Elendsvierteln der großen Küstenstädte: in Cotonou, Dakar, Lomé, Abidjan.

Wo der IWF durchgreift, schrumpfen die Felder mit Maniok, Reis und Hirse. Die Subsistenzlandwirtschaft stirbt. Der IWF verlangt die Ausweitung von kolonialen Feldkulturen, deren Produkte – Baumwolle, Erdnüsse, Kaffee, Tee, Kakao und so fort – auf dem Weltmarkt abgesetzt werden können und die Devisen bringen, die für den Schuldendienst nötig sind.

Die zweite Aufgabe des IWF besteht darin, die Märkte der Länder des Südens für die privaten transkontinentalen Lebensmittelkonzerne zu öffnen. Daher trägt der Freihandel in der südlichen Hemisphäre die grässliche Maske von Hunger und Tod. Schauen wir uns einige Beispiele an.

Haiti ist heute das notleidendste Land Lateinamerikas und das drittärmste der Welt. Grundnahrungsmittel ist dort der Reis.

Anfang der Achtzigerjahre konnte Haiti sich mit Reis selbst versorgen.

Die indigenen Bauern, die den Reis auf Terrassen und auf feuchten Ebenen anbauten, waren vor ausländischen Dumpingpreisen durch eine unsichtbare Mauer geschützt: einen Einfuhrzoll von 30 Prozent auf Reis.

Doch im Laufe der Achtzigerjahre musste sich Haiti zwei Strukturanpassungsprogrammen unterwerfen.

Unter dem Diktat des IWF wurde der Schutzzoll für Reis von 30 auf 3 Prozent reduziert. Daraufhin überschwemmte der von Washington hochsubventionierte nordamerikanische Reis die haitianischen Städte und Dörfer, ruinierte den nationalen Anbau und infolgedessen die soziale Existenz von Hunderttausenden Reisbauern.

Zwischen 1985 und 2004 stiegen in Haiti die Reisimporte – vor allem aus Nordamerika, wo der Reisanbau, wie gesagt, stark subventioniert wurde – von 15 000 auf 350 000 Tonnen pro Jahr an. Gleichzeitig brach der lokale Reisanbau ein – von 124 000 auf 43 000 Tonnen pro Jahr.[1]

Seit Anfang des 21. Jahrhunderts musste der haitianische Staat mehr als 80 Prozent seiner mageren Einnahmen aufwenden, um die Lebensmittelimporte zu bezahlen. Außerdem hat die Vernichtung des Reisanbaus zu einer massiven Landflucht geführt. Die Überbevölkerung von Port-au-Prince und anderen Großstädten des Landes führte zur Auflösung der Öffentlichen Dienste.

Mit einem Wort, die ganze haitianische Gesellschaft hat Umwäl-

---

1 Jean Feyder, Mordshunger, a. a. O., S. 17 ff.

zungen größten Ausmaßes erlebt und ist heute infolge dieser neoliberalen Politik noch schwächer und anfälliger als vorher. Haiti ist ein Bettelstaat geworden, der dem Gesetz des Auslands ausgeliefert ist.

Daher waren dort die letzten zwanzig Jahre eine einzige Folge von Staatsstreichen und sozialen Krisen.

In normalen Zeiten verbrauchen die 9 Millionen Haitianer 320 000 Tonnen Reis pro Jahr. Als sich 2008 der Weltmarktpreis von Reis verdreifachte, konnte der Staat nicht genügend Lebensmittel einführen. Daraufhin ging der Hunger um in der *Cité Soleil*, der »Sonnenstadt«, dem größten Slum Lateinamerikas, der zu Füßen des Hügels von Port-au-Prince am Ufer des Karibischen Meers liegt.

Seit den Neunzigerjahren ist auch Sambia einer Reihe solcher Strukturanpassungsprogramme unterzogen worden. Die Folgen für die sambische Gesellschaft und Ernährung waren ganz offensichtlich katastrophal.[1]

Sambia ist ein wunderbares Land, durchflossen vom Sambesi und dank einem milden Klima von tiefgrünen Hügeln geprägt. Das Grundnahrungsmittel seiner Bewohner ist der Mais.

Anfang der Achtzigerjahre wurde der sambische Maisverbrauch vom Staat mit 70 Prozent subventioniert. Auch die Bauern wurden subventioniert. Der Verkauf auf dem Binnenmarkt und die Exporte nach Europa – in den guten Jahren – wurden durch eine staatliche Behörde, das *Marketing Board*, geregelt.

Die zusätzlichen Subventionen – für die Verbraucher und Erzeuger – machten etwas mehr als 20 Prozent des Staatshaushalts aus. Alle wurden satt.

Der IWF verordnete zunächst die Verringerung, dann die Abschaffung dieser Subventionen. Er verbot auch die staatlichen Zuschüsse für den Kauf von Dünger, Saatgut und Pestiziden. Die Schulen und Krankenhäuser – deren Inanspruchnahme bis dahin umsonst war – wurden kostenpflichtig. Und die Folgen?

Auf dem Land und in den Armenvierteln der Städte sahen sich die

---

1 Sally-Anne Way, *Impact of Macroeconomic Policies on the Right to Food, The Case of Zambia*, London, Oxfam, 2001.

Familien gezwungen, nur noch eine Mahlzeit pro Tag einzunehmen. Der Nahrungsmittelanbau ging zurück, da auf Dünger und selektioniertes Saatgut verzichtet werden musste.

Um zu überleben, verkauften die Bauern ihre Zugtiere – was die Produktivität erneut absenkte. Viele von ihnen mussten ihr Land verlassen und sich als unterbezahlte Tagelöhner auf den großen Baumwollplantagen der ausländischen Konzerne verdingen.

Zwischen 1990 und 1997 fiel der Maisverbrauch um 25 Prozent. Das Ergebnis: Die Kindersterblichkeit explodierte.

2010 lebten 86 Prozent der sambischen Bevölkerung unter der *National Poverty Line*, der nationalen Armutsschwelle, also unterhalb des Existenzminimums. 72,6 Prozent der Bevölkerung mussten sich 2010 mit weniger als einem Dollar pro Tag begnügen. 45 Prozent der Sambier waren schwer und permanent unterernährt. In der Altersgruppe der Kinder unter fünf Jahren lag bei 42 Prozent das Gewicht um 24 Prozent unter dem von der UNICEF definierten »Normalgewicht«.

Die amerikanische Mentalität beherrscht den Glasbau Nr. 700, 19. Straße, North-West, Washington D.C., den Sitz des IWF. Die Jahresberichte sind zuweilen von herzerfrischender Naivität. In dem von 1998 findet sich das Eingeständnis: »Langfristig wird der Plan, den Zugang zu den Ressourcen verbessern und das Volkseinkommen erhöhen. Kurzfristig aber verringert er das Nahrungsmittelangebot.«

Auf staatlicher Ebene haben die wiederholten Anpassungspläne katastrophale Folgen gehabt. Die Schutzzölle der einheimischen Industrie wurden aufgehoben, die meisten öffentlichen Sektoren privatisiert. Die Änderung des *Employment and Land Act* machte den Sozialsystemen, der Gewerkschaftsfreiheit und dem Recht auf Mindestlohn den Garaus.

Die Folge war eine Welle von Wohnungsräumungen, Massenarbeitslosigkeit und eine beträchtliche Erhöhung der Preise für Grundnahrungsmittel.

Die IWF-Bürokraten haben durchaus Humor. In den Schlussfolgerungen ihres Berichts begrüßen sie die Tatsache, dass sich die Ungleichheit der Lebensbedingungen zwischen Stadt- und Landbevölkerung in dem Zeitraum von 1991-1997 erheblich verringert hat.

Warum? Weil sich das Elend im städtischen Raum dramatisch erhöhte und dem der ländlichen Regionen anglich...[1]

Ghana ist das erste subsaharische Land Afrikas, das sich seine Unabhängigkeit erstritten hat. Nach wiederholten Generalstreiks, Massenbewegungen und erbarmungsloser englischer Repression ist die Republik Ghana, Erbin des mythischen Königreichs Kaya-Maga[2], 1957 gegründet worden. Ihre Fahne: ein schwarzer Stern auf weißem Grund. Ihr erster Präsident Kwame Nkrumah, der Prophet der panafrikanischen Vereinigung, wurde 1960 in Addis-Abeba – zusammen mit Gamal Abdel Nasser, Modibo Keita und Ahmed Ben Bella – einer der Gründungsväter der Organisation der Afrikanischen Einheit (OAE).

Über alle Ethnien hinweg sind die Ghanaer stolze Männer und Frauen, die leidenschaftlich ihre Souveränität verteidigen. Trotzdem mussten auch sie sich dem IWF und den multinationalen Lebensmittelkonzernen beugen.

Ghana hat in jeder Beziehung das gleiche Schicksal wie Sambia erlitten.

1970 haben rund 800 000 einheimische Bauern die Gesamtmenge des in Ghana verbrauchten Reises geliefert. 1980 schlug der IWF ein erstes Mal zu: Der den Reis schützende Zoll wurde auf 20 Prozent herabgesetzt und dann noch einmal reduziert.

Anschließend verlangte der IWF vom Staat, alle Subventionen zu streichen, die die Bauern für den Kauf von Pestiziden, mineralischem Dünger und Saatgut erhielten.

Heute importiert Ghana mehr als 70 Prozent des im Land verbrauchten Reises. Das *Marketing Board*, die staatliche Vertriebsgesellschaft für Agrarprodukte (Kakao etc.), wurde abgeschafft. Um die Exporte kümmern sich seither zumeist ausländische Konzerne.

Ghana ist eine lebendige Demokratie, deren Abgeordnete über eine gesunde Portion Nationalstolz verfügen. Um den einheimischen Reis-

---

1 »Overall inequality... has decreased because poverty increased dramatically in urban areas.«
2 Kaya-Maga heißt auf Sonkinke »König des Goldes«.

anbau wieder anzukurbeln, beschloss das Parlament in Accra 2003, importierten Reis mit einem Zolltarif von 25 Prozent zu belegen. Der IWF reagierte mit äußerster Heftigkeit. Er zwang die ghanaische Regierung, das Gesetz zu annullieren.

2010 zahlte Ghana mehr als 400 Millionen Dollar für seine Nahrungsmitteleinfuhren.

Ganz Afrika hat 2010 24 Milliarden Dollar zur Finanzierung seiner importierten Lebensmittel aufgewendet.

Während ich diese Zeilen im Jahr 2011 niederschreibe, lassen Börsenspekulationen die Weltmarktpreise für Grundnahrungsmittel explodieren. Sehr wahrscheinlich wird Afrika in diesem Jahr nur eine höchst unzureichende Menge an Lebensmitteln einführen können.

Überall und immer tötet der von jeder normativen Einschränkung, jeder sozialen Kontrolle befreite Markt.

Durch Not und Hunger.

3

Wenn der Freihandel tötet

2005, auf einer Ministerkonferenz in Hongkong, bei der die 2001 in Doha begonnenen und seither blockierten Verhandlungen der Doha-Entwicklungsrunde wiederbelebt werden sollten, wandte sich die WTO entschieden gegen die unentgeltliche Lebensmittelhilfe. Sie erklärte, es gehe nicht an, dass das WFP und andere Organisationen aus Agrarüberschüssen, die dem WFP von Geberländern geliefert würden, Reis, Mehlpaste, Fladenbrote und Milch umsonst verteilten – in Flüchtlingslagern, von Heuschrecken verwüsteten Dörfern und Krankenhäusern für schwerst unterernährte Kinder.

Laut WTO pervertiere diese Praxis den Markt. Jede Ware müsse einen Preis haben. Die Naturalhilfe, die die Geberländer lieferten, müsse in Zukunft auf ihren wahren Wert taxiert werden. Mit einem Wort, das WFP dürfe die Naturalspenden aus der Agrarüberproduktion der Geberländer nicht mehr akzeptieren und in Zukunft nur Lebensmittel verteilen, die sie auf dem Markt gekauft habe.

Vor allem dank Daly Belgasmi, dem Direktor des WFP-Büros in Genf, und dem stellvertretenden Exekutivdirektor Jean-Jacques Graisse fiel die Reaktion des WFP sehr scharf aus. Das WFP schrieb: »Eine Aids-Witwe in Sambia mit sechs minderjährigen Kindern interessiert es nicht, ob die Lebensmittelhilfe, die sie erhält, dem WFP in Form von Naturalien oder Geld gespendet wurde. Sie möchte lediglich, dass ihre Kinder am Leben bleiben und sich ihre Nahrung nicht erbetteln müssen ... Die Weltgesundheitsorganisation lehrt uns, dass auf unserer Erde Unterernährung und Hunger die größten Gesundheitsrisiken darstellen. Jedes Jahr sterben am Hunger mehr Menschen als an Aids, Tuberkulose, Malaria und all den anderen Epidemien zusammen... Die WTO ist ein Club für Reiche...

Die Debatte, die sie führt, ist keine Debatte über den Hunger, sondern eine Debatte über Handelsvorteile... Ist es hinnehmbar, dass die Lebensmittelhilfen für die hungernden Mütter und Kinder, die auf dem Weltmarkt keine Rolle spielen, im Namen des Wirtschaftsliberalismus gekürzt werden?«[1]

Der WFP schließt mit den Worten: »Wir wollen, dass der Welthandel ein Gewissen bekommt.«

In Hongkong lehnten sich die Länder der südlichen Hemisphäre gegen die herrschenden Mächte der WTO auf. Der Antrag auf Besteuerung der Nahrungsmittelhilfe wurde abgeschmettert. Pascal Lamy und die Seinen scheiterten auf ganzer Linie.

Noch eine weitere Niederlage musste die WTO hinnehmen. Dieses Mal von Indien.

Die Rechtsprechung des Obersten Gerichts, die das Recht auf Nahrung schützt, ist dem Einfluss der WTO entzogen. Natürlich ist Indien ein Mitglied der WTO. Doch die Mitgliedschaft in der Organisation bedingt nur Verpflichtungen für die Exekutive eines Mitgliedstaats, nicht für die Judikative. Nun ist Indien aber eine große und lebendige Demokratie: Dort herrscht Gewaltenteilung.

Andererseits unterliegt das indische Public Distribution System (PDS)[2] der Exekutive. Worum handelt es sich?

1943 kamen bei einer Hungersnot in Bengalen mehr als drei Millionen Menschen ums Leben. Die englischen Besatzer hatten die Kornspeicher geleert, die Ernten für die britischen Streitkräfte konfisziert, die die japanischen Truppen in Burma und auf anderen asiatischen Kriegsschauplätzen bekämpften.[3]

Von da an hatte Mahatma Gandhi den Kampf gegen den Hunger zum wichtigsten Aspekt seines politischen Wirkens gemacht. Der

---

1 *Mémorandum* des WFP, 8. Dezember 2005.
2 Öffentliches Verteilungssystem.
3 Jean Drèze, Amartya Sen, Athar Hussain, *Political Economy of Hunger*, Oxford, Clarendon Press, 1995.

Pandit Nehru, Premierminister des souveränen Indiens, setzte den Kampf fort.

Wenn heute in einem der über 6000 Distrikte des Landes ein Mensch verhungert, wird der District Controller sofort abgesetzt.

Das erinnert mich an eine Augustnacht des Jahres 2005 in Bhubaneswar, der prächtigen Hauptstadt des Bundesstaates Orissa an der Küste des Golfs von Bengalen. Zu jeder meiner Missionen gehörten unabdingbar Treffen mit Vertretern sozialer Bewegungen, religiöser Gemeinschaften, Gewerkschaften und Frauenbewegungen. In Bhubaneswar war Pravesh Sharma im Namen des International Fund for Agricultural Development (IFAD / Internationaler Fonds für landwirtschaftliche Entwicklung) damit beauftragt, diese Treffen zu organisieren.[1]

Mehr als 40 Prozent der indischen Bauern sind Bauern ohne Boden, *Sharecroppers*, Wanderarbeiter, die von Ernte zu Ernte ziehen. Der IFAD arbeitet vor allem mit diesen *Sharecroppers* zusammen. Sie leben in grenzenlosem Elend.

Sharma machte uns mit zwei Frauen in verwaschenen braunen Saris bekannt, die traurig, aber ungebrochen waren: Beide hatten sie ein Kind durch den Hunger verloren.

Meine Mitarbeiter und ich hörten ihnen lange zu, wobei wir uns Notizen machten und ihnen Fragen stellten. Das Treffen fand weit entfernt von unserem Hotel und weit entfernt von den örtlichen UN-Büros in einem Vorort statt.

Drei Tage später wurde ich in der Abflughalle des Flughafens Bhubaneswar von einem Polizeibeamten abgefangen. Eine Delegation, die auf Geheiß des Premierministers gekommen war, erwartete mich in einem Salon. Geleitet wurde sie von P. K. Mohapatra, dem örtlichen Direktor der Food Corporation of India (FCI).

Drei Stunden lang versuchten mich die fünf Männer und drei Frauen, aus denen die Delegation bestand, unter Vorlage von Dokumenten und Krankenberichten davon zu überzeugen, dass die beiden Kinder nicht am Hunger, sondern an einer Infektion gestorben waren. Offenbar ging es für mehrere dieser Beamten um ihren Kopf.

---

1 Der IFAD hat seinen Sitz in Rom.

Die Food Corporation of India verwaltet das Public Distribution System. In jedem Bundesstaat unterhält sie riesige Lager. Sie kauft den Weizen im Pandschab und lagert ihn überall in Indien.

In ganz Indien verwaltet sie mehr als 500 000 Lagerhäuser. Vertretungen der Dörfer und Stadtviertel stellen Listen mit Bezugsberechtigten auf. Jede bezugsberechtigte Familie erhält eine Ausweiskarte.

Es gibt drei Kategorien von Bezugsberechtigten: die APL, die BPL und die Anto. APL heißt »*Above the Poverty Line*« (unmittelbar über der Armutsschwelle, am Existenzminimum), BPL »*Below the Poverty Line*« (unter dem Existenzminimum), Anto, ein Hindi-Wort, bezeichnet die Opfer extremen Hungers.

Für jede der drei Kategorien gibt es einen besonderen Kaufpreis. Eine sechsköpfige Familie hat das Recht auf 35 Kilogramm Weizen und 30 Kilogramm Reis pro Monat.

2005 galten für eine BPL-Familie folgende Preise: 5 Rupien für ein Kilogramm Zwiebeln; 7 Rupien für ein Kilogramm Kartoffeln; 10 Rupien für ein Kilogramm Getreide.[1]

Dazu muss man wissen, dass 2005 der Mindestlohn in Städten 58 Rupien pro Tag betrug.

Gewiss, es werden rund 20 Prozent der PDS-Vorräte regelmäßig auf dem freien Markt verkauft. Einige Minister und Funktionäre verdienen mit diesen Unterschlagungen ein Vermögen. Die Korruption ist endemisch.

Aber trotzdem profitieren mehrere Hundert Millionen extrem armer Menschen vom PDS. Da die Preise in den *Food Stores* der *Food Corporation of India* (FCI) – je nach Kategorie der Begünstigten – um ein Vielfaches unter den Marktpreisen liegen, gehören die großen Hungersnöte in Indien der Vergangenheit an.

Außerdem verbessert das PDS-System das Geschick der Kinder.

In Indien gibt es nämlich mehr als 900 000 spezielle Zentren für Kinderernährung, die Integrated Child Development Centers (ICD). Laut UNICEF sind mehr als 40 Millionen der 160 Millionen indischer Kinder schwerst und permanent unterernährt. Ein Teil von ihnen erhält in den ICDs Realimentation, Impfstoffe und Pflege.

---

1 1 Rupie = weniger als 10 Eurocent (Wechselkurs von 2005).

Die ICDs werden aber von der FCI versorgt. Beim Kampf gegen die Geißel des Hungers spielt das PDS also eine entscheidende Rolle.

Wenn die WTO bestrebt war, das PDS abzuschaffen, so deshalb, weil die Existenz und Funktion dieses Systems allen Grundsätzen des ungehemmten Freihandels zuwiderlief.

Hardeep Singh Puri, der indische UN-Botschafter in Genf, ein Sikh mit imposantem schwarzen Turban und grenzenloser Energie, kämpfte unermüdlich gegen diesen Abschaffungsplan. In Neu-Delhi hatte er zwei ebenso entschlossene Verbündete: seinen Bruder Manjeev Singh Puri, Staatssekretär im Außenministerium, und den Landwirtschaftsminister Sharad Pawar. Gemeinsam haben sie das PDS gerettet und die WTO in ihre Schranken gewiesen.

4

Savonarola am Ufer des Genfer Sees

Pascal Lamy ist der Savonarola des Freihandels.

Er ist ein Mensch von beeindruckender Willenskraft und analytischer Intelligenz. Seine gegenwärtige Stellung und seine bisherige berufliche Laufbahn verschaffen ihm Einfluss und Prestige in einem Maße, das heute nur wenige internationale Führungskräfte aufzuweisen haben.

Die WTO hat gegenwärtig 153 Mitgliedsstaaten. Ihr Sekretariat in der Rue de Lausanne in Genf beschäftigt rund 750 Beamte.

Lamy ist ein sehr disziplinierter, asketischer Mann, der Marathon läuft. Nach eigenem Bekunden legt er pro Jahr 450 000 Kilometer im Flugzeug zurück und vermag anscheinend mühelos die Probleme der Zeitverschiebungen zu verkraften ... und die endlosen Nachtsitzungen, die in der WTO üblich sind.

Pascal kennt keine Stimmungen. Einer Journalistin, die ihn interviewte, erklärte er: »Ich bin weder Optimist noch Pessimist. Ich bin Aktivist.«[1]

Lamy ist ein Machtmensch. Ihn interessieren nur Kräfteverhältnisse.

Frage der Journalistin: »Wie dem IWF wird Ihnen von einem Teil der öffentlichen Meinung vorgeworfen, die Ärmsten der armen Länder zu unterdrücken ...«

Antwort des WTO-Generaldirektors: »Ein Abkommen gibt stets das Kräfteverhältnis im Augenblick der Unterzeichnung wieder.«

Als ehemaliger EU-Kommissar für Außenhandel hat er die WTO

---

1 Sonia Arnal, *Le Matin-dimanche*, Lausanne, 12. Dezember 2010.

von Anfang an geprägt. Eines seiner Bücher – *L'Europe en première ligne*, insbesondere das Kapitel »Les cent heures de Doha« – gibt Aufschluss über seinen unermüdlichen Kampf gegen jede Form der normativen oder sozialen Kontrolle der Märkte.[1]

Auf die meisten der bei der WTO akkreditierten Botschafterinnen und Botschafter, auf seine Mitarbeiterinnen und Mitarbeiter übt er zweifellos große Faszination aus. Wie einst Savonarola im Florenz des 15. Jahrhunderts lässt Lamy nichts durchgehen. Stets wachsam, macht er erbarmungslos Jagd auf die Häretiker des Freihandelsdogmas. Seine Zuträger sind überall.

Das habe ich am eigenen Leib erfahren. Jeden September findet auf Initiative des bemerkenswerten Jean-François Noblet in der kleinen Ortschaft L'Albenc, in den Bergen des Dauphiné, einige Dutzend Kilometer von Grenoble entfernt, das Festival de la Vie statt, das gemeinsam von den sozialen Bewegungen, den Gewerkschaften und den religiösen Gemeinschaften der Region veranstaltet wird. Dort habe ich im September 2009 eine Rede gehalten. Bei dieser Gelegenheit habe ich – allerdings in maßvoller Form – die Strategie der WTO im Hinblick auf den Nahrungsmittelhandel kritisiert.

Am Himmel schimmerte der Vollmond. Im großen Zelt drängten sich die Menschen. Die Diskussion endete erst nach Mitternacht. Sie wurde mit großer Leidenschaft geführt.

Doch im Publikum saß ein Mann (oder eine Frau), ein Informant von Pascal Lamy.

Am 29. September 2009 erhielt ich folgenden Brief, der so »politisch« gehalten ist, dass ich ihn hier zitieren will:

> Lieber Jean,
> wieder einmal muss ich bestürzt zur Kenntnis nehmen, dass Sie mich in diffamierender Weise in Frage gestellt haben, dieses Mal auf einer Konferenz in L'Albenc: Meine Handlungen seien »ganz gegen die Interessen der Hungeropfer«. Starker Tobak! Die WTO betreibe in aller

---

[1] Pascal Lamy, *L'Europe en première ligne*, mit einem Vorwort von Éric Orsenna, Paris, Éditions du Seuil, 2002, vor allem die Seiten 147 ff.

Eile den Abschluss der Doha-Entwicklungsrunde… was darauf hinauslaufe, noch mehr Menschen zu töten…?

Das ist natürlich absurd! Die Mitglieder der WTO verhandeln seit acht Jahren über ein Mandat, das sie sich gaben, weil die Entwicklungsländer gebeten haben, die Agrarmärkte stärker zu öffnen, vor allem die der entwickelten Länder, zu denen sie Zugang haben möchten…

Um eine Vorstellung von der Wirklichkeit zu gewinnen, wäre es für Sie am einfachsten, die Vertreter dieser Völker zu fragen, wie sie darüber denken. Genau das hat übrigens Ihr Nachfolger Olivier De Schutter bei einer Diskussion im Ausschuss für Landwirtschaft der WTO getan und eine Antwort erhalten, die keinen Zweifel an der Haltung der betreffenden Länder ließ…

In der Hoffnung, dass diese Erinnerung an einige politische Realitäten Sie in Zukunft daran hindern möge, weiterhin so irreführende Behauptungen aufzustellen, verbleibe ich, mein lieber Jean, mit usw.

Ganz gewiss brauche ich von niemandem den Rat, die Vertreter der Staaten des Südens zu »konsultieren«. Aufgrund meiner heutigen Funktion als Vizepräsident des beratenden Ausschusses des UN-Menschenrechtsrates komme ich fast täglich mit ihnen zusammen. Manche sind meine Freunde.

Allerdings hat Lamy in einem Punkt recht: Wenige von ihnen protestieren offen gegen die WTO-Strategie im Hinblick auf den Agrarhandel. Der Grund liegt auf der Hand: Zahlreiche Staaten der südlichen Hemisphäre brauchen für ihr Überleben die Entwicklungshilfe, das Kapital und die Infrastrukturkredite der westlichen Staaten. Ohne die regelmäßigen Zuwendungen aus dem Europäischen Entwicklungsfonds (FEE) wären beispielsweise etliche Regierungen Schwarzafrikas, der Karibik und Zentralamerikas außerstande, ihren Ministern, Beamten und Soldaten zwölf Monate im Jahr ihr Gehalt zu bezahlen.

Die WTO ist ein Club der herrschenden und reichen Staaten. Diese Realität mahnt zur Vorsicht.

Pascal Lamy erwähnt die Öffnung der Märkte der Industriestaaten für die Agrarprodukte der Länder des Südens. Darin sieht er den Beweis für die Bereitschaft der WTO, den Bauern in der Dritten Welt zu helfen.

Doch dieser Beweis ist nicht stichhaltig: Auf der Ministerkonferenz der WTO 2003 in Cancún sollte das internationale Übereinkommen über die Landwirtschaft formalisiert werden, das unter anderem die Öffnung der Agrarmärkte des Südens für die internationalen Lebensmittelkonzerne des Nordens vorsah, und zwar als Gegenleistung dafür, dass bestimmten Produkten des Südens der Zugang zu den Märkten des Nordens ermöglicht wurde.

In Cancún hat der brasilianische Botschafter Luiz Felipe de Seixas Corrêa den Widerstand organisiert. Die Länder des Südens verweigerten die Öffnung ihres Marktes für die transkontinentalen Privatkonzerne und ausländischen Staatsfonds.

Cancún war ein komplettes Fiasko. Bis heute wurde das WTO-Übereinkommen über die Landwirtschaft – ein Kernpunkt der in Doha begonnenen Verhandlungsrunde – noch nicht unterzeichnet.

Denn wie jeder im Süden weiß, gehört die von Lamy behauptete Öffnung der Agrarmärkte des Nordens für die Produkte des Südens ins Reich der Illusion.[1]

In der Philippika an meine Adresse spricht Lamy von der Aufhebung der Exportsubventionen, die die reichen Länder ihren Bauern zukommen lassen. In der Ministererklärung von Hongkong heißt es in Absatz 6: »Wir vereinbaren den parallelen Abbau aller Formen von Exportsubventionen sowie der Disziplinen, die Exportmaßnahmen mit gleichwertiger Auswirkung betreffen … Dabei werden wir schrittweise und parallel verfahren.«[2]

Das Problem ist nur, dass die Verhandlungen zur Aufhebung der Exportsubventionen nie über das Stadium von Absichtserklärungen hinausgelangt sind.

---

1 Eine Einschränkung allerdings: Für die 50 »am wenigsten entwickelten« Länder unterliegt bei bestimmten Produkten der Zugang zu den Märkten des Nordens einer Sonderregelung.

2 Übersetzung teilweise: www.blw.admin.ch/themen/00009/ 00195/index.html (aufgerufen am 6. Juni 2012).

Die Verhandlungen über dieses Agrarabkommen sind an einen toten Punkt gelangt. Und die reichen Staaten fahren fort, ihre Bauern massiv zu subventionieren. Daher kann eine Hausfrau auf jedem afrikanischen Markt – in Dakar, Ouagadougou, Niamey oder Bamako – Gemüse, Obst und Hühner aus Frankreich, Belgien, Deutschland, Spanien, Griechenland... zur Hälfte oder einem Drittel des Preises für das entsprechende afrikanische Produkt kaufen.

Einige Kilometer weiter mühen sich die Bauern der Wolof, Bambara und Mossi nebst ihren Frauen und Kindern unter brennender Sonne zwölf Stunden am Tag ab, ohne die geringste Aussicht, ihr Existenzminimum zu verdienen.

Was Olivier De Schutter, meinen ausgezeichneten Nachfolger, angeht, so hat Lamy dessen Bericht über die Mission bei der WTO ganz offensichtlich nicht gelesen.

Dieser Bericht behandelt im Wesentlichen das Übereinkommen über die Landwirtschaft, das die WTO seit dem Scheitern der Konferenz von Cancún im Jahr 2003 noch nicht hatte abschließen können. Dort unterzieht Olivier De Schutter die Strategie der WTO einer strengen Kritik. Er schreibt: »Wenn wir wünschen, dass der Handel der Entwicklung förderlich ist und dass er dem Recht auf ausreichende Ernährung dient, müssen wir die Besonderheit von Agrarprodukten anerkennen, statt sie wie beliebige Waren zu behandeln.«[1]

Praktisch alle NGOs und Bauerngewerkschaften, aber auch zahlreiche Staaten des Südens verlangen, das Übereinkommen über den Handel mit Agrargütern der Zuständigkeit der WTO und damit der Doha-Runde zu entziehen. Diese Meinung wird besonders deutlich dargelegt in »Note conceptuelle pour le Forum social mondial (FSM)«, Februar 2011 in Dakar, verfasst von dem wissenschaftlichen Ausschuss unter Leitung von Samir Amin, sowie in dem Dokument, das von *Via Campesina* eingebracht und von der Vollversammlung des FSM verabschiedet wurde.

---

1 Olivier De Schutter, »Mission auprès de l'Organisation mondiale du commerce«, UN-Dokument A/HRC/10/005/Add 2.

Die Nahrung, so sagen sie, muss als öffentliches Gut betrachtet werden.

Olivier De Schutter hat sich dieser Auffassung angeschlossen. Und ich auch.

VIERTER TEIL

Der Ruin des WFP
und die Ohnmacht der FAO

1

Das Entsetzen eines Milliardärs

Die FAO und das Welternährungsprogramm (WFP) sind das große und schöne Vermächtnis von Josué de Castro. Jetzt aber sind diese beiden Institutionen vom Ruin bedroht.

Wir erinnern uns, als Europa am Ende der faschistischen Schreckensherrschaft einen Prozess der Bewusstwerdung erlebte, sind sie gegründet worden: die FAO 1945, das WFP 1963.

Das WFP ist bescheidener untergebracht als die FAO. Sein Hauptsitz liegt in einem ziemlich armseligen Vorort von Rom, zwischen einem Friedhof, unbebauten Grundstücken und einer Keramikfabrik. Trotzdem ist das WFP die mächtigste humanitäre Organisation der Welt. Und auch eine der wirkungsvollsten.

Ihre Aufgabe ist die humanitäre Soforthilfe.

2010 wies die Liste der WFP-Begünstigten fast 90 Millionen hungernde Männer, Frauen und Kinder auf.

Das WFP beschäftigt gegenwärtig etwas mehr als 10 000 Menschen, von denen sich 92 Prozent vor Ort, bei den Opfern, befinden.

Innerhalb des UN-Systems genießt das WFP große Unabhängigkeit. Es wird von einem Verwaltungsrat geleitet, der sich aus Vertretern von 36 Mitgliedsstaaten zusammensetzt.

Die Vereinigten Staaten liefern ungefähr 60 Prozent der Beiträge für das WFP. Jahrzehntelang bestanden die amerikanischen Beiträge vorwiegend aus Naturalien: Die Vereinigten Staaten überließen ihre enormen Agrarüberschüsse dem WFP. Inzwischen haben sich die Zeiten geändert. Die amerikanischen Überschüsse schmelzen sehr rasch zusammen, vor allem wegen der Herstellung von Agrokraftstoffen in sehr großem Maßstab, ein Wirtschaftszweig, der mit Milliarden Dollar an öffentlichen Geldern subventioniert wird und von dem wir später reden.

Dadurch sind seit 2005 die Washingtoner Naturalbeiträge für das WFP um rund 80 Prozent gefallen. Trotzdem leisten die Vereinigten Staaten immer noch – und zwar bei weitem – den höchsten finanziellen Beitrag zum WFP.

Die europäische Leistung ist bescheidener: 2006 hat Großbritannien 835 Millionen Dollar beigesteuert, Deutschland 340 Millionen. Der französische Beitrag ist ausgesprochen schwach: 67 Millionen Dollar im Jahr 2005, 82 Millionen 2006.

Um die Frachtkosten auf ein Minimum zu beschränken, aber auch, um die Landwirte des Südens nicht zu benachteiligen, bemüht sich das WFP, die Lebensmittel in den Regionen zu kaufen, die den Katastrophengebieten am nächsten liegen.

2010 hat das WFP für 1,5 Milliarden Dollar Nahrungsmittel gekauft.

2009/10 ist die Hilfe vorwiegend drei speziellen Gruppen zugute gekommen: den Opfern der Überschwemmungen in Pakistan, der Trockenheit im Sahel und des Erdbebens auf Haiti.

Überwiegend wurden die Lebensmittel in Äthiopien, Vietnam und Guatemala gekauft.

Auch 2011 kaufte das WFP Tausende Tonnen Mais, Reis, Weizen und Spezialnahrung – für Kinder unter zwei Jahren, für Schwangere und stillende Mütter – in Argentinien, Mexiko, Thailand, aber auch in Europa (vor allem die Nährflüssigkeit, die intravenös verabreicht wird).

Am 11. Februar 2011 konnte Josette Sheeran, die Exekutivdirektorin des WFP, auf einer Pressekonferenz in Rom bekanntgeben, dass das WFP zum ersten Mal mehr als 80 Prozent seiner Nahrungsmittelkäufe in Ländern der südlichen Hemisphäre abgewickelt hatte.

Im ersten Teil dieses Buchs erinnere ich an die klare Trennung der Vereinten Nationen zwischen dem strukturellen Hunger, den die FAO bekämpfen soll, und dem konjunkturellen Hunger, den das WFP zu lindern versucht. Diese Unterscheidung bedarf hier der Erläuterung.

Laut Definition der UN-Vollversammlung hat das WFP das Mandat, »den Hunger und die Armut in der Welt zu beseitigen, indem es Soforthilfe leistet und die wirtschaftliche und soziale Entwicklung unterstützt. Insbesondere soll das WFP die Kindersterblichkeit senken, den Gesundheitszustand Schwangerer verbessern und gegen den Mikronährstoffmangel kämpfen«. Neben der Lebensmittelsoforthilfe hat das WFP daher bis 2009 für die Schulspeisung von 22 Millionen Kindern in den ärmsten Ländern der Welt gesorgt.

Nun sind aber aus Gründen, auf die ich später eingehen werde, eine große Zahl dieser Mahlzeiten vor kurzem wieder gestrichen worden.

Mit seinem Programm *Food for Work* (Nahrung für Arbeit) hat das WFP außerdem eine neue Form der Intervention entwickelt. Die arbeitsfähigen Hungeropfer werden vom WFP für verschiedene Aufgaben eingesetzt: Ausbesserung von Straßen, Wiederaufbau zerstörter Brücken, Bodensanierung, Instandsetzung von Bewässerungskanälen, Reparatur beschädigter Silos, Renovierung von Schulen und Krankenhäusern. Als Entgelt für ihre Arbeit erhalten die Familienväter und -mütter Naturalien: Für so und so viele Tage Arbeit so und so viele Sack Reis.

Alle Baustellen des Projekts »Nahrung für Arbeit« werden von den betroffenen Bevölkerungsgruppen selbst bestimmt. Sie entscheiden, welche vorrangig in Angriff genommen werden sollen.

Zum ersten Mal sah ich eine solche Baustelle im Südkaukasus, in Georgien, in Betrieb.

Dieses wunderschöne, uralte Land wurde in letzter Zeit von zwei Bürgerkriegen heimgesucht. 1992, nach dem Zerfall der Sowjetunion, erklärten zwei separatistische georgische Regionen, Südossetien und Abchasien, ihre Unabhängigkeit. Daraufhin hat die Regierung in Tiflis versucht, die Irredentisten mit Waffengewalt zu besiegen. Hunderttausende, in der Mehrheit Georgier, die in diesen Regionen lebten, strömten auf der Flucht vor den Kämpfen nach Georgien. Doch in dem allgemeinen Niedergang, der auf den wirtschaftlichen Zusammenbruch der Sowjetunion folgte, fehlten Georgien die Mittel, um die Flüchtlinge zu ernähren und medizinisch zu versorgen. Dieser Aufgabe hat sich dann das WFP angenommen, so gut es ging.

In Georgien wurden die geflohenen Bauern vom WFP auf großen Baustellen eingesetzt, aber nicht mit Geld bezahlt, sondern mit Reis, Mehl und Milchpulver.

Dank dem WFP wird Tausenden von verfolgten Familien, die Opfer der umfangreichen »ethnischen Säuberungen« wurden, zu denen es im Laufe dieser Kriege kam, seit zwanzig Jahren wieder eine fast normale Ernährung ermöglicht.

Seither habe ich ganz ähnliche Baustellen auf den ausgedörrten Hochebenen von Mekelle, im nordäthiopischen Tigray, gesehen, wo in dem groben Sand nur einige armselige Hirsehalme sprießen, aber auch in der Sierra von Jocotán in Guatemala und auf der Ebene von Selenge in der Mongolei, am Rand der riesigen sibirischen Taiga. Überall war ich beeindruckt von dem Feuereifer, mit dem sich die Familien an diesen Programmen beteiligten.

»Nahrung für Arbeit« verwandelt diese Opfer in Akteure, die ihre Zukunft gestalten, ihre Würde zurückgewinnen, beim Wiederaufbau ihrer angeschlagenen Gesellschaft helfen und, um die Formulierung des WFP zu verwenden, »Hunger in Hoffnung verwandeln« – *Turn hunger into hope* (so habe ich es auf dem Schild einer WFP-Baustelle in Rajshahi, Bangladesch, gelesen).

Das WFP ficht auch exemplarische diplomatische Kämpfe aus. Wie das IKRK[1] zweifelt es am Nutzen der »humanitären Korridore«, das heißt, der angeblich »neutralen« Zonen, in denen die UNO zentrale Nahrungsdepots anlegen lässt, um Flüchtlinge und Vertriebene zu retten.

An sich ist die Idee verführerisch: Garantiert der humanitäre Korridor nicht mitten im Krieg die ungehinderte Zufahrt der Hilfsfahrzeuge? Andererseits aber signalisiert er den kriegführenden Parteien, dass außerhalb dieser Zone alles erlaubt ist, auch das, was die Genfer Konventionen und die anderen Völkerrechtsnormen zum Schutz der Zivilbevölkerung und Umwelt im Kriegsfall verbieten: Vergiftung von Brunnen und Böden, Abschlachten von Vieh, Verbrennen von Ernten, Verwüstung von Äckern und Feldern.

Im Westsudan, in Nordkenia, Westpakistan, Afghanistan, Soma-

---

1 Internationales Komitee vom Roten Kreuz.

lia werden die Lastwagen des WFP (wie die aller anderen Hilfsorganisationen) regelmäßig von bewaffneten Banden und kriegführenden Parteien angegriffen. Die Frachtgüter werden geplündert, die Fahrzeuge angesteckt, die Fahrer gelegentlich ermordet. Alle Männer und Frauen im Dienst von WFP (IKRK, ACF, Oxfam oder anderen mit ähnlichen Aufgaben befassten NGOs) verdienen höchsten Respekt. Denn auch sie setzen bei jeder Reise ihr Leben aufs Spiel.

Das WFP ist eine höchst komplexe Organisation. Auf fünf Kontinenten unterhält sie Hilfsdepots. Wenn die Lebensmittelpreise auf dem Weltmarkt kurzfristig sinken, legt das WFP Tausende Tonnen an Vorräten an.

Es besitzt einen Fuhrpark von 5000 Lastwagen mit besonders qualifizierten Fahrern.

In zahlreichen Ländern muss es Unterverträge abschließen, etwa in Nordkorea, wo die Armee das Monopol (und damit auch die Kontrolle) über das Transportwesen hat. In anderen Ländern besitzen nur die einheimischen Fahrer ausreichende Kenntnisse über die Straßenverhältnisse – die Tücken, Schlaglöcher und Abkürzungen –, um die Hilfsgüter sicher an ihren Bestimmungsort zu bringen. Das ist vor allem in Afghanistan der Fall.

Die Transportabteilung des WFP in Rom unterhält auch eine Luftflotte. Im Südsudan sind Hunderttausende von Hungeropfern weder auf dem Land- noch auf dem Wasserweg zu erreichen. Deshalb werfen Frachtflugzeuge Kisten mit Lebensmitteln ab, die an Fallschirmen zu Boden schweben.

Diese Luftflotte des WFP ist bei den Vereinten Nationen sehr beliebt. Zahlreiche Abteilungen nehmen sie in Anspruch, weil die Flugzeuge für ihre Zuverlässigkeit und die Piloten für ihr akrobatisches Können bekannt sind. Im Westsudan sorgen mehrere zehntausend Soldaten und Polizisten aus den Mitgliedsstaaten der Afrikanischen Union (vor allem aus Ruanda und Nigeria), so gut sie können, für die Sicherheit der siebzehn Lager mit Vertriebenen aus den drei vom Bürgerkrieg heimgesuchten Darfur-Provinzen. Sie werden koordiniert von der Hauptabteilung Friedenssicherungseinsätze (DPKO) des UN-Sekretariats in New York. Die afrikanischen Soldaten und

Polizisten lässt das DPKO mit Flugzeugen des WFP nach Darfur bringen.

Die Soforthilfen des WFP habe ich in Zentral- und Südasien, in der Karibik, in Ost- und Zentralafrika erlebt. Häufig kam ich mit seinen Führungsleuten und Mitarbeitern zusammen und entdeckte oft außergewöhnliche menschliche Eigenschaften an ihnen.

Aus diesen Begegnungen speist sich meine Bewunderung für das WFP.

Daly Belgasmi stammt aus einem jemenitischen Stamm, der vor Jahrhunderten in Zentraltunesien eingewandert ist. Er ist in Sidi Bouzid geboren. Sidi Bouzid ist die Stadt, in der die tunesische Revolution am 17. Dezember 2010 begann. Daly Belgasmi besitzt ein vulkanisches Temperament, ansteckende Lebensfreude und ein bemerkenswert kämpferisches Wesen. Von Haus aus Ernährungswissenschaftler ist er heute ein hochrangiger Funktionär des WFP und kämpft seit fast dreißig Jahren gegen das Schreckgespenst des Hungers.

2002 war er Exekutivdirektor in Islamabad. Der Hunger wütete im Süden und in der Mitte Afghanistans. Zu Tausenden starben die Kinder, Frauen und Männer.

In dieser Zeit ließ das amerikanische Oberkommando zwei Mal das Hauptlebensmittellager des WFP in Kandahar bombardieren und in Brand schießen. Dabei war das Depot unübersehbar mit der UN-Fahne gekennzeichnet und von Rom aus vorschriftsmäßig an das Hauptquartier der US Air Force in dessen Katakomben in Colorado gemeldet worden. Aber da der Süden Afghanistans und vor allem Kandahar von Taliban »verseucht« war, befürchteten die amerikanischen Generäle, dass diese Lebensmittel ihren Feinden in die Hände fallen könnten.

Als der Hunger in Afghanistan immer mörderischer und die von den amerikanischen Truppen de facto verhängte Lebensmittelblockade immer unüberwindlicher wurde, traf Daly Belgasmi eine Entscheidung: In Peshawar stellte er eine Kolonne von dreißig »27-Tonnern« des WFP zusammen, bis oben hin beladen mit Reis und Weizen, Milchpulverkisten und Wasserkanistern.

Einem amerikanischen Oberst, der sein üblicher Kontaktmann im operativen Hauptquartier in Kabul war, ließ er die folgende Nachricht zukommen: »Unsere Lastwagen fahren morgen früh um 7 Uhr vom Khyberpass kommend auf afghanisches Gebiet und nehmen die Straße nach Jalalabad. Bitte um Information des operativen Einsatzkommandos der Luftwaffe. Ich verlange auf der Route, deren Koordinaten beigefügt sind, bis morgen Abend, bis zum Einbruch der Dunkelheit, einen absoluten Bombardierungs-stopp.«

Bei Anbruch des bezeichneten Tages gab Belgasmi das Signal zum Aufbruch. Die Antwort des amerikanischen Obersten erreichte ihn erst jenseits von Torkham Gate, als die Kolonne schon auf afghani-schem Territorium unterwegs war.

Der Amerikaner forderte ihn auf, die Fahrt augenblicklich abzu-brechen.

Auf der kurvenreichen Straße vom Pass hinab nach Jalalabad setz-ten die Lastwagen des WFP ihre Fahrt fort...

Daly Belgasmi saß in der Fahrerkabine des ersten Lastwagens.

Jahre später habe ich diesen Vorfall von Jean-Jacques Graisse er-fahren, graue Eminenz und stellvertretender Exekutivdirektor des WFP.

Ich sagte zu ihm: »Aber Daly hätte umkommen können!«

Lachend gab mir Graisse zur Antwort : »Schlimmer noch! Hätte er einen einzigen Lastwagen verloren, hätten wir ihn auf der Stelle vor die Tür gesetzt!«

2011 ist Daly Belgasmi Regionaldirektor des WFP für den Mittle-ren Osten und Nordafrika mit Sitz in Kairo. Wie ein Löwe kämpft er fast jeden Tag gegen die israelischen Offiziere in Karni, dem Grenz-übergang zwischen Israel und dem Gaza-Getto, für die Lastwagen des WFP. Jeder Lastwagen mit Hilfslieferungen, der durchkommt und die unterernährten Kinder, Frauen und Männer im Gazastreifen erreicht, ist für ihn ein persönlicher Sieg.

Ein andere beeindruckende Persönlichkeit, die ich beim WFP kennengelernt habe, ist Jim Morris. Ein Mensch, der sehr unge-wöhnlich ist. Dieser sympathische Riese – fast zwei Meter groß, weißhaarig, massig, aus dem Mittleren Westen stammend – wurde von seinem langjährigen Freund Präsident George W. Bush auf den Posten des Exekutivdirektors des WFP gehievt.

Der Milliardär James T. Morris besitzt gutgehende Unternehmen in Indianapolis. Er hat Regierungsmandate wahrgenommen, war für Wohltätigkeitsfonds tätig und hat erheblich zum Präsidentschaftswahlkampf von George W. Bush beigetragen. Das Weiße Haus schuldete ihm einen hübschen Posten.

Ein Ministeramt? Der Gedanke gefiel Morris nicht, er wollte reisen. Botschafter? Nicht bedeutend genug für seinen Geschmack. Blieb die Direktion einer großen internationalen Organisation. Das war das WFP.

Voller Neugier und wild entschlossen, Gutes zu tun, brach Morris, der beschauliche Großvater, nach Rom auf, als ginge es auf den Mond. Er hatte absolut keine Ahnung von all der Massenvernichtung durch den Hunger und von dem Kampf, den das WFP führt.

Kaum ernannt, machte Morris eine Weltreise. Er besuchte jedes der 80 Länder, in denen das WFP tätig ist.

Er inspizierte Dutzende Baustellen des Programms »Nahrung für Arbeit« und Hunderte Ernährungszentren, in denen die Kinder mit intravenösen Sonden behandelt und – in vielen Fällen – langsam wieder ins Leben zurückgeholt werden. Er besuchte die Schulen und die Küchen für die Schulspeisung, und er beschäftigte sich mit den Opferzahlen. Er sah Kinder mit dem Tod ringen, verzweifelte Mütter, Väter mit leerem Blick.

Entsetzen erfasste ihn.

Ich erinnere mich an eine seiner häufig wiederkehrenden Bemerkungen: »This can not be …« (Das kann doch nicht sein …)

Mit seiner ungeheuren Energie und der ganzen Erfahrung eines Mannes, der sich ein Wirtschaftsimperium aufgebaut hat, stürzte er sich in die Arbeit.

Morris ist ein gläubiger Christ, der der episkopalischen Kirche angehört. Manchmal, wenn er erzählte, habe ich Tränen in seinen Augen gesehen.

In einigen Briefen, die er mir schrieb, werden seine Beweggründe sehr klar: »Lieber Herr Ziegler, danke für all das Gute, das Sie tun. Ich schätze Ihr Engagement für die Armen und Hungernden der

Welt ... Es ist sehr traurig, dass uns so viele Menschen brauchen, vor allem die ganz Kleinen. Viel Glück. Jim.«

Oder dieser: »Jeder von uns muss Tag für Tag alles, was in seiner Kraft steht, für andere tun, egal, ob sie uns nahe oder fern sind. Ich weiß nur, dass das, was uns vereint, unsere Menschlichkeit ist ... Das große Geheimnis des Lebens können wir nicht verstehen ... So viele Dinge müssen getan werden, und so wenig, von dem, was wir tun, ist erfolgreich.«

So entstand zwischen uns eine freundschaftliche Beziehung mit eher komischen politischen Folgen.

Miteinander bekannt gemacht hat uns Jean-Jacques Graisse bei einem Mittagessen im Restaurant Port-Gitana in Bellevue am Ufer des Sees, unweit von Genf. Morris hatte mich daraufhin als Sondergast zu der WFP-Konferenz in Dublin im Juni 2004 eingeladen. Alle vier Jahre kommen bei diesen Konferenzen die regionalen Direktoren und Direktorinnen zu einer Diskussion über die von der Organisation vorgeschlagenen Strategien zusammen.

Die Zeit von Josué de Castro war schon seit Jahrzehnten vorbei, und niemand im WFP (oder der FAO) erinnerte sich noch an das Recht auf Nahrung. Innerhalb des Systems der Vereinten Nationen waren die Menschenrechte eine Angelegenheit des Menschenrechtsrats, nicht der Sonderorganisationen. Das WFP betrachtete sich damals als humanitäre Hilfsorganisation, und damit basta.

In Dublin plädierte ich für einen normativen Ansatz und damit für strukturelle, wirtschaftliche und soziale Veränderungen. Belgasmi, Graisse und Morris unterstützten mich.

Am 10. Juni, dem letzten Tag der Konferenz, ließ Morris über eine Resolution abstimmen, nach der von diesem Tage an die Durchsetzung des Rechts auf Nahrung das strategische Ziel des WFP sein sollte.[1]

Wie berichtet, setzten gleichzeitig im Menschenrechtsrat in Genf und in der 3. Kommission der Vollversammlung der Vereinten Nationen in New York, wo ich zwei Mal im Jahr meine Berichte vorlegte

---

1 Der englische Titel der Resolution ist aufschlussreich: [Resolution] *on the rights based approach to hunger* / [Resolution] »über einen normativen Hungerbegriff«.

und meine Vorschläge unterbreitete, die verschiedenen amerikanischen Botschafter und Botschafterinnen ihre heftigen Angriffe gegen mich fort. Sie bestritten die Existenz eines wie auch immer gearteten Menschenrechts auf Ernährung.

Ganz anders Morris: Unter Aufbietung all seiner Energie und seines diplomatischen Geschicks verteidigte er fortan dieses Recht. Als Exekutivdirektor des WFP wurde er regelmäßig eingeladen, vor dem Sicherheitsrat über die Ernährungssituation in der Welt zu berichten.

Bei diesen Anlässen zitierte er mich zwei Mal mit den Worten: »Mein Freund Jean Ziegler, dessen politische Ansichten ich in keinem Punkt teile …«

Dieser Umstand sorgte für tiefe Verstörung bei Botschafter Warren W. Tichenor, dem Sondergesandten von George W. Bush in Genf. Bald traute er sich nicht mehr in den Menschenrechtsrat. Stattdessen schickte er seinen Stellvertreter Mark Storella, einen arroganten Italoamerikaner, der natürlich damit fortfuhr, mich zu diffamieren. Für die Diplomaten der amerikanischen Mission in Genf – wie für deren Kollegen in New York –, blieb ich der sein UN-Mandat missbrauchende Kryptokommunist, den sie angeblich enttarnt hatten: »Sie verfolgen einen verborgenen Plan!« »Sie führen einen geheimen Kreuzzug gegen die Politik unseres Präsidenten!« Wie oft habe ich mir diese idiotischen Vorwürfe anhören müssen!

Mehrfach haben sie meine Abberufung verlangt. Doch die Freundschaft des UN-Generalsekretärs Kofi Annan und das diplomatische Geschick des Hohen Kommissars für Menschenrechte Sergio Vieira de Mello haben schließlich doch mein Mandat gerettet. Allerdings das letzte Mal mit knapper Not …

Für Botschafter Tichenor war Jim Morris sakrosankt. Als Schwergewicht der Republikanischen Partei und unerhört reicher Geschäftsmann unabhängig von der Administration, konnte Jim Morris jederzeit den Hörer abnehmen und das Weiße Haus anrufen. Ich weiß allerdings nicht, ob er mit seinem Freund George W. Bush jemals über das Recht auf Nahrung gesprochen hat.

Am Ende seiner Kräfte, völlig erschöpft, hat Jim Morris Rom im Frühjahr 2007 verlassen. Er kehrte zu seinen alten Geschäften zurück.

Heute ist er Präsident und Generaldirektor der *IWC Resources Corporation* und der *Indianapolis Water Company*, die seine Stadt mit Wasser versorgen. Außerdem gehört ihm eine der bekanntesten Basketballmannschaften der USA, die »Indiana Pacers«.

Ich verdanke ihm zu einem großen Teil mein Überleben als UN-Sonderberichterstatter für das Recht auf Nahrung.

2

Der große Sieg des Raubgesindels

Während all der Jahre als UN-Sonderberichterstatter für das Recht
auf Nahrung waren meine schönsten – weil intensivsten und bewe-
gendsten – Augenblicke diejenigen, die ich in den Schulkantinen
und -küchen in Äthiopien, Bangladesch, der Mongolei etc. verlebt
habe…

Dort war ich stolz, ein Mensch zu sein.

Die Nahrung richtete sich nach dem jeweiligen Land. Die Mahlzeiten wurden mit heimischen Produkten zubereitet: Maniok, Teff
und Hirse in Afrika; Reis, Soßen und Hühnchen in Asien; Quinoa
und Süßkartoffeln auf den Hochebenen der Anden. Auf allen Kontinenten gehörte zu den Mahlzeiten des WFP Gemüse. Und zum
Nachtisch immer einheimisches Obst: je nach Land Mango, Dat-
teln, Weintrauben.

Eine tägliche Mahlzeit in der Schulkantine veranlasste die Eltern
unter Umständen, ihre Kinder in die Schule zu schicken und für
einen regelmäßigen Besuch zu sorgen. Natürlich förderte diese Mahlzeit das Lernen und ermöglichte den Kindern, sich auf den Unterricht
zu konzentrieren.

Mit nur 25 amerikanischen Cent konnte das WFP eine Schale mit
Reis,- oder Gemüsebrei oder Hülsenfrüchten füllen und den Schülern außerdem eine Monatsration mit nach Hause geben.

50 Dollar genügten, um ein Kind ein Jahr lang in der Schule mit
Nahrung zu versorgen.

In den meisten Fällen bekamen die Kinder in der Schule Früh-
stück und/oder Mittagessen. Diese Mahlzeiten wurden entweder in
der Schule selbst, von der Gemeinde oder in Zentralküchen zube-

reitet. Manche Schulspeisungsprogramme sahen vollständige Mahlzeiten vor, während andere besonders energiereiche Kekse oder kalte Imbisse anboten. Die segensreichen Rationen für zu Hause ergänzten die Schulspeisung. Dank dieser Einrichtung erhielten ganze Familien Lebensmittel, wenn ihre Kinder zur Schule gingen. Die Verteilung dieser Rationen wurde davon abhängig gemacht, ob die Kinder in der Schule angemeldet waren und wie regelmäßig sie den Unterricht besuchten.

Im Rahmen des Möglichen wurden die Nahrungsmittel vor Ort gekauft. Davon profitierten die einheimischen Kleinbauern.

Außerdem wurden die Mahlzeiten in der Schule mit Mikronährstoffen angereichert.

Durch die Verteilung von lebenswichtiger Nahrung in extrem armen Regionen gelang es der Schulspeisung, gelegentlich den Teufelskreis von Hunger, Armut und Kinderarbeit zu durchbrechen.

Schulspeisung erhielten ferner aidskranke Kinder, Waisen, behinderte Kinder und demobilisierte Kindersoldaten.

Vor 2009 versorgte das WFP auf diese Weise im Durchschnitt 22 Millionen Kinder – davon die Hälfte Mädchen – in 70 Ländern mit Mahlzeiten, die insgesamt einen Wert von 460 Millionen Dollar pro Jahr repräsentierten. Rationen für zu Hause gab das WFP 2008 an 2,7 Millionen Mädchen und 1,6 Millionen Jungen aus. Ferner ernährte das WFP 730 000 Kinder, die Kindergärten in 15 Ländern besuchten: in Haiti, der Zentralafrikanischen Republik, Guinea, Guinea-Bissau, Sierra Leone, Senegal, Benin, Liberia, Ghana, Kenia, Mozambique, Pakistan, Tadschikistan und in den besetzten palästinensischen Gebieten.

Eines Tages fiel mir in einer Schule in Jessore, Bangladesch, ganz hinten in einer Klasse ein Junge von ungefähr sieben Jahren auf, der vor sich auf dem Pult seinen Teller mit Haferbrei und Bohnen stehen hatte, aber das Essen nicht anrührte. Unbeweglich saß er da, den Kopf gesenkt. Ich fragte S. M. Mushid, den Regionaldirektor des WFP: »Warum isst der Kleine nicht?«

Muschid antwortete ausweichend. Offenbar war er verlegen. Schließlich erklärte er:

»Es gibt immer Probleme ... Hier in Jessore haben wir nicht die Mittel, den Schülern Familienrationen für ihre Familien mitzugeben. Deshalb weigert er sich zu essen ... Er möchte das Essen für seine Familie mitnehmen.«

Erstaunt wandte ich ein:

»Aber warum lassen Sie ihn nicht gewähren? ... Er liebt halt seine Familie!«

Mushid:

»Der Kleine hat Hunger. Er muss essen. Laut Vorschrift darf das Essen nicht aus der Schule hinausgenommen werden.«

Dieses Problem tritt immer wieder überall dort auf, wo das WFP Schulkantinen unterhält. Wo seine Mittel (und die der den WFP unterstützenden NGOs) nicht ausreichen, um den Schülern zusätzliche Mahlzeiten für ihre Familien mitzugeben, kommen strikte Regeln zur Anwendung.

In Sidamo beispielsweise, im Süden Äthiopiens, schließt der Lehrer die Kantine ab, sobald das Essen aufgetragen ist, um die Schüler zu zwingen, die Mahlzeit dort einzunehmen. Wenn die Kinder aus der Kantine treten und zu der Reihe der Wasserhähne auf dem Schulhof gehen, um sich die Zähne zu putzen und die Hände zu waschen, geht der Pädagoge noch einmal hinein, um sich davon zu überzeugen, dass alle Mahlzeiten aufgegessen wurden und dass nicht unter den Pulten versteckt noch volle oder halbvolle Teller stehen ...

Die Liebe zu ihrer Familie spielt bei den Kleinen eine große Rolle. Essen, während die Ihren zu Hause hungern müssen, stellt ihre Loyalität, ihre Solidarität auf eine harte Probe. Daher ist es einigen von ihnen lieber, vom Hunger gequält zu fasten, als von Gewissensbissen gequält zu essen ...

Aber tragischerweise stellt sich das Problem heute kaum noch, weil die meisten Schulspeisungen eingestellt worden sind.

Am 22. Oktober 2008 haben sich die 17 Staats- und Regierungschefs der Eurozone im Elyséepalast in Paris versammelt. Um 18 Uhr sind Angela Merkel und Nicolas Sarkozy auf der Freitreppe vor die Presse getreten. Dort haben sie den Journalisten erklärt: »Wir haben gerade 1700 Milliarden Euro freigestellt, um den Interbankenkredit anzukurbeln und um die Eigenkapitalquote der Banken von 3 auf 5 Prozent zu heben.«

Noch vor Ende 2008 gingen die Hilfsgelder der Eurozone für die Nahrungsmittelsoforthilfe um fast die Hälfte zurück. Das normale Budget des WFP betrug rund 6 Milliarden Dollar. 2009 fiel es auf 3,2 Milliarden.

Das WFP sah sich gezwungen, die Schulspeisungen in vielen Ländern, auch in Bangladesch, einzustellen.

Seither müssen eine Million kleine Mädchen und Jungen in Bangladesch ohne die Mahlzeiten auskommen. Später werde ich noch einmal auf die Mission zurückkommen, die ich 2007 in Bangladesch durchführte. Damals habe ich viele Schulen in Dhaka, Chittagong und andernorts besichtigt. Es war offensichtlich, dass viele dieser Kleinen mit den großen schwarzen Augen und schmächtigen Körpern die einzige nahrhafte Mahlzeit des Tages in ihrer Schule erhielten.

Ich erinnere mich auch an eine mehrstündige Sitzung im Büro des Erziehungsministers in Dhaka. Meine Mitarbeiter und ich kämpften, unterstützt von dem örtlichen Vertreter des UNDP, verbissen darum, dass die Schulen in Bangladesch nicht mehr während der großen Ferien geschlossen wurden, mit anderen Worten, darum, dass die Kinder an zwölf Monaten im Jahr ihre tägliche Mahlzeit bekamen. Der Minister lehnte ab.

Heute ist die Frage gegenstandslos geworden. Denn inzwischen hat das WFP, wie schon ausgeführt, die meisten seiner Schulspeisungen abgeschafft.

Für 2011 hatte das WFP seinen nicht einschränkbaren Bedarf auf 7 Milliarden Dollar beziffert. Bis Anfang Dezember 2010 hatte es 2,7 Milliarden Dollar erhalten. Dieser Rückgang der Einnahmen hat dramatische Konsequenzen.

Den Fall Bangladesch konnte ich aus eigener Anschauung verfolgen.

In diesem besonders bevölkerungsreichen, armen und den klimatischen Risiken besonders ausgesetzten Land verloren 2009 acht Millionen Männer, Frauen und Kinder alle Einkünfte und befanden sich nach den Worten des WFP »am Rande des Verhungerns« (*on the edge of starvation*). Schuld war das Zusammenwirken zweier Katastrophen: die Verwüstung weiter landschaftlicher Flächen durch einen Monsun von extremer Heftigkeit und die Schließung einer großen Zahl von Textilfabriken, die die ganze Wucht der Weltfinanzkrise ungebremst zu spüren bekamen.

Die Asiendirektion des WFP verlangte in diesem Jahr für die Hilfe in Bangladesch 257 Millionen Dollar. Sie erhielt 76 Millionen.

Noch schlimmer war die Situation 2010: Die Asiendirektion erhielt für Bangladesch nur 60 Millionen Dollar. Für 2011 erwartet sie einen noch größeren Einbruch bei den Zahlungen der Geberländer – und damit eine noch größere Zahl der zum Hungertod verurteilten Menschen.

In anderen Weltregionen ist die Situation genauso tragisch.

Am 31. Juli 2011 gaben die Vereinten Nationen folgende Pressemeldung heraus: »12,4 Millionen Menschen sind am Horn von Afrika vom Hunger bedroht. Diese Region im Osten des Kontinents umfasst fünf Länder, unter denen Äthiopien und Somalia am stärksten von der Hungersnot betroffen sind ... Besondere Gefahr besteht für 1,2 Millionen Kinder im Süden Somalias. In ihrem geschwächten Zustand sind sie vom Tode bedroht, weil ihnen die Kraft fehlt, gegen Krankheiten zu kämpfen.«

Das WFP verlangte 1,6 Milliarden Euro. Davon hat es weniger als ein Drittel erhalten.

Im Lager Dadaab auf kenianischem Gebiet drängen sich 450 000 Menschen. Hunderttausende versuchen die Lager zu erreichen, die von den Vereinten Nationen in Ogaden errichtet wurden. Jeden Tag tauchen Tausende neuer Familien nach Fußmärschen von hundert, manchmal hundertfünfzig Kilometern aus dem Morgennebel auf. In Dadaab dauert die Registrierung ungefähr vierzig Tage. Weil es an Funktionären fehlt. Es fehlt auch an konzentrierten Nahrungsmitteln (Kraftriegel, nährstoffreiche Kekse) und Infusionsbeuteln. Bei diesen Keksen handelt es sich um Mischungen aus Getreide, Soja, Bohnen und anderen Hülsenfrüchten, Ölpflanzen und Milchpulver, angereichert mit Mineralien und Vitaminen. Diese speziell für den WFP entwickelten Nahrungskonzentrate werden mit Wasser gemischt und wie Haferbrei verzehrt.

In den Lagern und der unmittelbaren Umgebung ringen viele Kinder mit dem Tod.

Tage und Nächte hindurch, oft wochenlang, marschieren die Familien, nachdem sie ihre von der Trockenheit zugrunde gerichteten Dörfer verlassen haben, durch die glühende Hitze und den dichten Staub der Steppe, um ein Lager zu erreichen. Viele sterben unterwegs. Mütter müssen die schwächsten Kinder zurücklassen. Am Rand der Pisten, in den Lagern, in provisorischen Unterkünften rund um die Lager sind schon Tausende von Menschen verhungert.

Anfang August 2011 waren nach Einschätzung von UNICEF 570 000 Kinder unter zehn Jahren in dieser Region extrem unterernährt und unmittelbar vom Hungertod bedroht.

In ihrem Aufruf vom 18. August 2011 macht die UNICEF auch auf bleibende Gesundheitsschäden aufmerksam, die nach Berechnung der Organisation etwa 2,2 Millionen Kindern bevorstehen, die möglicherweise überleben, aber anschließend unter den Folgen der Unterernährung zu leiden haben werden. Erinnern wir uns, dass ein Kind, das in den ersten zwei Lebensjahren, einer entscheidenden Entwicklungsphase für seine Gehirnzellen, nicht angemessen ernährt wird, lebenslange Hirnschäden erleidet.

Sicherlich wäre es ungerecht, Frau Merkel oder den Herren Sarkozy, Zapatero, Berlusconi nebst den anderen Staatschefs, die 2008 entschieden haben, ihren Banken zu Lasten der für das WFP bestimmten Hilfszahlungen 1700 Milliarden Euro zukommen zu lassen,[1] irgendeinen Vorwurf zu machen.

Frau Merkel und Herr Sarkozy wurden gewählt, um die deutsche und französische Wirtschaft zu stützen und, gegebenenfalls, in Ordnung zu bringen. Sie wurden nicht gewählt, um den Hunger in der Welt zu bekämpfen. Schließlich zählen die vom Hunger dauerhaft geschädigten Kinder aus Chittagong, Oulan-Bator und Tegucigalpa nicht zu den Wählern. Sie sterben auch nicht auf den Champs-Ély-

---

1 Vgl. »When feeding the hungry is political«, *The Economist*, 20. März 2010.

sées in Paris, dem Kurfürstendamm in Berlin oder der Plaza Major in Madrid.

Wirklich schuld an dieser Situation sind die Spekulanten – die Manager der Hedge Fonds, die noblen Großbankiers und andere Raubritter des globalisierten Finanzkapitals –, die aus Profitsucht und persönlichem Gewinnstreben, aber auch einer gehörigen Portion Zynismus das Weltfinanzsystem ruiniert und Vermögenswerte in Höhe von vielen Hundert Milliarden Euro vernichtet haben.

Dieses Raubgesindel müsste vor ein Tribunal für Verbrechen gegen die Menschlichkeit gestellt werden. Doch seine Macht – und die Schwäche der Staaten – ist so groß, dass es sich offenbar von keinerlei Risiko bedroht sieht.

Ganz im Gegenteil: Seit 2009 haben seine Akteure, als wäre nichts gewesen, ihre Aktivitäten fröhlich wieder aufgenommen, kaum behindert durch ein paar schüchterne neue Normen, die der Basler Ausschuss erlassen hat, diese von den Zentralbanken der reichen Länder eingesetzte Koordinierungsinstanz: erhöhte Eigenkapitalquote, etwas verstärkte Kontrolle der Finanzderivate etc. Zu den Vergütungen und Boni der Banker hat der Basler Ausschuss überhaupt keine Entscheidung getroffen. So hat Brady Dougan, der Vorstandsvorsitzende der Crédit Suisse, 2010 einen persönlichen Bonus in der bescheidenen Höhe von 71 Millionen Schweizer Franken (65 Millionen Euro) eingesackt.

3

Die neue Selektion

In dem bescheidenen Gebäude des WFP in Rom gibt es zwei Säle, in denen täglich über das Schicksal – oder genauer, über Leben und Tod – von Hunderttausenden Menschen entschieden wird.

Im ersten dieser Säle, dem »Lagezentrum« (*situation room*) befindet sich die Datenbank der Organisation.

Das besondere Vermögen des WFP liegt in seiner Fähigkeit, rasch auf Katastrophen zu reagieren und in kürzester Zeit die Schiffe, Lastwagen oder Flugzeuge zu mobilisieren, die erforderlich sind, um den Opfern die Lebensmittel und das Wasser zur Verfügung zu stellen, die für ihr Überleben unentbehrlich sind. Die durchschnittliche Reaktionszeit des WFP beträgt 48 Stunden.

Die Wände des »Lagezentrums« sind mit riesigen Karten und Leinwänden drapiert. Auf den langen schwarzen Tischen häufen sich Wetterkarten, Satellitenfotos und dergleichen.

Dort werden weltweit und täglich alle Ernten überwacht. Man kontrolliert, untersucht und analysiert die Bewegungen von Heuschrecken, die Seefrachttarife, die Kurse von Reis, Mais, Palmöl, Hirse, Weizen und Gerste am Chicago Commodity Stock Exchange sowie den anderen Agrarrohstoffbörsen der Welt und viele andere Wirtschaftsvariablen.

Zwischen Vietnam und dem Hafen von Dakar beispielsweise bleibt der Reis sechs Wochen auf See. Da spielt die Entwicklung der Frachtpreise eine entscheidende Rolle. Die vorhersehbaren Preisschwankungen für das Barrel Erdöl sind ein weiterer Faktor, der von den Ökonomen und Fachleuten für Versicherungs- und Transportwesen im »Lagezentrum« des WFP aufmerksam verfolgt wird.

Diese Spezialisten sind äußerst kompetent und in der Lage, alle notwendigen Informationen beim geringsten Alarmzeichen zu liefern.

Das zweite strategische Zentrum des WFP-Hauptquartiers in Rom ist die für Gefährdungsanalysen und Risikoeinschätzungen zuständige *Vulnerability Analysis and Mapping Unit* (VAM) – ein Saal, der auf den ersten Blick weit weniger beeindruckend und bei weitem nicht mit so vielen Fachleuten bevölkert ist. Gegenwärtig wird das Zentrum von Joyce Luma, einer sehr energischen und klugen Frau, geleitet. Dort werden die detaillierten Erhebungen vorbereitet, die auf allen fünf Kontinenten die Risikogruppen bestimmen.

In gewisser Weise besteht Joyce Lumas Aufgabe darin, eine Hierarchie der Not aufzustellen.

Sie kooperiert mit all den anderen Organisationen der Vereinten Nationen, mit NGOs, Kirchen, den Gesundheitsministerien und Sozialeinrichtungen der betroffenen Staaten und vor allem den Regionaldirektoren und örtlichen Vertretern des WFP.

In Kambodscha, Peru, Bangladesch, Malawi, im Tschad, in Sri Lanka, Nicaragua, Pakistan, Laos etc. beauftragt sie die NGOs vor Ort mit Feldstudien. Mit detaillierten Fragebögen ausgerüstet gehen die Interviewer (meist Interviewerinnen) von Dorf zu Dorf, von Elendsviertel zu Elendsviertel, von Siedlung zu Siedlung und fragen Familienoberhäupter, Alleinstehende, alleinerziehende Mütter nach ihren Einkünften, ihrer Beschäftigung, ihrer Ernährungssituation, Krankheiten in der Familie, Wassermangel und so fort.

Im Allgemeinen umfassen die Bögen zwischen 30 und 50 Fragen, die alle in Rom entwickelt wurden.

Die ausgefüllten Fragebögen kommen nach Rom zurück und werden von Joyce Luma und ihrem Team ausgewertet.

Elie Wiesel ist sicherlich einer der bedeutendsten Schriftsteller unserer Zeit. Er ist ein Überlebender der Lager Auschwitz-Birkenau und Buchenwald. Er hat mit besonderer Klarheit den fast unüberwindlichen Widerspruch gezeigt, der jedem Diskurs über die Vernichtungslager innewohnt. Einerseits stellen die Nazi-Lager ein so ungeheures Verbrechen dar, dass sie sich letztlich der Sprache verweigern: Von Auschwitz zu sprechen heißt, das Unaussprechliche zu banalisieren. Doch andererseits haben wir auch die Pflicht der Erinnerung: Alles, selbst das ungeheuerlichste Verbrechen, kann sich jederzeit wiederholen. Daher müssen wir darüber sprechen und die Generationen, die das Unaussprechliche nicht erlebt haben, vor dem Rückfall warnen.

Im Zentrum der Nazi-Gräuel war die Selektion. Die Rampe in Auschwitz war der Ort, wo sich im Handumdrehen das Schicksal jedes Neuankömmlings entschied: nach links diejenigen, die für den Tod bestimmt waren, nach rechts diejenigen, die auf unbestimmte Zeit als Arbeitssklaven am Leben bleiben durften.

Die Selektion ist auch ein zentraler Aspekt von Joyce Lumas Aufgabe. Da die Mittel des WFP diesen enormen Einbruch erlitten haben und die verfügbare Nahrung seither nicht mehr für die Millionen Hände ausreicht, die sich nach ihr ausstrecken, muss eine Auswahl getroffen werden.

Joyce Luma bemüht sich um Gerechtigkeit. Mit allen technischen Mitteln, die der weltweit größten humanitären Organisation zur Verfügung stehen, versucht sie, in jedem der vom Hunger heimgesuchten Länder die am stärksten betroffenen, am meisten gefährdeten, von der Vernichtung am unmittelbarsten bedrohten Menschen zu ermitteln. Übrig bleiben die Personen oder Personengruppen, die das Pech haben, nicht in die Kategorie der »extrem Gefährdeten« zu fallen, aber trotzdem von schwerer Unterernährung – und damit einem baldigen, wenn auch etwas hinausgeschobenen Tod – bedroht sind.

Joyce Luma, eine Frau, die unendlich viel Menschlichkeit und Mitgefühl ausstrahlt, entscheidet, wer leben wird und wer sterben wird. Folglich nimmt sie eine auf ganz andere Weise ähnlich grausige Selektion vor, wenn auch – und das verbietet jeden Vergleich mit den Nazi-Gräuel – im Namen einer dem WFP aufgezwungenen Notwendigkeit.

4

Jalil Jilani und ihre Kinder

Bangladesch ist ein riesiges grünes Flussdelta, das 143 000 Quadratkilometer umfasst und von 160 Millionen Menschen bewohnt wird. Es ist das am dichtesten bevölkerte Land der Erde. Zurückhaltend, freundlich, ständig in Bewegung, scheinen die Bangladescher immer präsent zu sein. Vor meiner ersten Mission informierte mich Ali Tufik Ali, der feinsinnige Botschafter Bangladeschs in Genf: »Sie werden niemals allein sein, überall werden Sie im dichten Gedränge der Menschen stehen.«

Und tatsächlich, egal, wohin ich fuhr, nach Norden oder Süden, nach Jessore oder Jamalpur, in die Mangrovensümpfe am Golf von Bengalen, überall sah ich mich umgeben von lächelnden Männern, Frauen und Kindern in oft abgetragener, aber makellos sauberer und gebügelter Kleidung.

Doch Bangladesch ist auch eines der korruptesten Länder der Welt. Während meiner ganzen Amtszeit als Sonderberichterstatter hat man nur einmal versucht, mich zu bestechen – 2005 in Dhaka. In Begleitung von Christophe Golay und meinen Mitarbeiterinnen Sally-Anne Way und Dutima Bagwali, zwei hochkompetenten und eleganten jungen Frauen, saß ich dem Außenminister und seinem Parlamentssekretär im Prunksalon des Ministeriums gegenüber.

Seit mindestens einer Stunde versuchte ich, dem Minister, einem dicken Mann mit unstetem Blick, der zu den wichtigsten Textilmagnaten des Landes gehörte und trotz der an der Decke angebrachten Ventilatoren in Schweiß gebadet war, etwas über die riesigen Garnelenzuchtbetriebe zu entlocken, die indische Konzerne in den Mangrovensümpfen am Rande des Golfs hatten anlegen dürfen.

Die Fischer hatten sich bei mir beklagt. Ihr Fischereigewerbe werde ruiniert, da die indischen Garnelenzuchtanlagen ihnen auf Hunderte von Kilometern den Zugang zur Küste blockierten.

Offenkundig wurde hier das Recht auf Nahrung der bangladescher Fischer von ihrer eigenen Regierung eklatant verletzt. Ich verlangte von dem Minister eine Kopie der zwischen seiner Regierung und den beteiligten indischen multinationalen Konzernen geschlossenen Verträge.

Ich stieß auf eine Mauer der Ablehnung. Statt auf meine Fragen zu antworten verlegte sich der Minister darauf, meine beiden jungen, hübschen Kolleginnen – höchst ungeschickt – zu charmieren, die davon beide offenkundig genervt waren.

Unvermittelt setzte der Minister ein honigsüßes Lächeln auf. »Mein Unternehmen veranstaltet für seine internationale Klientel Konferenzen auf höchstem Niveau. Dazu lade ich Wissenschaftler und Akademiker aus der ganzen Welt ein, vor allem aus den Vereinigten Staaten und Europa. Unsere Kunden wissen das sehr zu schätzen. Unsere Vortragsredner auch. Wir zahlen ansehnliche Honorare ... Haben Sie in Ihrem Terminkalender noch etwas frei? Ich würde Sie sehr gerne einladen.«

Dutima, eine junge, höchst temperamentvolle Guayanerin, war bereits aufgesprungen. Auch Sally-Anne und Christophe machten Anstalten, die Tür zuzuknallen.

Ich hielt sie zurück.

Der Parlamentssekretär lächelte beflissen.

Ich beendete meine Unterhaltung mit dem Minister, der nicht wusste, wie ihm geschah, höchst unvermittelt und verabschiedete mich.

Dhaka ... In der feuchten Hitze klebt die Kleidung am Körper. Dhaka zählt heute 15 Millionen Einwohner, gegenüber 500 000 im Jahr 1950. Im Ministerium für Internationale Kooperation war ich mit dem Staatssekretär Waliur Rahman verabredet. Als junger Student war er 1971, während des Befreiungskriegs von Bangladesch (damals Ostpakistan) gegen die Streitkräfte der Besatzungsmacht Pakistan, Gesandter von Mujibur Rahman, dem Führer der bengalischen Befreiungsbewegung, in Genf gewesen.

203

Muammar Murshid und Rane Saravanamuttu vom örtlichen WFP-Büro, hatten sich Waliur und mir für einen Besuch des Elendsviertels Golshan angeschlossen. Dort leben 800 000 Menschen auf engstem Raum in Behausungen aus Wellblech und Brettern am Ufer des schlammigen Flusses.

Alle Völker des riesigen »Lands der tausend Flüsse«, wie die Bangladescher ihre prachtvolle Heimat nennen, sind dort versammelt: Tausende von Familien, die aus Jamalpur geflohen sind, wo der Monsun ein Jahr zuvor mehr als 12 000 Todesopfer gefordert hatte; Familien der Shaotal, Dhangor, Oxâo, die aus den Mangrovenwäldern stammen; Angehörige der animistischen »Stämme«, der ärmsten – und von den Muslimen am tiefsten verachteten – Bevölkerungsgruppe.

In Golshan leben auch Hunderttausende Angehörige des städtischen Lumpenproletariats, Menschen, die dauerarbeitslos sind oder gerade von einem der riesigen Zulieferbetriebe der Textilindustrie entlassen wurden.

In dem Slum mischen sich alle Religionen: Muslime, die bei weitem in der Mehrzahl sind, Hindus aus dem Norden, Katholiken, zahlreiche Stämme, die einst animistisch waren, aber während der Kolonisation von europäischen Missionaren »bekehrt« wurden.

Ich bat, einige Hütten besichtigen zu dürfen. Waliur rief die Gemeindevertreterin herbei, die für das Viertel verantwortlich war.

Nur wenige Behausungen besaßen Türen. Vor dem Eingang hing ein einfacher farbiger Vorhang. Die Gemeindevertreterin hob den Vorhang.

In dem von einer Kerze kaum erhellten Raum entdeckte ich eine junge Frau in einem abgetragenen Sari, die auf dem einzigen Bett saß, und vier Kinder. Sie waren mager und blass. Ihre großen schwarzen Augen starrten uns an. Sie sprachen nicht und bewegten sich nicht. Nur die junge Mutter deutete ein schüchternes Lächeln an.

Sie hieß Jalil Jilani. Ihre Kinder waren zwei, vier, fünf und sechs Jahre alt. Zwei Mädchen, zwei Jungen. Ihr Mann – ein Rikschafahrer – war einige Monate zuvor an Tuberkulose gestorben.

Bangladesch ist eines der wichtigsten Länder Süd- und Südostasiens, wo die multinationalen Textilkonzerne des Westens hauptsächlich von Frauen – in sogenannten »Freien Produktionszonen« – ihre Bluejeans, Sporthemden, Anzüge etc. fertigen lassen. Die Produktionskosten sind unschlagbar niedrig. Größtenteils gehören die Zulieferbetriebe Südkoreanern oder Taiwanesen.

Die Freien Produktionszonen nehmen fast den gesamten südlichen Vorortgürtel Dhakas ein, wo sich riesige sieben- bis zehnstöckige Betonbauten drängen.

Dort gibt es keine Hygienevorschriften, keine gesetzlichen Lohnregelungen. Gewerkschaften sind verboten. Eingestellt und entlassen wird je nach den Aufträgen, die aus New York, London, Hongkong oder Paris kommen.

Jalil arbeitete als Näherin bei dem Unternehmen Spectrum Sweater in Savar bei Dhaka. Mehr als 5000 Menschen, davon 90 Prozent Frauen, waren dort damit beschäftigt, für bekannte amerikanische, europäische und australische Hersteller T-Shirts, Trainingshosen, Jeans zuzuschneiden, zu nähen und zu verpacken.

Der gesetzliche monatliche Mindestlohn in der Stadt beträgt 930 Taka. Spectrum Sweater zahlte seinen Arbeitern und Arbeiterinnen 700 Taka im Monat, etwa 12 Euro.[1]

Die *Clean-Cloth Campaign,* die Kampagne zugunsten angemessener Arbeitsbedingungen in der Textilindustrie auf Betreiben einer Koalition von Schweizer NGOs, hat folgende Rechnung aufgemacht: Eine Jeans von Spectrum Sweater wird in Genf für 66 Schweizer Franken – rund 57 Euro – verkauft. Von dieser Summe erhält die Näherin ungefähr 25 Eurocent[2].

In der Nacht von Sonntag, dem 10. April, auf Montag, den 11. April 2005, ist der neunstöckige Stahlbetonbau von Spectrum Sweater in sich zusammengestürzt. Die Ursache: Konstruktionsfehler sowie mangelnde Instandhaltung und Sicherheitskontrolle.[3]

Nun wird aber in den Fabriken der Freien Produktionszonen 24 Stunden am Tag gearbeitet. Daher waren im Augenblick der Katastrophe alle Arbeitsplätze besetzt. Bei seinem Einsturz hat das Ge-

---

1 Nach dem Wechselkurs von 2005.
2 Nach dem Wechselkurs von 2005.
3 Newsletter der NGO »Erklärung von Bern«, Bern, Nr. 3, 2005.

bäude Hunderte von Arbeitern mit sich gerissen und unter seinen Trümmern begraben.

Die Regierung hatte sich geweigert, genaue Opferzahlen zu nennen. Spectrum Sweater hatte alle Überlebenden entlassen. Ohne eine Abfindung zu zahlen.

Die extreme Unterernährung von Jalil Jilani und ihren Kindern war nicht zu übersehen.

Ich wandte mich Muammar Murshid zu. Er schüttelte den Kopf. Nein, die junge Mutter und ihre Kinder standen nicht auf der Liste der WFP-Bezugsberechtigten.

Der Grund? Er war unwiderruflich: Jalil war erst im April entlassen worden.

Murshid war sehr unglücklich. Er war der WFP-Vertreter in Bangladesch und deshalb gezwungen, die Anweisungen aus Rom auszuführen. Jalil Jilani hatte im laufenden Jahr länger als drei Monate regelmäßige Arbeit gehabt, was sie automatisch von der WFP-Liste der Empfänger ausschloss.

In dem Hauptbuch des Elends, das Joyce Luma in Rom führt, fallen Jalil Jilani und ihre vier vom Hunger geschundenen Kinder aus der Kategorie der Berechtigten heraus.

Murshid murmelte ein rasches »Ade« auf Bengali. Ich legte alle Taka, die ich bei mir hatte, auf den Bettrand. Waliur ließ den Vorhang fallen.

Wer in Bangladesch für die Rechte der Arbeiter in den »Freien Produktionszonen« kämpft, zahlt einen hohen Preis dafür. Hören wir ein Beispiel, über das die Schweizer NGO *Déclaration de Berne* berichtet:

Aminul Islam, ein ehemaliger Textilarbeiter in Bangladesch, der sich für Arbeitsrechte einsetzte, ist Anfang April in Dhaka gefoltert und ermordet worden. Am 5. April 2012 hat die örtliche Polizei seine Leiche in den Außenbezirken von Dhaka gefunden. Laut Polizeibericht wies das Opfer schwere Folterspuren auf. Alle Indizien sprechen dafür, dass Aminul wegen seines Engagements für die Rechte der Arbeiter und Arbeiterinnen ermordet wurde.

Aminul Islam arbeitete im Zentrum für die Solidarität der Arbeiter in Bangladesch (Bangladesh Center for Worker Solidarity – BCWS) und die Textilgewerkschaft von Bangladesch (Bangladesh Garment and Industrial Workers Federation – BGIWF). Der Gewerkschaftsaktivist wurde zum letzten Mal am Mittwoch, dem 4. April 2012, gesehen, als er sich zu einem Treffen mit einem Arbeiter begab, der seine Hilfe erbeten hatte. Früher an diesem Abend hatten Aminul und sein Kollege das BCWS-Büro geschlossen, nachdem sie ein Polizeiauto entdeckt hatten, das vor der Tür parkte. Sie befürchteten gewaltsame Übergriffe oder eine Verhaftung. Angehörige und Freunde von Aminul haben bis Sonntag nach ihm gesucht, dann erkannte seine Frau ein Foto der Leiche in einer Regionalzeitung.[1]

---

1 Zeitschrift *Solidaire*, Nr. 222, Juni 2012, *Déclaration de Berne* (Erklärung von Bern).

5

Dioufs Niederlage

Die FAO ist luxuriös untergebracht. Von duftenden Gärten und Pinien umgeben, residiert sie in dem Palast Viale delle Terme di Caracalla, in dem einst Benito Mussolinis Kolonialministerium zu Hause war. Noch vor kurzem gab es eine Besonderheit auf dem Platz gegenüber zu bewundern: den Obelisken von Axum, der im Jahr 2005 an Äthiopien zurückgegeben wurde.

Wie erwähnt, wurde die FAO im Oktober 1945 auf Betreiben von Josué de Castro gegründet, nahezu zeitgleich mit der UNO, und erhielt ein anspruchsvolles Mandat. Ich zitiere aus dem ersten Artikel der Satzung:

»Die Organisation sammelt, analysiert, erläutert und verbreitet Informationen über Ernährung und Landwirtschaft. In dieser Satzung bezeichnen der Ausdruck ›Landwirtschaft‹ und die von ihm abgeleiteten Ausdrücke auch die Fischerei, die Erzeugnisse des Meeres, die Forstwirtschaft und ihre Roherzeugnisse.

2. Die Organisation fördert und empfiehlt, soweit letzteres zweckdienlich ist, nationale und internationale Maßnahmen in Bezug auf

a) die wissenschaftliche, technische, soziale und wirtschaftliche Forschung auf dem Gebiet der Ernährung und Landwirtschaft;

b) die Verbesserung der Ausbildung und der Verwaltung auf dem Gebiet der Ernährung und Landwirtschaft sowie die Verbreitung theoretischer und praktischer Kenntnisse auf diesem Gebiet;

c) die Erhaltung natürlicher Hilfsquellen und die Einführung verbesserter Methoden der landwirtschaftlichen Erzeugung;

d) die Verbesserung der Verarbeitung, des Absatzes und der Verteilung von Nahrungsmitteln und sonstigen landwirtschaftlichen Erzeugnissen;

e) die Einführung von Verfahren zur Bereitstellung ausreichender nationaler und internationaler Kredite für die Landwirtschaft;

f) die Annahme internationaler Richtlinien für Vereinbarungen über landwirtschaftliche Erzeugnisse.«[1]

In der riesigen, mit weißem Marmor geschmückten Eingangshalle des römischen Palastes ist das FAO-Logo an der rechten Wand befestigt. Unter einer Weizenähre auf blauem Grund steht das Motto: *Fiat panis* (»Es werde Brot« [Subtext: für alle]).

191 Mitgliedsstaaten hat die FAO.

Wie ist die Situation der Organisation heute?

Die Weltagrarpolitik, insbesondere die Frage der Ernährungssicherung, wird von der Weltbank, dem IWF und der WTO bestimmt. Die FAO ist auf diesem Schlachtfeld praktisch nicht präsent. Und das aus einem einfachen Grund: Sie ist ausgeblutet.

Die FAO ist eine zwischenstaatliche Organisation. Doch sie wird von den Mogulen der transkontinentalen Agrarkonzerne bekämpft, die den globalen Agrar- und Lebensmittelmarkt weitgehend beherrschen. Diese Konzerne üben einen entscheidenden Einfluss auf die führenden westlichen Staaten aus.

Das Ergebnis: Diese Regierungen kümmern sich nicht um die FAO, beschneiden Jahr für Jahr ihr Budget und boykottieren die in Rom organisierten Weltkonferenzen über Ernährungssicherung.

Rund 70 Prozent der mageren Zahlungen an die FAO schlucken fortan die Gehälter ihrer rund 1800 Mitarbeiter, von denen die meisten am Hauptsitz in Rom arbeiten. Von den verbleibenden 30 Prozent werden 15 Prozent an eine Unzahl von externen »Beratern« ausgeschüttet. Sodass nur 15 Prozent für die Finanzierung genossenschaftlicher Techniken, für die Entwicklung der Landwirtschaft des Südens und für den Kampf gegen Hunger bleiben.[2]

Seit einigen Jahren wird die Organisation heftig kritisiert, aller-

---

1 http://www.admin.ch/ch/d/sr/i9/0.910.5.de.pdf (aufgerufen am 11.06.2012).
2 Zur Finanzierung bestimmter Programme erhält die FAO Sonderzuwendungen.

dings größtenteils zu Unrecht, da die Industriestaaten schuld daran sind, dass der FAO die Möglichkeiten zum wirksamen Handeln genommen sind.

1989 hat der englische Autor Graham Hancock ein inzwischen mehrfach wieder aufgelegtes Buch veröffentlicht: *Händler der Armut. Wohin verschwinden unsere Entwicklungsmilliarden?* Die FAO sei, so Hancock, nichts als eine riesige, armselige Bürokratie, die infolge einer endlosen Reihe von kostspieligen Kongressen, Tagungen, Komitees und Kundgebungen aller Art nur noch Armut, Unterernährung und Hunger verwalten könne. In ihrer täglichen Praxis verkörperten die Bürokraten der Caracalla-Thermen das exakte Gegenteil dessen, was das ursprüngliche Projekt von Josué de Castro vorgesehen habe.

Hancocks vernichtende Schlussfolgerung: »Aus alledem ergibt sich das Bild einer Institution, die von ihrem Weg abgekommen ist und ihren ursprünglichen Auftrag aus den Augen verloren hat, einer Institution, die ihren Platz in der Welt nicht mehr kennt, die nicht weiß, was exakt sie eigentlich tut und warum.«[1]

Die Zeitschrift *Ecologist* erweist sich als noch gnadenloser. In einer Sondernummer aus dem Jahr 1991 hat sie zahlreiche Aufsätze von angesehenen internationalen Fachleuten – unter anderem Vandana Shiva, Edward Goldsmith, Helena Norberg-Hodge, Barbara Dinham, Miguel Altiera – zusammengestellt. Der Titel: *World UN Food and Agricultural Organization. Promoting World Hunger.*

Falsche Strategien und Verschwendung riesiger Summen durch nutzlose Aktionspläne und falsche Wirtschaftsanalysen hätten dazu geführt, dass sich die Tragödie des Welthungers nicht verringert, sondern noch verschlimmert habe.[2]

Rigoros auch das Urteil der Londoner BBC über die regelmäßig von der FAO veranstalteten Gipfel: Sie seien nur *waste of time*, nichts als Verschwendung von Zeit ... und Geld.[3]

---

1 Graham Hancock, *Händler der Armut. Wohin verschwinden unsere Entwicklungsmilliarden?*, München, Droemer Knaur, 1989, S. 137.

2 *The Ecologist*, März/April 1991.

3 Sendung der BBC London vom 13. Juni 2002 aus Anlass der Zweiten Welternährungskonferenz.

Nach meiner Meinung muss die FAO, selbst wenn diese Kritik in manchen Punkten angebracht sein sollte, bedingungslos verteidigt werden. Vor allem gegen die Kraken des Agrarmarktes und ihre Komplizen in den westlichen Regierungen.

2010 haben die in der Organisation für wirtschaftliche Zusammenarbeit und Entwicklung (OECD) vereinigten Staaten ihre Bauern – zur Förderung von Produktion und Export – mit 349 Milliarden Dollar unterstützt. Besonders die Exporthilfen sind für das Agrardumping verantwortlich, das von den reichen Ländern auf den Märkten der armen Länder praktiziert wird. Der südlichen Hemisphäre hat das Not und Hunger gebracht.

Im Vergleich dazu: Das normale Jahresbudget der FAO beläuft sich auf 349 Millionen Dollar, beträgt also ein Tausendstel dessen, was diese mächtigen Länder für die weit geringere Zahl ihrer eigenen Landwirte ausgeben.

Wie soll es die Organisation unter diesen Bedingungen anstellen, ihre Agenda auch nur teilweise abzuarbeiten?

Der Begriff *Monitoring* bezeichnet bei der FAO eine Strategie der Transparenz, der Kommunikation und des Bestrebens, ständig und detailliert die weltweite Entwicklung von Unterernährung und Hunger zu überwachen. Auf allen fünf Kontinenten werden die gefährdeten Gruppen Monat für Monat erfasst und klassifiziert; Element für Element und Region für Region wird der Mangel der verschiedenen Mikronährstoffe (Vitamine, Mineralien und Spurenelemente) registriert.

Ein ununterbrochener Strom von Statistiken, Graphiken und Berichten ergießt sich aus dem römischen Palast: Kein Mensch, der zum unabsehbaren Heer der Hungernden gehört, leidet oder stirbt, ohne eine Spur auf einer FAO-Grafik zu hinterlassen.

Die erklärten Feinde der FAO kritisieren auch das Monitoring. Statt penible Grafiken der Hungernden aufzustellen, so wird vorgebracht, statt mathematische Modelle des Leidens zu entwickeln und bunte Diagramme der Toten zu zeichnen, täte die FAO besser daran, ihr Geld, ihr Know-how und ihre Energie zu nutzen, um die Opferzahlen zu reduzieren...

Auch dieser Vorwurf erscheint mir ungerecht. Das Monitoring unterrichtet das antizipierende Bewusstsein. Es bereitet die Empörung des Bewusstseins von morgen vor. Im Übrigen hätte dieses Buch nicht geschrieben werden können ohne die Statistiken, Listen, Grafiken und Tabellen der FAO.

Vor allem einem Mann verdankt die FAO ihr System des Monitorings – Jacques Diouf, dem Generaldirektor der Organisation von 2000 bis 2011.[1] Diouf ist ein senegalesischer Sozialist und gelernter Ernährungswissenschaftler.

Bevor er Minister in verschiedenen Regierungen von Léopold Sédar Senghor wurde, war er ein kompetenter Direktor des senegalesischen Reisinstituts.

Fröhlich, feinsinnig, intelligent und ungeheuer vital, hat Diouf die Bürokraten der Caracalla-Thermen aufgeschreckt und durcheinander gewirbelt.

Der aggressive, manchmal rücksichtslose Ton, den er gegenüber Staatschefs anschlug, seine Aussagen in Presse, Rundfunk und Fernsehen, mit denen er die öffentliche Meinung in den weltbeherrschenden westlichen Ländern zu mobilisieren trachtete, haben etliche einflussreiche Politiker des Westens tief verärgert. Vielen von ihnen war jeder Vorwand recht, ihn in Misskredit zu bringen.

Nehmen wir als Beispiel die Zweite Welternährungskonferenz, die 2002 in Rom stattfand.

Im obersten Stockwerk des FAO-Gebäudes verfügt der Generaldirektor über ein privates Esszimmer, in dem er – wie alle Leiter von UN-Sonderorganisationen – durchreisende Staats- und Regierungschefs empfängt.

Am dritten Tag der Konferenz, nachdem Diouf am Tag zuvor in einer Rede besonders harsche Kritik an den transkontinentalen Agrar- und Lebensmittelkonzernen geübt hatte, veröffentlichte die englische Boulevardpresse die detaillierte Speisenfolge, mit denen der Direktor am Vortag die Staatschefs bewirtet hatte.

---

1   Jacques Diouf wurde durch José Graziano, einen kompetenten und warmherzigen Brasilianer, ersetzt. Als Minister in der ersten Regierung Lula, 2003, hat er an der Entstehung des Programms *Fome Zero* mitgearbeitet.

Natürlich war es ein opulentes Mahl gewesen.

Der Chef der britischen Delegation – selbst Teilnehmer des erwähnten Festbanketts – nahm diese »Enthüllungen« zum Vorwand, um vor den versammelten Konferenzteilnehmern eine bösartige Hetzrede gegen den Direktor zu halten, der »öffentlich vom Hunger spricht und sich privat auf Kosten der Steuerzahler in den Geberländern der FAO den Bauch vollschlägt«.

Ich empfinde Bewunderung für Jacques Diouf. Denn ich habe ihn des Öfteren bei der Arbeit gesehen.

Beispielsweise im Jahr 2008. Im Juli dieses Jahres brachen, wie berichtet, infolge eines jähen Preisanstiegs auf dem Weltmarkt für Grundnahrungsmittel in 37 Ländern Hungeraufstände aus.

Die UN-Generalversammlung sollte im September zusammentreten. Diouf war davon überzeugt, dass man diese Gelegenheit benutzen müsse, um eine massive internationale Kampagne gegen das Spekulantenunwesen in die Wege zu leiten.

Daher mobilisierte er seine Freunde von der Sozialistischen Internationalen. Die spanische Regierung unter José Luiz Zapatero erklärte sich bereit, als Speerspitze dieser Kampagne aufzutreten: Am ersten Tag der UNO-Vollversammlung sollte eine spanische Resolution eingebracht werden.

In Erwartung des bevorstehenden Kampfes rief Diouf alle jene Mitglieder der SI zusammen, die im UN-System eine mehr oder weniger bedeutende Rolle spielen.

Die Zusammenkunft fand im Juli 2008 am Sitz der spanischen Regierung, im Palacio de la Moncloa in Madrid, statt.

In dem großen weißen, vom Licht Kastiliens durchfluteten Saal saßen an einem schwarzen Tisch Antonio Gutierrez, ehemaliger Präsident der Sozialistischen Internationalen, ehemaliger portugiesischer Ministerpräsident und gegenwärtig Hoher Kommissar der Vereinten Nationen für Flüchtlinge; der französische Sozialist Pascal Lamy, Generaldirektor der WTO; Führer der Arbeiterpartei Brasiliens, ein Minister der britischen Labourregierung und natürlich José Luiz Zapatero selbst, sein Außenminister Miguel Ángel Moratinos, Bernardino León, sein fähiger Kabinettschef, und schließlich ich selbst in meiner

Eigenschaft als Vizepräsident des beratenden Ausschusses des Menschenrechtsrats.

Diouf kam über uns wie ein Orkan.

Sein Resolutionsentwurf, der eine Reihe konkreter Maßnahmen gegen Spekulanten verband mit einem Appell an die Signatarstaaten des Internationalen Pakts über wirtschaftliche, soziale und kulturelle Rechte bezüglich ihrer Verpflichtung, dem Recht auf Nahrung Geltung zu verschaffen, führte zu einer leidenschaftlichen Diskussion unter den Anwesenden. Lamy kämpfte gegen den Resolutionsentwurf, Zapatero dafür.

Diouf gab nicht auf. Gegen zwei Uhr morgens wurde eine Einigung erzielt.

Im September brachte Spanien, von Brasilien und Frankreich unterstützt, vor der UN-Generalversammlung in New York seine Resolution ein.

Aber sie wurde abgeschmettert von einer Koalition unter Führung des Vertreters der Vereinigten Staaten und einigen Botschaftern, die von einer Anzahl transkontinentaler Lebensmittelkonzerne ferngesteuert wurden.

Nachtrag: Der Mord an den irakischen Kindern

Offenkundig kann man also weder den WFP noch die FAO für ihre Schwierigkeiten und Misserfolge verantwortlich machen.

Aber es gibt zumindest einen Fall, wo die Vereinten Nationen selbst den Hungertod von Hunderttausenden Menschen bewirkt haben. Dieses Verbrechen wurde im Rahmen des Programms *Oil for Food* (Öl für Lebensmittel) begangen, das dem irakischen Volk von 1991 bis 2003, zwischen den beiden Golfkriegen, aufgezwungen wurde.

Erinnern wir uns:

Am 2. August 1990 ließ Saddam Hussein seine Truppen in das Emirat Kuweit einmarschieren, das er annektierte und zur 27. Provinz des Iraks erklärte.

Die Vereinten Nationen verhängten zunächst eine Wirtschaftsblockade gegen den Irak und forderten den augenblicklichen Rückzug der Iraker aus Kuwait. Anschließend stellten sie ein Ultimatum, das am 15. Januar ablief.

Unter der Leitung der Vereinigten Staaten bildete sich eine Koalition westlicher und arabischer Staaten, deren Streitkräfte die irakischen Besatzungstruppen nach Ablauf des Ultimatums angriffen. Auf irakischer Seite kamen 120 000 Soldaten und 25 000 Zivilisten ums Leben.

Doch die Panzer von General Schwarzkopf, dem Oberkommandeur der Koalition, machten 100 Kilometer vor Bagdad Halt und ließen die Republikanische Garde, die Elitetruppe des Diktators, ungeschoren. Saddam Husseins Sturz hätte bedeutet, dass in Bagdad eine Regierung ans Ruder gekommen wäre, die die schiitische Mehrheit des Landes repräsentiert hätte. Die westlichen Staaten fürchteten aber die irakischen Schiiten wie die Pest, denn sie unterstellten ihnen Sympathien für das tyrannische Regime in Teheran.

Mit 112 Milliarden Barrel verfügt der Irak über die zweitgrößte Erdölreserve der Erde, nach Saudi-Arabien (220 Milliarden Barrel) und vor dem Iran (80 Milliarden Barrel). Ein Barrel entspricht 159 Litern.

Einerseits verstärkten die Vereinten Nationen die Blockade, andererseits riefen sie aber auch das Programm *Oil for Food* (Öl gegen Lebensmittel) ins Leben, das Saddam Hussein erlaubte, alle sechs Monate eine gewisse Menge seines Erdöls zu verkaufen. Die Einnahmen waren für ein Sperrkonto auf der Bank BNP-Paribas in New York bestimmt. Diese Gelder sollten es dem Irak ermöglichen, sich die für das Überleben seiner Bevölkerung unentbehrlichen Nahrungsmittel zu kaufen.

Konkret: Ein Unternehmen, das einen Liefervertrag mit der irakischen Regierung hatte, stellte in New York einen Antrag auf eine sogenannte »Freigabe«. Die Vereinten Nationen bewilligten oder untersagten die Lieferung, wobei sie die Kriterien für Dual-Use-Güter (doppelverwendungsfähige Güter) anwendeten: Wenn die Vereinten Nationen argwöhnten, dass eines der Güter – ein Apparat, ein Ersatzteil, ein chemischer Stoff, ein Bauteil und so fort –

auch militärischen Zwecken dienen könnte, wurde der Antrag abgelehnt.

Der Koordinator des Programms saß in Bagdad, bekleidete den Rang eines Beigeordneten Generalsekretärs der Vereinten Nationen und verfügte über 800 UN-Beamte und 1200 einheimische Mitarbeiter. Ihm übergeordnet war das New Yorker Büro des Programms, das die Aufgabe hatte, die von den Unternehmen eingereichten Anträge zu prüfen. Sein Leiter war der Zypriote Benon Sevan, ehemaliger Chef des UN-Sicherheitsdienstes, der auf Druck der Vereinigten Staaten zum Untergeneralsekretär ernannt worden war, bevor er gewisser Betrügereien verdächtigt wurde. Vom District Court in New York angeklagt, floh er nach Zypern… wo er jetzt sein Leben unbehelligt genießt.

Unterstellt war das Büro einem Sanktionsausschuss des Sicherheitsrats, der für die allgemeine Strategie des Programms verantwortlich war.

Auf dem Papier orientierte sich das Programm *Oil for Food* an den üblichen Grundsätzen für Embargos, wie sie von den Vereinten Nationen verhängt werden. Tatsächlich aber wurde es seinem Zweck absichtlich entfremdet, sodass es sich für die Zivilbevölkerung als mörderisch erwies.[1] Denn sehr rasch schon begann der Sanktionsausschuss immer häufiger die Einfuhr von Nahrungsmitteln, Medikamenten und anderen lebenswichtigen Gütern unter dem Vorwand zu verweigern, die Lebensmittel könnten Saddams Armee zugute kommen, die Medikamente würden chemische Substanzen enthalten, die für militärische Zwecke nutzbar seien, und bestimmte Bauteile medizinischer Geräte könnten auch zur Herstellung von Waffen dienen.

In den irakischen Krankenhäusern begannen die Menschen zu sterben, weil es an Medikamenten, chirurgischen Instrumenten und Sterilisationsmaterial fehlte. Zwischen 1996 und 2000 starben nach sehr zurückhaltender Schätzung 550 000 irakische Kleinkinder an Unterernährung.

So wurde ab 1996 das Programm *Oil for Food* allmählich miss-

---

1 Hans-Christof von Sponeck, *Ein anderer Krieg, Das Sanktionsregime der UNO im Irak*, Hamburg, Hamburger Ed., 2005.

bräuchlich verwendet, das heißt, es bewirkte durch Nahrungs- und Medikamentenentzug eine Kollektivbestrafung der Bevölkerung.[1]

Professor Marc Bossuyt, einer der namhaftesten Völkerrechtler, der Präsident der Menschenrechtskommission der Vereinten Nationen[2] war, bezeichnet die Strategie des Sanktionsausschusses als »Völkermord«.

Es folgen einige Zahlenbeispiele für die Folgen dieser mörderischen Strategie, der dieses große Land mit seinen 26 Millionen Einwohnern ausgesetzt wurde.

Weniger als 60 Prozent der für die Krebstherapie unentbehrlichen Medikamente wurden zugelassen.[3]

Die Einfuhr von Dialysegeräten für die Behandlung von Nierenpatienten wurde kategorisch verboten. Ghulam Rabani Popal, Vertreter der WHO in Bagdad, beantragte im Jahr 2000 die Genehmigung für die Einfuhr von 31 Geräten, die die irakischen Krankenhäuser dringend brauchten. Die 11 Geräte, die New York schließlich genehmigte, wurden an der jordanischen Grenze zwei Jahre lang festgehalten.

1999 wandte sich die amerikanische Direktorin des WFP, Carol Bellamy, persönlich an den Sicherheitsrat. Der Sanktionsausschuss hatte sich geweigert, die Einfuhr von Infusionsbeuteln mit Nährlösungen für schwer unterernährte Säuglinge und Kleinkinder zu genehmigen. Carol Bellamy protestierte mit aller Schärfe. Der Sanktionsausschuss hielt sein Verbot aufrecht.

Im Krieg waren die riesigen Trinkwasseraufbereitungsanlagen an Tigris, Euphrat und Schatt-al-Arab zerstört worden. Der Sanktionsausschuss untersagte die Lieferung von Baumaterialien und Ersatzteilen, die zur Instandsetzung erforderlich gewesen wären. Daraufhin explodierte die Zahl der Infektionskrankheiten durch verschmutztes Wasser.

Im Irak können die Sommertemperaturen über 45 Grad erreichen.

---

1 Hans-Christof von Sponeck in Zusammenarbeit mit Andreas Zumach, *Irak, Chronik eines gewollten Krieges, Wie die Weltöffentlichkeit manipuliert und das Völkerrecht gebrochen wird*, Köln, Kiepenheuer & Witsch, 2003.

2 Heute der Menschenrechtsrat der Vereinten Nationen.

3 Laut Schätzung der deutschen NGO *Medico International*.

Die Blockade verhinderte die Einfuhr von Ersatzteilen zur Reparatur von Kühlschränken und Klimaanlagen. In den Schlachtereien begann das Fleisch zu verfaulen. Die Lebensmittelhändler mussten mitansehen, wie Milch, Obst und Gemüse in der Gluthitze verdarben. In den Krankenhäusern gab es keine Möglichkeit, die wenigen verfügbaren Medikamente frisch zu halten.

Sogar die Einfuhr von Ambulanzen wurde vom Sanktionsausschuss verhindert. Begründung: »... sie enthalten Kommunikationssysteme, die von Saddams Truppen verwendet werden könnten.« Als der französische und dann der deutsche Botschafter darauf hinwiesen, dass ein Kommunikationssystem – etwa ein Telefon – unentbehrlicher Bestandteil aller Ambulanzen der Welt ist, konnte das den amerikanischen Botschafter nicht beeindrucken: keine Ambulanzen für den Irak.[1]

Zwischen Euphrat und Tigris arbeiten mehrere Zehntausend ägyptische Fellachen, Bewässerungsspezialisten, die ihre bewundernswerte, uralte Erfahrung im Nildelta und -tal erworben haben. Trotzdem importierte der Irak fast 80 Prozent seiner Lebensmittel. Doch seit dem Embargo wurden die Lebensmitteleinfuhren vom Sanktionsausschuss meistens absichtlich zurückgehalten.

Die Dokumente belegen, dass Tausende von Tonnen Reis, Obst und Gemüse in Lastwagen verloren gingen, die an der Grenze aufgehalten wurden, weil sie aus New York kein grünes Licht erhielten oder es mit monatelanger Verspätung bekamen.

Die Diktatur des Sanktionsausschusses war unerbittlich. Sie machte auch vor den Schulen nicht halt.

Beispielsweise verbot der Sicherheitsrat die Lieferung von Bleistiften. Mit welcher Begründung? Die Beistifte enthalten Grafit, ein für das Militär potenziell verwendbares Material...

Die UN-Blockade führte zur weitgehenden Vernichtung der irakischen Wirtschaft.

Celso Amorim, brasilianischer Botschafter in New York, schrieb: »Auch wenn sich nicht alle gegenwärtigen Leiden des irakischen

---

1 Einige wurden dann doch bewilligt, mit einem oder sogar zwei Jahren Verspätung und ohne Telefon.

Volks auf externe Faktoren [die Blockade] zurückführen lassen, so würden die Iraker ohne die vom Sicherheitsrat verhängten Maßnahmen nicht in solchem Maße leiden.«[1]

Hasmy Agam, Missionschef von Malaysia bei den Vereinten Nationen, drückt sich noch unverblümter aus: »Welche Ironie! Dieselbe Politik, die den Irak von Massenvernichtungswaffen befreien soll, erweist sich selbst als eine Massenvernichtungswaffe!«[2]

Wie ist diese Kursänderung der Vereinten Nationen zu erklären?

Präsident Clinton, der 1992 gewählt wurde, wollte sich unter keinen Umständen auf einen zweiten Golfkrieg einlassen. Unter den herrschenden Bedingungen könne, wie er meinte, in der irakischen Bevölkerung ein solcher Leidensdruck erzeugt werden, dass sie sich selbst gegen den Tyrannen auflehne und ihn davonjage.

Sicherlich ist seine Außenministerin Madeleine Albright in erster Linie verantwortlich für diese klammheimliche Umwandlung des Programms *Oil for Food* in eine Waffe zur Kollektivbestrafung des irakischen Volks. Im Mai 1996 wurde sie in der NBC-Sendung »60 Minutes« interviewt. In der Presse begannen die ersten Artikel über die durch das Embargo ausgelöste humanitäre Katastrophe zu zirkulieren. Der NBC-Journalist bezog sich auf sie.

Frage: »Wenn der Tod von einer halben Million Kindern der Preis war, den wir bezahlen mussten ...« Albright unterbrach ihn mitten in seiner Frage: »Wir denken, dass der Preis sich rentiert.«

Albright wusste natürlich genau über das Martyrium der Kinder Bescheid. UNICEF hatte folgende Zahlen veröffentlicht: Vor der von den Vereinten Nationen durchgeführten Kollektivbestrafung starben im Irak von 1000 Kindern 56. 1999 kamen auf 1000 Kinder 131, die durch Hunger oder Medikamentenmangel ihr Leben verloren.

In elf Jahren hat das Embargo mehrere Hunderttausende von Kindern umgebracht.

Es geht hier nicht darum, den tyrannischen und kriminellen Cha-

---

1 Celso Amorim, Vorwort zur spanischen Ausgabe des Buchs von Hans-Christof von Sponeck, *Autopsia de Irak*, Madrid, Ediciones del Oriente y del Mediterráneo, 2007.
2 *New Statesman*, London, 2.-3. September 2010.

rakter des Regimes von Saddam Hussein in Frage zu stellen. Es besteht kein Zweifel daran, dass er eines der schlimmsten Regimes errichtet hat, die es in der arabischen Welt jemals gab. Außerdem steht fest, dass Saddam, seine Familie und ihre Komplizen in den elf Jahren des Embargos in Saus und Braus gelebt haben. Jahr für Jahr haben sie Erdöl in einem geschätzten Gesamtwert von zehn Milliarden Dollar am Programm *Oil for Food* vorbei in die Türkei und nach Jordanien geschmuggelt.

Trotzdem, die Hauptschuld daran, dass mehrere Hunderttausende Iraker durch Hunger vernichtet wurden, trägt der Sanktionsausschuss des Sicherheitsrates der Vereinten Nationen.

Im Oktober 1998 wurde Hans-Christof Graf von Sponeck von Kofi Annan zum Beigeordneten Generalsekretär der Vereinten Nationen und zum Koordinator des Programms *Oil for Food* in Bagdad ernannt. Sein Vorgänger, der Ire Denis Halliday, war gerade spektakulär zurückgetreten.

Von Sponeck, ein Historiker, der unter anderem an der Universität Tübingen studiert hat, ist das absolute Gegenteil eines langweiligen Bürokraten. Er ist ein blitzgescheiter, total unabhängiger, mutiger Mensch. Während seiner 37 Jahre im Dienst der Vereinten Nationen hat er stets Auslandseinsätze erlebt. Zunächst als Vertreter des UNDP in Ghana und der Türkei, anschließend als ortsansässiger Koordinator der Vereinten Nationen in Botswana, Indien und Pakistan.

Der einzige Posten, den er fern der Entwicklungsfront versehen hat, ist der eines Regionaldirektors und Direktors für Europäische Angelegenheiten im Büro des Entwicklungsprogramms in Genf – wo er sich nach eigenem Bekunden zu Tode gelangweilt hat.

Niemand in der 38. Etage des UN-Wolkenkratzers am Ufer des East River – der Etage, in der der Generalsekretär und seine wichtigsten Mitarbeiter residieren – ahnte etwas von der Familiengeschichte von Sponecks. Sie sollte sich als explosiv erweisen.

In Bagdad entdeckte von Sponeck das ganze Ausmaß der Katastrophe. Wie praktisch alle Führungskräfte der Vereinten Nationen und die Weltöffentlichkeit hatte er bis dahin praktisch nichts von ihr gewusst. Sobald von Sponeck begriff, dass das Embargo zu einer

Kollektivstrafe pervertiert worden war, und sobald er sah, wie sich die Hungerwaffe auswirkte, brachte er laut und deutlich seine Empörung zum Ausdruck. Er versuchte, die Presse, die deutsche Regierung und vor allem den Sicherheitsrat zu informieren. Die Amerikaner verhinderten seine Anhörung vor dem Rat.

James Rubin, der Sprecher von Madeleine Albright, versuchte von Sponeck zu diffamieren, indem er alle möglichen aus der Luft gegriffenen Behauptungen über ihn verbreitete. »Dieser Mann in Bagdad wird fürs Arbeiten bezahlt und nicht fürs Reden«,[1] spottete er eines Tages über den deutschen Grafen.

Der Vorwurf des englischen Botschafters lautete: »In Ihrer Funktion als Humanitärer Koordinator der Vereinten Nationen haben Sie mit Fragen außerhalb Ihres Zuständigkeitsbereichs nichts zu schaffen! Jedenfalls erreichen Sie nichts anderes, als dass der irakischen Propaganda zur Bestätigung noch das UN-Logo aufgedrückt wird.«[2]

Schließlich verlangte Madeleine Albright seine Abberufung. Kofi Annan lehnte ab.

Der Hass, mit dem ihn Madeleine Albright verfolgte, und die Kampagne, die Rubin gegen ihn führte, wurden immer schlimmer. Aber vor allem war es die Erinnerung an seinen Vater, die von Sponecks Situation immer unerträglicher machte: Für ihn war es undenkbar, sich – direkt oder indirekt – zum Komplizen eines Geschehens zu machen, das vom Präsidenten der UN-Menschenrechtskommission als Völkermord bezeichnet wurde. Am 11. Feburar 2000 schickte von Sponeck sein Rücktrittsgesuch nach New York. Desgleichen Jutta Burghart, die Leiterin des örtlichen WFP-Büros.

Ein aus Burma stammender, farbloser Bürokrat folgte ihm nach.

In der Nacht vom 19. auf den 20. März 2003 beendeten die amerikanischen Bomben auf Bagdad, gefolgt von der Bodeninvasion, das Programm *Oil for Food*.[3]

---

1 Hans-Christof von Sponeck, *Ein anderer Krieg*, a. a. O.
2 Ebd.
3 Bestimmte Konten des Programms wurden auf den *Iraqi Development Fund* transferiert, der von Amerikas Prokonsul in Bagdad, Paul E. Bremer, verwaltet wurde. Vgl. Djacoba Liva Tchindrazanarivelo, *Les Sanctions des Nations Unies et leurs effets secondaires*, Paris, PUF, 2005.

Der Wehrmachtsgeneral Hans Emil Otto Graf von Sponeck, Kommandeur einer Division an der südrussischen Front, hatte sich geweigert, einen unmenschlichen Befehl auszuführen.

Ein Kriegsgericht hatte ihn zum Tode verurteilt.

Seine Frau wandte sich mit einem Gnadengesuch an Hitler. Daraufhin wandelte dieser das Urteil in eine lebenslange Haftstrafe im Wehrmachtsgefängnis Germersheim um, wo vor allem norwegische und dänische Widerstandskämpfer einsaßen.

Unter Führung des Obersten Claus von Stauffenberg versuchten deutsche Offiziere am 20. Juli 1944, Hitler im Führerhauptquartier Wolfsschanze in Ostpreußen zu töten.

Leider misslang das Attentat.

Daraufhin schwor Heinrich Himmler, der SS-Chef, jeden Widerstand unter den Offizieren auszumerzen. Er ließ General von Sponeck aus dem Gefängnis holen. Am 23. Juli 1944 wurde er von einem SS-Kommando erschossen.

Ich habe seinen Sohn gefragt, wie er jahrelang die unverschämten Beleidigungen von Madeleine Albright und die Lügen von James Rubin ertragen konnte, woher er die Kraft und den Mut genommen habe, die Omertà der UNO zu brechen, und was ihn bewogen habe, sich gegen den mächtigen Sanktionsausschuss des UN-Sicherheitsrates aufzulehnen und seine Karriere zu ruinieren.

Hans-Christof Graf von Sponeck ist ein bescheidener Mann. Er antwortete mir: »Einen Vater zu haben wie ich bringt gewisse Verpflichtungen mit sich.«

FÜNFTER TEIL

Die Geier des »grünen Goldes«

1

Die Lüge

Es gibt zwei Hauptkategorien von Biotreibstoffen (oder Agrotreibstoffen): die Kategorie Bioethanol (oder Alkohol) und die Kategorie Biodiesel. Die Vorsilbe »Bio-«, von griechisch *bios* (Leben), zeigt an, dass der Kraftstoff (Ethanol, Diesel) aus organischen Stoffen (Biomasse) hergestellt wurde. Sie hat unmittelbar nichts mit dem Begriff »Bio« zu tun, der zur Bezeichnung des biologischen Anbaus und seiner Erzeugnisse dient, doch die Verwechslung dient dem Image eines Treibstoffs, der aufgrund dieser Bezeichnung für sauber und ökologisch gehalten wird.

Bioethanol wird aus saccharosehaltigen Pflanzen (Zuckerrüben, Zuckerrohr etc.) oder stärkehaltigen Pflanzen (Weizen, Mais etc.) hergestellt – im ersten Fall durch Fermentation des aus den Zuckerpflanzen gewonnenen Zuckers, im zweiten durch enzymatische Hydrolyse der im Getreide enthaltenen Stärke. Der Biodiesel wird aus pflanzlichen oder tierischen Ölen mittels eines chemischen Verfahrens namens Transesterifizierung erzeugt, bei dem diese Öle mit einem Alkohol (Methanol oder Ethanol) reagieren.

Das »grüne Gold« bietet sich seit einigen Jahren als magische und profitable Ergänzung des »schwarzen Goldes« an.

Die Agrar- und Lebensmittelkonzerne, die die Herstellung der Agrotreibstoffe und den Handel mit diesen beherrschen, führen zur Unterstützung dieser neuen Antriebsmittel ein scheinbar unwiderlegliches Argument ins Feld: Die pflanzliche Energie als Ersatz für ihre fossile Schwester sei die absolute Wunderwaffe im Kampf gegen die rasch fortschreitende Klimazerstörung und die irreversiblen Schäden, die diese an Umwelt und Menschheit verursacht.

Einige Zahlen:

2011 wurden weltweit mehr als 100 Milliarden Liter Bioethanol und Biodiesel produziert. Im selben Jahr wurden 100 Millionen Hektar landwirtschaftlicher Flächen für die Erzeugung von Rohstoffen zur Erzeugung von Agrotreibstoffen genutzt. Im Laufe der letzten fünf Jahre, von 2006 bis 2011, hat sich die Weltproduktion der Agrotreibstoffe verdoppelt.[1]

Der Klimawandel ist eine Realität.

Im Weltmaßstab sind von der Versteppung und der Verarmung des Bodens heute mehr als eine Milliarde Menschen in mehr als 100 Ländern betroffen. Die Trockenregionen – in denen die ariden oder semi-ariden Gebiete der Bodenverarmung in besonderem Maße ausgesetzt sind – machen weltweit mehr als 44 Prozent des Ackerbodens aus.[2]

Besonders schwerwiegend sind die Folgen der Bodenverarmung in Afrika, wo Millionen Menschen vom Boden vollkommen abhängig sind, um als Bauern oder Viehzüchter zu überleben, und wo es praktisch keine anderen Subsistenzmittel gibt. In den ariden Gebieten Afrikas leben 325 Millionen Menschen (von den fast einer Milliarde Bewohnern, die den Kontinent bevölkern), besonders konzentriert in Nigeria, Äthiopien, Südafrika, Marokko, Algerien und Westafrika, südlich einer Linie, die von Dakar über Bamako nach Ouagadougou verläuft. Gegenwärtig sind rund 500 Millionen Hektar afrikanisches Ackerland von der Bodenverarmung betroffen.

Überall im Hochgebirge weichen die Gletscher zurück. Zum Beispiel in Bolivien. Selten in meinem bisherigen Leben habe ich schönere, eindrücklichere Gebirgsketten gesehen als in den Anden.

Der höchste Berg des Landes, der Nevado Sajama über dem Andenhochland, misst 6542 Meter; die Schneefelder des Illimani, über dem Krater, in dem La Paz erbaut wurde, grüßen aus 6450 Metern,

1 Benoît Boisleux, »Impacts des biocarburants sur l'équilibre fondamental des matières premières aux États-Unis«, Zürich, 2011.
2 R. P. White, J. Nackoney, *Drylands, People and Ecosystems, A Web Based Geospatial Analysis*, Washington, World Resources Institute, 2003.

die Eistürme und Gletscher des Huayna Potosí in der Königskordillere aus 6088 Metern Höhe. Der Schnee dieser Gipfel spiegelt Sonne und Mond wider. Die Mitglieder der Ayllus[1] und ihre Priester halten ihn für heilig und ewig...

Doch das sind sie nicht.

Die Klimaerwärmung drängt nämlich die Schneefelder zurück und bringt die Gletscher zum Schmelzen. Die Flüsse schwellen an. Eine Katastrophe bahnt sich an, vor allem in den Yungas, wo die reißenden Schmelzflüsse die Dörfer an den Ufern zerstören, Vieh und Mensch töten, die Brücken mitreißen und tiefe Schluchten graben. Letztlich könnte der Gletscherschwund auch schwerwiegende Probleme der Wasserversorgung bewirken.

Überall in der Welt breiten sich die Wüsten aus. In China und der Mongolei an den Rändern der Wüste Gobi. Jahr für Jahr werden weitere Weideflächen und für den Lebensmittelanbau bestimmte Felder von den Sanddünen geschluckt, die sich langsam ins Landesinnere voranfressen.

Im Sahel rückt die Sahara in manchen Gegenden fünf Kilometer pro Jahr vor.

In Makele, im Norden Äthiopiens, sah ich zu Skeletten abgemagerte Frauen und Kinder, die versuchten, auf einem Boden zu überleben, den die Erosion in eine Staubfläche verwandelt hat. Ihr Hauptnahrungsmittel, der Teff, wächst dort kaum 30 Zentimeter hoch, im Vergleich zu anderthalb Metern in Gondar oder Sidamo.

Die Zerstörung der Ökosysteme und die Bodenverarmung riesiger Ackerbaugebiete in der ganzen Welt, aber vor allem in Afrika und Asien, sind eine Tragödie für die Kleinbauern und Viehzüchter.[2] Die Vereinten Nationen gehen in Afrika von 25 Millionen »ökologischen Flüchtlingen« oder »Umweltmigranten« aus, das heißt, Menschen, die durch Umweltkatastrophen (Überschwemmung, Trockenheit,

---

1 Gemeinschaften, deren soziale Organisation auf präkolumbische Zeiten zurückgeht und die heute, im Bolivien des Evo Morales, wieder eine größere soziale und politische Rolle spielen.

2 Zu den Ursachen der Zerstörung der Ökosysteme in Europa vgl. Coline Serreau, *Solutions locales pour un désordre global*, a. a. O.; vgl. ferner den ausgezeichneten Film gleichen Titels.

Versteppung) gezwungen sind, ihre Heimat zu verlassen und in den Elendsvierteln der Großstädte um ihr Überleben zu kämpfen. Die Bodenverarmung schürt Konflikte, vor allem zwischen Viehzüchtern und Ackerbauern. Zahlreiche Auseinandersetzungen, vor allem im subsaharischen Afrika – einschließlich derjenigen im sudanesischen Teil Darfurs –, sind eng mit der Dürre und Versteppung verknüpft, denn wenn diese sich verschlimmern, kommt es zu Kämpfen zwischen Nomaden und sesshaften Bauern um den Zugang zu den Wasserressourcen.

Den transkontinentalen Agrotreibstoffkonzernen ist es gelungen, den überwiegenden Teil der öffentlichen Meinung und praktisch alle westlichen Staaten davon zu überzeugen, dass die pflanzliche Energie die Wunderwaffe gegen den Klimawandel sei. Es stimmt, dass durch die Verwendung fossiler Energie, besonders jener von Erdöl, große Mengen von Kohlendioxid in die Atmosphäre ausgestoßen und der Treibhauseffekt verstärkt wird. Die Substitution der fossilen durch pflanzliche Energie sei daher erstrebenswert.

Doch das Argument der Agrarkonzerne ist verlogen. Es unterschlägt, dass Wasser und Energie für die Herstellung von Agrotreibstoff in hohem Maße erforderlich sind und dass der Produktionsprozess daher eine große Umweltbelastung darstellt.

Überall auf dem Planeten wird das Trinkwasser knapp. Jeder dritte Mensch ist gezwungen, verschmutztes Wasser zu trinken. Daran sterben jeden Tag 9000 Kinder unter zehn Jahren.

Von den weltweit 2 Milliarden Durchfallerkrankungen, die jährlich von der WHO erfasst werden, verlaufen 2,2 Millionen tödlich. Davon sind vorwiegend Kinder und Säuglinge betroffen. Doch der Durchfall ist nur eine von zahlreichen Krankheiten, die durch Wasser von schlechter Qualität übertragen wird: Hinzu kommen Trachom, Bilharziose, Cholera, Typhus, Ruhr, Hepatitis, Malaria und viele andere. Eine große Zahl dieser Krankheiten wird durch pathogene Mikroorganismen (Bakterien, Viren und Würmer) im Wasser hervorgerufen. Laut WHO sind in den Entwicklungsländern bis zu 80 Prozent der Krankheiten und mehr als ein Drittel der Todesfälle zumindest teilweise auf kontaminiertes Wasser zurückzuführen.

Wiederum laut WHO verfügt ein Drittel der Weltbevölkerung noch nicht über gesundes Wasser zu einem erschwinglichen Preis und die Hälfte der Weltbevölkerung nicht über eine ausreichende Wasserentsorgung.[1] Ohne regelmäßigen Zugriff auf nicht verschmutztes Wasser sind im subsaharischen Afrika rund 285 Millionen Menschen, in Südasien 248 Millionen, 398 Millionen in Ostasien, 180 Millionen in Südostasien und im Pazifikraum, 92 Millionen in Lateinamerika und der Karibik und 67 Millionen in den arabischen Ländern.

Und natürlich haben die Ärmsten am schlimmsten unter dem Wassermangel zu leiden.

In Hinblick auf die Wasserreserven des Planeten stellt die Jahresproduktion von vielen Milliarden Litern Agrotreibstoffen eine echte Katastrophe dar.

Für die Produktion von einem Liter Bioethanol sind nämlich 4000 Liter Wasser erforderlich.

Diese Information stammt nicht von Eva Joly, Noël Mamère oder irgendeinem anderen angeblich »doktrinären« Umweltschützer, sondern von Peter Brabeck-Letmathe, dem Präsidenten von Nestlé[2], dem größten Lebensmittelkonzern der Welt. Hören wir Brabeck: »Mit den Biokraftstoffen verurteilen wir mehrere Hundert Millionen Menschen zu extremster Armut.«[3]

Im Übrigen erfahren wir aus einer detaillierten Studie der OECD, der Organisation der Industriestaaten mit Sitz in Paris, wie viel fossile Energie erforderlich ist, um einen Liter Bioethanol zu produzieren. Sie ist ganz einfach sehr beträchtlich. Der nüchterne Kommentar der *New York Times* lautet: Aufgrund der erhöhten Energiemenge, die für ihre Herstellung erforderlich ist, »tragen die Agrotreibstoffe zur Erhöhung des Kohlendioxidgehalts der Atmosphäre statt zu dessen Verringerung bei«.[4]

---

1 Riccardo Petrella, *Le Manifeste de l'eau*, Lausanne, Éditions Page Deux, 1999. Vgl. ebenfalls Guy Le Moigne und Pierre Frédéric Ténière-Buchot, »De l'eau pour demain«, *Revue française de géoéconomie*, Sondernummer, Winter 1997/98.
2 Peter Brabeck-Letmathe, *Neue Zürcher Zeitung*, 23. März 2008.
3 *La Tribune de Genève*, 22. August 2011.
4 »The real cost of biofuel«, *The New York Times*, 8. März 2008.

2

Die Obsession des Barack Obama

Die weltweit bei weitem mächtigsten Hersteller von Biokraftstoffen sind die US-amerikanischen multinationalen Konzerne.

Jedes Jahr erhalten sie mehrere Milliarden Dollar an staatlichen Hilfen. Wie Barack Obama 2011 in seiner Rede zur Lage der Nation gesagt hat, ist das Bioethanol- und Biodieselprogramm »ein nationales Anliegen«, eine Frage der nationalen Sicherheit.[1] Mit sechs Milliarden Dollar an öffentlichen Geldern subventioniert, haben die amerikanischen Konzerne 2011 38,3 Prozent der nationalen Maisernte verbrannt, gegenüber 30,7 Prozent im Jahr 2009. Seit 2008 hat sich der Maispreis auf dem Weltmarkt um 48 Prozent erhöht. 2008 haben die amerikanischen Konzerne 138 Millionen Tonnen Mais verbrannt, was 15 Prozent des Weltverbrauchs entspricht.

Die Vereinigten Staaten sind auch die dynamischste und wichtigste Industriemacht der Erde. Trotz einer relativ geringen Bevölkerungszahl – 300 Millionen, im Vergleich zu 1,3 Milliarden und mehr in China beziehungsweise Indien –, produzieren die Vereinigten Staaten etwas mehr als 25 Prozent aller in einem Jahr weltweit hergestellten Industrieerzeugnisse.

Der Rohstoff dieser beeindruckenden Maschine ist das Erdöl. Pro Tag verbrennen die Vereinigten Staaten im Durchschnitt 20 Millionen Barrel, was etwa einem Viertel der Weltproduktion entspricht. 61 Prozent dieses Volumens – etwas mehr als 12 Millionen Barrel pro Tag – werden eingeführt. Nur acht Millionen werden in Texas, im Golf von Mexiko (vor der Küste) und in Alaska gefördert.

1 2012 kündigte Obama eine Revision des Programms an.

Für den amerikanischen Präsidenten ist diese Abhängigkeit vom Ausland beunruhigend. Noch besorgniserregender ist der Umstand, dass der größte Teil dieses Erdöls aus Weltregionen eingeführt wird, die politisch äußerst instabil und in denen die Amerikaner nicht sehr beliebt sind – mit einem Wort, in denen die Förderung und die Ausfuhr in die Vereinigten Staaten nicht gesichert sind.

Die Folge dieser Abhängigkeit? Die Regierung in Washington muss in diesen Regionen – vor allem im Mittleren Osten, am Persischen Golf und in Zentralasien – eine außerordentlich kostspielige Streitmacht (zu Lande, zu Wasser und in der Luft) unterhalten. Von Donald Rumsfeld, Verteidigungsminister von George W. Bush, stammt der Satz: »Die USA müssen imstande sein, gleichzeitig mindestens vier Kriege an vier verschiedenen Orten der Welt zu führen.«

2009 haben die UN-Mitgliedsstaaten zum ersten Mal (die militärischen Unterhaltskosten nicht mitgerechnet) mehr als eine Billion Dollar für Rüstung ausgegeben. Von dieser Summe entfallen auf die Vereinigten Staaten allein 41 Prozent. Für China, die zweitgrößte Militärmacht der Welt, sind es 11 Prozent.

Außerdem finanzieren die amerikanischen Steuerzahler jährlich eine Militärhilfe von drei Milliarden Dollar für Israel. Dazu kommen die äußerst kostspieligen Militärstützpunkte in Saudi-Arabien, Kuwait, Bahrain und Katar.

Trotz der wunderbaren Revolution des ägyptischen Volkes vom Januar 2011 bleibt Ägypten ein amerikanisches Protektorat. Daher bringt der amerikanische Steuerzahler jedes Jahr für die Militärs in Kairo 1,3 Milliarden Dollar auf.

Wenn Präsident Obama seine Sozialprogramme, vor allem die Reform des Gesundheitssystems, finanzieren will, muss er den Militärhaushalt dringend und in großem Umfang verringern. Doch diese Kostenreduzierung ist nur möglich, wenn die (überwiegend importierte) fossile Energie weitestgehend durch die (im Inland produzierte) pflanzliche Energie ersetzt wird.

George W. Bush hat das Programm der Biokraftstoffe in die Wege geleitet. Im Januar 2007 setzte er die angestrebten Ziele fest: Danach sollten die Vereinigten Staaten in den kommenden zehn Jahren den

Verbrauch fossiler Energie um 20 Prozent verringern und die Produktion von Biokraftstoffen um das Siebenfache steigern.[1]

Millionen Tonnen Nahrungsmittel auf einem Planeten zu verbrennen, auf dem alle fünf Sekunden ein Kind unter zehn Jahren verhungert, ist ohne Frage ein Verbrechen gegen die Menschlichkeit.

Die Lobbyisten der Agrarkonzerne versuchen die Kritiker zu entwaffnen. Sie leugnen nicht, dass es moralisch zweifelhaft sei, Nahrungssmittel ihrer eigentlichen Bestimmung zu entziehen, um sie als Energieträger zu verwenden. Aber wir könnten beruhigt sein, sagen sie. Bald werde eine »zweite Generation« von Agrotreibstoffen auf den Markt kommen, die aus Holzspänen oder Pflanzen wie der Jatropha produziert werden, die nur auf ausgetrocknetem Boden gedeiht (der für die Nahrungsmittelproduktion völlig ungeeignet ist). Ferner, so fügen diese Leute hinzu, sei die Technik inzwischen so fortgeschritten, dass man die Maisstängel verarbeiten könne, ohne die Kolben zu ruinieren ... Aber um welchen Preis?

Das Wort »Generation« verweist auf die Biologie und lässt an eine logische und notwendige Folge denken. Doch im vorliegenden Fall täuscht die Terminologie. Denn wenn es die Agrotreibstoffe dieser sogenannten »zweiten Generation« tatsächlich geben sollte, werden sie durch die erforderlichen Sortierungen und Zwischenstufen noch teurer. Daher werden sie auf einem Markt, der vom Prinzip der Gewinnmaximierung beherrscht wird, nur eine untergeordnete Rolle spielen.

Der Tank eines mit Bioethanol betriebenen Mittelklassewagens fasst 50 Liter. Zur Herstellung von 50 Litern Bioethanol müssen 358 Kilogramm Mais vernichtet werden.

In Mexiko und in Sambia ist Mais das Grundnahrungsmittel. Von 358 Kilogramm Mais kann ein sambisches oder mexikanisches Kind ein Jahr lang leben.

Amnesty International sieht es genauso: »Agrotreibstoffe – volle Tanks und leere Bäuche.«[2]

---

1 Produktion 2007: 18 Milliarden Liter. Präsident Obama hat die Ziele von George W. Bush herabgesetzt und das Programm in bestimmten Punkten modifiziert.

2 Zeitschrift *Amnesty International*, Schweizer Sektion, Bern, September 2008.

3

Der Fluch des Zuckerrohrs

Die Agrotreibstoffe verschlingen nicht nur jedes Jahr Hunderte Millionen Tonnen Mais, Weizen und andere Lebensmittel, setzen nicht nur Millionen Tonnen Kohlendioxid während ihrer Herstellung in die Atmosphäre frei, sondern verursachen darüber hinaus auch noch soziale Katastrophen in den Ländern, in denen die sie produzierenden transkontinentalen Konzerne vorherrschend werden.

Betrachten wir zum Beispiel Brasilien.

Der Jeep kommt nur mühsam auf der von Reifenspuren zerfurchten Piste voran, die das Tal des Capibaribe hinaufführt. Wir sind auf dem Weg zum *Engenho*[1] Trapiche. Die Hitze ist erstickend. Unabsehbar erstreckt sich das grüne Meer des Zuckerrohrs. James Thorlby sitzt vorne neben dem Fahrer.

Wir dringen in Feindesland ein. In dem Tal sind mehrere *Engenhos*, Zuckerrohrbetriebe, von den Mitgliedern des MST (Bewegung der Landarbeiter ohne Boden) besetzt worden. Die Zuckerbarone haben sich mit der Militärpolizei, der staatlichen Bereitschaftspolizei verbündet, ganz zu schweigen von den Todesschwadronen und den Pistoleros der Großgrundbesitzer, die die Gegend unsicher machen.

Thorlby ist Schotte und Priester. Von Bahia bis Piaui, im ganzen Nordosten ist er unter dem Namen Padre Tiago[2] bekannt. Sein

---

1 Während der Kolonialzeit umfasste ein *engenho* zugleich Pflanzungen, Produktionsstätten (*casa de engenho*), den Wohnsitz des Besitzers (*casa grande*) und die Behausungen der Sklaven (*senzala*), also den ganzen Besitz.
2 Diminutiv von Santiago (Sanctus Jacobus), James auf Portugiesisch.

Freund Chico Mendez ist ermordet worden. Er lebt. Sehr vorläufig, wie er klarstellt…

Tiago hat eine Neigung zum schwarzen Humor: »Ich sitze lieber auf dem Vordersitz. Die Pistoleros sind abergläubisch… Es fällt ihnen schwerer, auf einen Priester zu schießen als auf einen Genfer Sozialisten.« Doch wir werden nur von Mückenschwärmen angegriffen!

Purpurrot versinkt die Sonne hinter dem Horizont, als wir endlich zur Plantage kommen. Wir parken das Fahrzeug in den Büschen und gehen zu Fuß weiter – James Thorlby, der Gewerkschaftler, Sally-Anne Way, Christophe Golay und ich.

Die kleinen Lehmhütten der Zuckerrohrschnitter und ihrer Familien, alle blau getüncht, sind zu beiden Seiten einer verschlammten Abflussrinne aufgereiht. Der Eingang ist erhöht: Man muss drei Stufen erklimmen, um die kleine Steinterrasse zu erreichen, auf der das Haus steht. Das System ist gut durchdacht: Es schützt vor den Ratten und dem plötzlichen Anschwellen der Abflussrinne.

Die Kinder – *Caboclos*, schwarz oder mit ausgeprägteren indianischen Zügen –, sind fröhlich, obwohl man an ihren mageren Armen und Beinen auf den ersten Blick erkennt, dass sie unterernährt sind. Viele haben von Würmern aufgetriebene Bäuche und spärliche, rötliche Haare – Kwashiorkor-Symptome. Die Frauen sind ärmlich gekleidet, ihre tiefschwarzen Haare rahmen knochige Gesichter mit harten Augen ein. Nur wenige Männer haben vollständige Zahnreihen.

Der Tabak färbt die Hände tiefgelb.

Unter den Dachbalken kreuzen sich die bunten Hängematten. Unter den Vordächern wiegen sich die Papageien in ihren Käfigen.

Hinter den Häusern weiden Esel. Braune Ziegen springen auf den spärlich bewachsenen Wiesen umher. Der Geruch von geröstetem Mais erfüllt die Luft. Die Mücken machen ein dumpfes Geräusch wie ferne Bomber.

Der Kampf der Arbeiter des *Engenho* Trapiche ist exemplarisch. Die riesigen Ländereien, die sich im Abenddunst verlieren, waren früher Staatsland, *Terra da União*. Noch vor einigen Jahren wurde dort auf kleinen Bauernhöfen von ein bis zwei Hektar Nahrungsanbau betrieben. Die Familien lebten dort bescheiden, aber sicher, hatten ihr Auskommen und waren relativ frei.

Raubritter aus São Paulo, sogenannte Investoren, die über ausgezeichnete Beziehungen nach Brasilia und beträchtliches Kapital verfügten, erreichten bei den zuständigen Behörden die »Deklassierung«, das heißt die Privatisierung der Ländereien. Die Kleinbauern, die hier Bohnen und Getreide anbauten, wurden daraufhin von der Militärpolizei in die Elendsviertel von Recife vertrieben. Abgesehen von denen, die für einen Hungerlohn Zuckerrohrschnitter wurden. Sie werden heute gnadenlos ausgebeutet.

Ein langer juristischer Kampf des MST gegen die neuen Besitzer war zur Zeit unseres Besuchs gerade mit einer Niederlage zu Ende gegangen. Denn auch die einheimischen Richter sind nicht unempfänglich für die finanziellen Zuwendungen, die bei der Privatisierung von Staatsland abfallen.

In Brasilien hat das Programm der Produktion von Agrotreibstoffen absolute Priorität. Und der Rohrzucker ist der profitabelste Rohstoff für die Herstellung von Bioethanol.

Das brasilianische Programm, das die beschleunigte Produktionssteigerung von Bioethanol zum Ziel hat, trägt einen seltsamen Namen: Plan Pro-Alkohol. Er ist der Stolz der Regierung. So hat Brasilien 2009 14 Milliarden Liter Bioethanol (und Biodiesel) verbraucht und 4 Milliarden Liter exportiert.

Der Traum der Regierung: bis zu 200 Milliarden Liter zu exportieren.

Das Staatsunternehmen Petrobas lässt neue Tiefwasserhäfen in Santos (Bundesstaat São Paulo) und in der Bucht von Guanabara (Bundesstaat Rio de Janeiro) ausbaggern. Während der nächsten zehn Jahre wird Petrobas 85 Milliarden Dollar für den Bau neuer Hafenanlagen ausgegeben.

Die Regierung in Brasilia will die Anbauflächen für Zuckerrohr auf 26 Millionen Hektar ausdehnen. Gegen die Bioethanol-Giganten haben die zahnlosen Zuckerrohrschnitter auf der Plantage Trapiche nicht die geringste Chance.

Die Umsetzung des brasilianischen Pro-Alkohol-Plans hat zu einer

raschen Konzentration des Bodens in den Händen einiger Zucker-
rohrbarone und transnationaler Konzerne geführt.

Die größte Zuckerregion im Bundesstaat São Paulo ist das Um-
land von Ribeirão Preto. Zwischen 1977 und 1980 hat sich die
durchschnittliche Größe der Besitzungen von 242 auf 347 Hektar erhöht. Die rasche Konzentration des Grundbesitzes und damit der wirtschaftlichen Macht in den Händen einiger Großkon-
zerne oder Großgrundbesitzer hat seit 2002 beschleunigt um sich
gegriffen.

Dieser Konzentrationsprozess geht natürlich zu Lasten der kleinen
und mittleren bäuerlichen Familienbetriebe.[1]

Ein Experte der FAO schreibt: »Die Durchschnittsgröße einer
Plantage im Staat São Paulo, die 1970 noch 8000 Hektar betrug,
liegt heute [2008] bei 12 000 Hektar. In der Kategorie der Plantagen, die 1970 12 000 Hektar oder mehr aufwiesen, findet man
heute eine Durchschnittsgröße von 39 000 Hektar und mehr.
Selbst Plantagen von 40 000 bis 50 000 Hektar sind keine Sel-
tenheit... Wenn wir umgekehrt die Plantagen der Kategorie unter 1000 Hektar betrachten, so ist ihre durchschnittliche Größe
auf 476 Hektar gefallen... Die Landkonzentration [im Bundesstaat São Paulo] kommt nicht nur durch Kauf/Verkauf zustande,
sondern ebenso häufig dadurch, dass die einst unabhängigen
Bauern gezwungen werden, ihr Land an die Großgrundbesitzer
abzutreten.«[2]

Diese Umorientierung der Landwirtschaft auf ein kapitalistisch-
monopolistisches Modell hat all die Bauern ausgebootet, die sich
keine Maschinen, Betriebsmittel und genügend Land kaufen können, um so ausgerüstet mit dem intensiven Anbau von Zuckerrohr
zu beginnen. Wer derart ausgeschlossen war, sah sich einem enormen
Druck ausgesetzt, sein Land den benachbarten Großgrundbesitzern
entweder zu verpachten oder zu verkaufen. Zwischen 1985 und 1996

---

1 M. Duquette, »Une décennie de grands projets. Les leçons de la politique énergé-
   tique du Brésil«, *Tiers-Monde*, Bd. 30, Nr. 120, S. 907–925.
2 R. Abramovay, »Policies, Institutions and Markets Shaping Biofuel Expansion. The
   Case of Ethanol and Biodiesel in Brazil«, Rom, FAO, 2009, S. 10.

hat man in Brasilien nicht weniger als 5,4 Millionen von ihrem Land vertriebene Bauern und die Aufgabe von 941 111 kleinen und mittleren landwirtschaftlichen Betrieben gezählt.

Die Monopolisierung verschärft die Ungleichheit und trägt zur ländlichen Armut bei (durch die Landflucht aber auch zur städtischen Armut). Außerdem bringt das Sterben der bäuerlichen Kleinbetriebe die Ernährungssicherheit des Landes in Gefahr, denn diese sind die Garanten für den Nahrungsmittelanbau.[1]

Ländliche Haushalte, denen alleinstehende Frauen vorstehen, haben nur schwer Zugriff auf Land und sind verstärkter Diskriminierung ausgesetzt.[2]

Kurzum, die Entwicklung der Produktion des »grünen Goldes« nach dem Modell des Agrarexports macht die Zuckerbarone noch reicher, als sie schon sind, die Kleinbauern, Pächter und *Boia Frio* im Gegenzug noch ärmer. Tatsächlich besiegelt sie das Schicksal der kleinen und mittleren bäuerlichen Familienbetriebe – und damit auch der Ernährungssouveränität des Landes.

Neben den brasilianischen Zuckerbaronen profitieren natürlich auch die großen transkontinentalen Konzerne von dem Pro-Alkohol-Programm – etwa Louis Dreyfus, Bunge, Noble Group, Archer Daniels Midland, Finanzgruppen, die Bill Gates oder George Soros gehören, und die Souveränen Fonds Chinas.

Laut einem Bericht der NGO *Ethical Sugar* haben China und der Bundesstaat Bahia (im Norden Brasiliens) ein Abkommen unterzeichnet, das China erlaubt, bis 2013 zwanzig Ethanolfabriken im Recôncavo zu eröffnen. Das Recôncavo ist die riesige Zuckerregion, die sich am Ende der Allerheiligenbucht von Bahia ausbreitet.

In einem Land wie Brasilien, in dem Millionen Menschen ihr Besitzrecht auf eine kleine Parzelle verzweifelt verteidigen und in dem die

---

1 F.M. Lappé, J. Collins, *L'Industrie de la faim, Par-delà le mythe de la pénurie*, Montréal, Éditions L'Étincelle, S. 213.

2 Eine FAO-Studie untersucht die spezifische, durch den Pro-Alkohol-Plan bedingte Diskriminierung von alleinstehenden Frauen, die einem ländlichen Haushalt vorstehen; vgl. FAO, »Biocarburants. Risque de marginalisation accrue des femmes«, Rom 2008.

Ernährungssicherheit bedroht ist, stellt das »Land Grabbing« durch transnationale Konzerne und Souveräne Fonds einen zusätzlichen Skandal dar.

Ich habe den Plan Pro-Alkohol im Menschenrechtsrat und in der Vollversammlung der Vereinten Nationen bekämpft. Unter meinen Gegnern: der Minister Paulo Vanucci, ein Freund, ein Ex-Guerillero der VAR-Palmarès (*Vanguardia armada revolucionaria* – »Vorhut der Revolutionären Armee Palmarès«) und Held des Widerstands gegen die Diktatur.

Er war tief betroffen.

Selbst der Präsident Luis Inácio Lula da Silva griff mich 2007, bei seinem Besuch im Rat, von der Rednertribüne aus namentlich an.

Vanucci und Lula verfügten über ein Totschlagargument: »Warum diese Besorgnis wegen der Ausbreitung des Zuckerrohrs? Ziegler ist Sonderberichterstatter für das Recht auf Nahrung. Der Plan Pro-Alkohol hat jedoch nichts mit der Ernährung zu tun. Zuckerrohr ist keine Nahrungspflanze. Im Gegensatz zu den Amerikanern verbrennen wir weder Mais noch Weizen.«

Dieses Argument ist alles andere als stichhaltig, denn die brasilianische Landwirtschaftsgrenze verlagert sich fortwährend: Das Zuckerrohr dringt in das Innere des kontinentalen Hochlands vor, wo sich seit Jahrhunderten das Weideland des Viehs befindet, wobei sich die profitable Pflanze immer weiter nach Westen und Norden ausbreitet.

Um Ersatz für das verlorene Weideland zu gewinnen, brandroden die Großgrundbesitzer und die transkontinentalen Konzerne riesige Waldgebiete. Viele Tausend Hektar jedes Jahr.

Die Zerstörung ist endgültig. Der mit Primärwald bedeckte Boden im Amazonasbecken und im Mato Grosso besitzt nur eine dünne Humusschicht. Selbst in dem unwahrscheinlichen Fall, dass die politische Klasse Brasilias von einem jähen Blitz der Erkenntnis getroffen werden sollte, könnte sie den Amazonaswald, die »Lunge des Planeten«[1], nicht wiederherstellen. Nach einer Hochrechnung

---

1 Der Amazonaswald spielt eine entscheidende Rolle für die Regulierung der Niederschläge in der Region, aber auch für das Weltklima.

der Weltbank wären beim gegenwärtigen Ausmaß der Brandrodung im Jahr 2050 40 Prozent der Amazonaswälder verschwunden[1] ...

In dem Maße, wie Brasilien den Lebensmittelanbau durch Zuckerrohrpflanzungen ersetzt hat, wird es in den Teufelskreis des internationalen Lebensmittelmarktes hineingezogen: Gezwungen, Lebensmittel einzuführen, die es nicht mehr selbst erzeugt, verstärkt es dadurch die globale Nachfrage ... die ihrerseits eine Preissteigerung bewirkt.[2]

Insofern ist die Ernährungsunsicherheit, in der ein Großteil der brasilianischen Bevölkerung lebt, unmittelbar mit dem Pro-Alkohol-Programm verknüpft. Besonders prekär ist die Ernährungssituation in den Zuckerrohranbaugebieten, da dort der Konsum von Grundnahrungsmitteln fast ausschließlich mit dem Kauf von Produkten bestritten wird, die eingeführt werden und daher erheblichen Preisschwankungen unterworfen sind. »Zahlreiche Kleinbauern und Landarbeiter sind Netto-Käufer, da sie nicht genügend Land besitzen, um ausreichend Nahrung für sich und ihre Familien zu erzeugen.«[3] So konnten Millionen Menschen 2008 wegen der explosiven Preisanstiege nicht genügend Nahrung kaufen.

Auf Brasiliens Zuckerrohrfeldern herrschen vielfach noch Praktiken, die sehr an die Sklaverei vor 1888[4] erinnern. Das Zuckerrohrschneiden ist eine außerordentlich schwere Arbeit. Ein Schnitter wird im Akkord bezahlt. Sein einziges Werkzeug ist die Machete, er bekommt aber, wenn der Vorarbeiter ein Herz hat, Lederhandschuhe, um seine Hände vor Schnittwunden zu schützen. Nur selten wird der gesetzliche Mindestlohn auf dem Land bezahlt.

1 *Assessment of the Risk of Amazon Dieback, Main Report* (Environmentally and Socially Sustainable Development Department. Latin America and Caribbean Region), The World Bank, 4. Februar 2010, S. 58. Vgl. auch: B. S. Soares-Filho, D. C. Nepstad, L. M. Curran, G. C. Cerqueira, R. A. Garcia, C. A. Ramos, E. Voll, A. McDonald, P. Lefebvre und P. Schlesinger, »Modelling conservation in the Amazon basin«, *Nature* 440, 2006, S. 520-523.
2 Pimentel D., Pimentel M.H., *Food, Energy and Society*, CRC Press, Cornell University, Ithaca, 2007, S. 294.
3 ebd.
4 Das Jahr, in dem die Sklaverei in Brasilien abgeschafft wurde.

Infolge des Pro-Alkohol-Programms wächst das Heer der Verdammten, die der Zuckerrohr ins Elend gestürzt hat, ständig an.

Mit ihren Familien wandern die Zuckerrohrschnitter von einer Ernte zur nächsten, von einem Latifundium zum nächsten. Die sesshaften Schnitter des *Engenho* Trapiche bilden fortan eine Ausnahme.

Auch die transkontinentalen Konzerne beschäftigten am liebsten Wanderarbeiter. Auf diese Weise sparen sie die Sozialabgaben ein und verringern ihre Produktionskosten.

Diese Praxis verursacht erhebliches soziales und menschliches Leid.

Bestrebt, ihre Kosten zu senken, beuten die Hersteller von Agrotreibstoffen, gemäß einem ultraliberalen, kapitalistischen Landwirtschaftsmodell, Millionen von Wanderarbeitern aus. Niedrige Löhne, unmenschliche Arbeitszeiten, weitgehender Mangel an Betreuungseinrichtungen und sklavereiähnliche Arbeitsbedingungen haben verheerende Folgen für die Gesundheit der Arbeiter und ihrer Familien.

Häufig sterben die Schnitter und mehr noch ihre Kinder und Frauen an Tuberkulose und Unterernährung.

In Brasilien beziffert man die Zahl der Landarbeiter »ohne Boden« auf 4,8 Millionen. Viele sind ständig unterwegs, ohne festen Wohnsitz, verkaufen ihre Arbeitskraft, der Willkür der Jahreszeiten und des Wetters ausgeliefert. Wer in Dörfern lebt, in winzigen ländlichen Siedlungen oder in einer Hütte am Rande eines Großgrundbesitzes, hat kaum Zugang zu Sozialsystemen.

Die Umwandlung großer Regionen in Zuckerrohr-Monokulturen untergräbt die Beschäftigungssituation, weil die Zuckerrohrernte saisonal ist. Wenn die Ernte im Süden beendet ist, müssen die Arbeiter 2000 Kilometer nach Nordosten ziehen, wo die Jahreszeiten umgekehrt sind. So wechseln die Schnitter mindestens alle sechs Monate ihren Aufenthaltsort, wobei sie beträchtliche Entfernungen zurücklegen: Weit von ihren Familien entfernt, sind sie entwurzelt. Das Los der *Boias Frias*, die keine Wanderarbeiter sind, ist jedoch keineswegs besser, denn sie wissen nie, wie lange ihr Arbeitsverhältnis dauert: einen Tag, eine Woche, einen Monat?

Diese Gefährdung, diese Mobilität, erschwert den Schutz ihrer spärlichen Rechte. Gewöhnlich sind die Zuckerrohrarbeiter nicht in der Lage, die häufigen Rechtsbrüche ihrer Arbeitgeber anzuzeigen. Außerdem gibt es praktisch keine Rechtsprechung zu ihrem Schutz. Der Wirtschaftswissenschaftler Höges schreibt: »Das Gesetz [auf den Plantagen] wird von den *Capangas*, den Zuckermilizen, gemacht; von Zeit zu Zeit greifen Polizeibeamte ein, aber es gibt nur wenige, und das Land ist sehr groß ... Offiziell bilden die *Capangas* eine Art privaten Sicherheitsdienst, der die Plantagen beschützt; tatsächlich aber umkreisen sie die Arbeiter wie wilde Hunde eine Viehherde.«[1]

Nur wenige Frauen arbeiten auf den Zuckerrohrfeldern, weil es ihnen schwerfällt, das festgesetzte Soll von 10 bis 12 Tonnen geschnittenem Rohr pro Tag zu erreichen. Dennoch sind die Frauen laut FAO »besonders benachteiligt im Hinblick auf Lohn, Arbeitsbedingungen, Ausbildung und berufliche oder sanitäre Risiken«, soweit es kurzfristige Beschäftigungsverhältnisse betrifft (saison- oder tageweise). Auch Tausende von Kindern arbeiten auf den Plantagen. Laut dem Internationalen Arbeitsamt (ILO) sind 2,4 Millionen Jugendliche und Kinder unter 17 Jahren als Lohnempfänger in der brasilianischen Landwirtschaft beschäftigt. Davon allein 22 876 auf Zuckerrohrplantagen.[2]

Das berühmte Buch von Gilberto Freyre, *Casa-Grande e Senzala*,[3] ist eine leidenschaftliche Anklage gegen den Fluch des Zuckerrohrs.

Eines Morgens im Oktober 1526 fuhr die Karavelle von Tomé de Souza in die Allerheiligenbucht ein. Bereits im 17. Jahrhundert eroberte das Zuckerrohr das Recôncavo von Bahia, dann das Capibaribe-Tal in Pernambuco und schließlich die Küstengebiete und das ganze ländliche Gebiet der Bundesstaaten Sergipe und Alagoas.

Das Zuckerrohr bildete die Grundlage der Sklavenwirtschaft. Die

---

1 C. Höges, »Derrière le miracle des agrocarburants, les esclaves brésiliens de l'éthanol«, *Le Courrier international*, 30. April 2009.

2 Während Maschinen im hügeligen Gelände des Nordostens nicht verwendbar sind, ersetzen sie im Bundesstaat São Paulo, dem größten Zuckerstaat Brasiliens, bereits die Arbeiter. 2010 wurden 45 Prozent der Ernte maschinell eingebracht.

3 Auf Deutsch erschienen unter dem Titel: *Herrenhaus und Sklavenhütte*, Stuttgart, Klett-Cotta, 1982.

Engenhos waren die Hölle für die Sklaven und eine Quelle märchenhaften Reichtums für ihre Herren.

Zur Zeit der portugiesischen Herrschaft hat die Monokultur Brasilien ruiniert.

Heute ist sie zurückgekehrt. Wieder legt sich der Fluch des Zuckerrohrs über Brasilien.

Nachtrag: Die Hölle von Gujarat

Die Versklavung der Zuckerrohrschnitter ist keine Besonderheit Brasiliens. Tausende von Wanderschnittern in vielen anderen Ländern erleiden die gleiche Ausbeutung.

Die Plantagen der Bardoli Sugar Factory liegen in Surat, im indischen Bundesstaat Gujarat. In ihrer überwiegenden Mehrheit gehören die Männer, die dort arbeiten, dem indigenen Volk der Adivasi an, Kunsthandwerkern, die für ihre Körbe und Möbel aus Flechtwerk berühmt sind.

Die Lebensbedingungen auf der Plantage sind entsetzlich: Das vom Besitzer ausgegebene Essen ist oft von Würmern befallen, es fehlt an sauberem Wasser, und auch Holz zum Kochen der Nahrung gibt es kaum. Die Adivasi und ihre Familien wohnen in *Shacks*, aus Astwerk erbauten Hütten, die keinen Schutz gegen Skorpione, Schlangen, Ratten und streunende Hunde bieten.

Die Ironie der Situation: Aus steuerlichen Gründen ist die Bardoli Sugar Factory als Genossenschaft eingetragen. Nun gibt es in Indien aber sehr strenge gesetzliche Auflagen, die die Verpflichtungen und die öffentliche Kontrolle von Genossenschaften regeln: den Cooperative Society Act.

Spezielle Beamte sind mit der Beaufsichtigung der Genossenschaften beauftragt. Aber die Zuckerrohrschnitter bekommen diese Beamten nie zu Gesicht. Die Regierung von Gujarat interessiert sich nicht für ihr Leid.

Sich an die Justiz wenden?

Dazu haben die Adivasi viel zu viel Angst vor dem *Mukadam*, dem

Personalchef der Plantage. Die Arbeitslosigkeit in Gujarat ist so groß, dass der geringste Protest eines unbotmäßigen Schnitters genügt, um ihn noch in derselben Stunde durch einen gefügigeren Arbeiter zu ersetzen.

4

Rekolonisierung

Während der XVI. Session des UN-Menschenrechtstrates im Genfer Völkerbundspalast im März 2011 organisierte *Via Campesina* zusammen mit den beiden NGOs FIAN[1] und CETIM[2] ein *Side Event*, eine informelle Veranstaltung über den Schutz der Rechte der Bauern (Recht auf Land, auf Saatgut, Wasser etc.).

Pizo Movedi, der unerbittliche, sympathische Menschenrechtsbeauftragte und Botschafter Südafrikas, erklärte bei dieser Gelegenheit: »Erst haben sie uns die Menschen genommen, jetzt rauben sie uns das Land ... wir erleben die Rekolonisierung Afrikas.«

Der Fluch des »grünen Goldes« greift jetzt auf mehrere Länder Asiens, Lateinamerikas und Afrikas über. Sie kaufen die Bioethanolfabriken vorwiegend von Brasilien.

Fast überall in der Welt, vor allem aber in Asien und in Lateinamerika, ist das Land Grabbing durch die Bioethanol-Konzerne von Gewalt begleitet.

Kolumbien ist ein markantes Beispiel.[3]

Kolumbien ist der fünftgrößte Palmölproduzent der Welt: 36 Prozent der Produktion sind für den Export, in erster Linie nach Europa, bestimmt. 2005 waren 275 000 Hektar für diesen Anbau reserviert.

---

1 *Foodfirst Information and Action Network*, eine internationale Menschenrechtsorganisation, die für »das Grundrecht eines jeden Menschen auf Schutz vor Hunger« kämpft.

2 *Centre Europe-Tiers Monde*, Genf.

3 Ich halte mich hier an die Berichte von Human Rights Watch und Amnesty International. Vgl. insbesondere: Amnesty International, Newsletter der Sektion Schweiz, Bern, September 2008.

Aus Palmöl werden Agrotreibstoffe hergestellt. Ein Hektar Palmen liefert 5000 Liter Agrodiesel.

In praktisch allen Regionen Kolumbiens, in denen der Palmenanbau vorangetrieben wird, kommt es zu oft schweren Menschenrechtsverletzungen: illegalen Landenteignungen, Zwangsvertreibungen, gezielten Morden, »verschwundenen« Menschen.

Das Schema, das sich in fast allen betroffenen Regionen wiederholt, beginnt mit Zwangsvertreibungen der ansässigen Bevölkerung und endet mit einer »Befriedung« der Region durch paramilitärische Einheiten im Sold der transkontinentalen Konzerne.

Zwischen 2002 und 2007 wurden 13 634 Menschen, darunter 1314 Frauen und 719 Kinder, getötet oder verschwanden, im Wesentlichen durch Angriffe der Paramilitärs.[1]

Hier ein erstes Beispiel. 1993 hat der kolumbianische Staat durch *Ley 70* (Gesetz Nr. 70) die Besitzrechte der afrokolumbianischen Gemeinschaften anerkannt, die traditionell die Becken der Flüsse Curvaradó und Jiguamiandó bewirtschaften. Dieses Gesetz legt fest, dass sich niemand die 150 000 Hektar der beiden Flussbecken ohne Einwilligung der Vertreter dieser Gemeinschaften aneignen darf. Doch die Wirklichkeit vor Ort sieht ganz anders aus.

Die Bauernfamilien sind vor den Paramilitärs geflohen. Die Paramilitärs sind 1997 in die Region eingedrungen und haben Furcht und Schrecken verbreitet: brennende Häuser, gezielte Morde, Drohungen, Massaker. So konnten die transkontinentalen Konzerne des Palmöls ihre Bäume pflanzen.

Die Menschenrechtsorganisationen haben die Zahl der Morde auf 120 bis 150 und die Zahl der Zwangsvertriebenen auf 1500 beziffert. Unmittelbar nach den Vertreibungen haben die Konzerne die ersten Palmen gepflanzt. 2004 wurden auf 93 Prozent des kollektiven Landbesitzes der Gemeinschaften Ölpalmen angebaut.[2]

1 *Le Temps*, Genf, 20. September 2008.
2 *Amnesty International*, a. a. O.

Nehmen wir ein anderes Beispiel, das des langen, vergeblichen Kampfes der Bauernfamilien von Las Pavas, wie ihn Sergio Ferrari schildert.[1] Hier haben sich die Paten des organisierten Verbrechens mit den Großgrundbesitzern verbündet, um einer Gemeinschaft von mehr als 600 Familien im Departement Bolívar, im Norden Kolumbiens, ihr Land zu rauben.

Die Tragödie reicht in die Siebzigerjahre zurück, als Großgrundbesitzer diese Bauern von ihrem Boden vertrieben und deren Parzellen an Jesus Emilio Escobar verkauften, einen Verwandten des Drogenbosses Pablo Escobar. 1997 gab Escobar das Land auf, und die Gemeinschaft nahm ihre Parzellen wieder in Besitz, um dort Reis, Mais und Bananen anzubauen.

Die mutigen Bauern hatten es nicht ertragen, in ihren Vetriebenenlagern dahinzuvegetieren. Nach und nach waren die Familien auf ihr angestammtes Land zurückgekehrt. 2006 reichten sie beim Landwirtschaftsminister ein Gesuch auf Anerkennung ihres Besitzrechts ein. Diesen Zeitpunkt wählte Escobar, um die Familien wieder gewaltsam zu vertreiben, ihre Ernten zu vernichten und das Land an das Konsortium El Labrador zu verkaufen, einen Zusammenschluss der Unternehmen Aportes San Isidro und Tequendama, der sich vor allem auf den extensiven Anbau von Ölpalmen spezialisiert hat.

Im Juli 2009 wurden die Bauern, die trotz aller Drohungen fortfuhren, einen Teil ihrer Parzellen zu bewirtschaften, erneut von der Polizei vertrieben – eine Maßnahme, die sogar das Landwirtschaftsministerium als illegal bezeichnete.

Seit 2010 ist ein neuer Präsident in Bogota an der Macht. Sein Vorgänger Álvaro Uribe hatte gemeinsame Sache mit den paramilitärischen Killern gemacht. Santos steht den Kreisen der Großgrundbesitzer näher. Die Manager der Palmölindustrie, vor allem die des Unternehmens Tequendama, sind seine Freunde.

Die Bauernfamilien von Las Pavas haben nicht die geringste Chance auf Gerechtigkeit.

---

1   Sergio Ferrari, *Le Courrier*, Genf, 15. März 2011.

Betrachten wir, was in einem anderen Teil der Welt, in Afrika, geschieht.[1]

In Angola kündigt die Regierung Projekte an, bei denen 500 000 Hektar Land für den Anbau von Pflanzen zur Produktion von Agrotreibstoffen genutzt werden sollen. Die Auswirkungen dieser Projekte vereinigen sich mit denen der massiven Ausdehnung der Bananen- und Reismonokulturen, die die multinationalen Konzerne Chiquita und Lonrho, aber auch einige chinesische Unternehmen betreiben. 2009 begann Biocom (Companhia de Bioenergia de Angola), auf einem Anwesen von 30 000 Hektar Zuckerrohr anzubauen. Biocom ist Partner der brasilianischen Gruppe Odebrecht und der angolanischen Unternehmen Damer und Sonangol (des staatlichen Ölkonzerns Angolas).

Die portugiesische Firma Quifel Natural Resources beabsichtigt ihrerseits, Sonnenblumen, Soja und Jatropha in der Südprovinz Cunene anzubauen. Der Konzern will die Ernten nach Europa verkaufen, wo sie zu Agrotreibstoffen verarbeitet werden sollen. Das portugiesische Unternehmen Gleinol produziert seit 2009 Agrodiesel auf 13 000 Hektar. Die staatliche angolanische Ölgesellschaft Sonangol, die mit dem italienischen Ölkonsortium ENI zusammengeschlossen ist, will die in der Provinz Kwanza Norte vorhandenen Ölpalmenplantagen vergrößern, um Agrotreibstoffe zu produzieren.

In Kamerun gehört das ehemalige Staatsunternehmen Socapalm (*Société camerounaise de palmeraies*) heute teilweise der französischen Gruppe Bolloré. Sie hat ihre Absicht kundgetan, die Palmölproduktion zu erhöhen. Socapalm besitzt Plantagen in der Zentralregion, dem Süden und an der Küste Kameruns. 2000 hat das Unternehmen einen Pachtvertrag über 58 000 Hektar mit einer Laufzeit von 60 Jahren unterzeichnet. Bolloré ist übrigens direkter Eigentümer der 8800 Hektar großen Plantage Sacafam.

In diesem Land zerstören die Palmölplantagen den Primärwald, wodurch sie die Waldvernichtung noch verschlimmern, die schon seit langem durch illegale Holzgewinnung und Rodung vorangetrieben

---

1 Vgl. Amis de la Terre, *Afrique, terre(s) de toutes les convoitises, Ampleur et conséquences de l'accaparement des terres pour produire des agrocarburants*, Brüssel, 2010.

wird. Die Regierung in Jaunde unterstützt schon seit den Neunzigerjahren die Palmölgewinnung durch ihre Staatsunternehmen Socapalm, Cameroun Development Corporation (CDC) und Compagnie des oléagineux du Cameroun (COC). Nun ist aber der Regenwald in Zentralafrika weltweit der zweitgrößte nach Amazonien und damit eine der wichtigsten »Kohlenstoffsenken« des Planeten. So nennt man die natürlichen Reservoirs – Wälder, Meere, Torfmoore, Wiesen etc. –, die das CO_2 aus der Atmosphäre durch Photosynthese aufnehmen, einen Teil des Kohlenstoffs einbehalten und den Sauerstoff an die Atmosphäre zurückgeben. Außerdem sind viele indigene Gemeinschaften von diesem Wald und seiner großen Artenvielfalt abhängig: Sie bestreiten dort ihren Lebensunterhalt als Jäger und Sammler. Heute ist das Überleben dieser Gemeinschaften gefährdet.

Die Regierung von Benin beabsichtigt, im Süden des Landes 300 000 bis 400 000 Hektar Feuchtgebiete in Palmölpflanzungen umzuwandeln. Zwar ist die Ölpalme eine Pflanze, die aus Feuchtgebieten stammt, aber die Pflanzungen würden das Gebiet austrocknen, was die dort vorkommende Artenvielfalt vernichten würde.

Doch einige der größten Projekte auf dem Gebiet der Agrotreibstoffe zeichnen sich in der Demokratischen Republik Kongo ab. Im Juli 2009 hat der chinesische Konzern ZTE Agribusiness Company Ltd seinen Plan bekanntgegeben, zur Herstellung von Agrotreibstoffen eine Ölpalmenplantage von einer Million Hektar anzulegen. Zuvor hatte ZTE erklärt, es werde bis zu einer Milliarde Dollar in eine Plantage von drei Millionen Hektar investieren. Der multinationale italienische Konzern ENI besitzt im Kongo eine Ölpalmenpflanzung, die 70 000 Hektar umfasst.

Selbst das marxistische Äthiopien macht sich mit Begeisterung an die Entfremdung seines Bodens! Fast 1,6 Millionen Hektar Land hat es Investoren überlassen, die dort Zuckerrohr und Ölpalmen anbauen wollen. Bis Juli 2009 haben 8420 einheimische und ausländische Investoren die erforderlichen Genehmigungen erhalten.

Der mächtigste Agrarinvestor des Landes ist der saudische Multimilliardär Mohamed Al-Amoudi. Seine saudische Star Agricultural Development Company besitzt viele Tausend Hektar in einigen der seltenen wirklich fruchtbaren Regionen Äthiopiens – in Sidamo und Gambella. Er schickt sich an, dort noch weitere 500 000 Hektar zu erwerben, um Zuckerrohr zu pflanzen, das für die Gewinnung von Bioethanol bestimmt ist.[1] Auf den riesigen Ländereien des saudischen Scheichs lebten zahlreiche Kleinbauernfamilien aus dem Volk der Nuer, einer uralten, großartigen, nilotischen Kultur. Die äthiopische Armee vertrieb die Nuer mit Waffengewalt. Wohin? In die mörderischen Kanisterstädte von Addis Abeba und Harar-Gué.

Mohamed Al-Amoudi zahlt dem äthiopischen Staat 30 Birr Pachtzins pro Hektar und pro Jahr; das sind 90 Eurocent.

In Kenia baute das japanische Unternehmen Biwako Bio-Laboratory 2007 auf 30 000 Hektar Purgiernuss (*Jatropha curcas*) an, um daraus Purgiernussöl zu gewinnen, und beabsichtigt, die Anbaufläche in zehn Jahren auf 100 000 Hektar zu erweitern. Das belgische Unternehmen HG Consulting finanziert das Projekt Ngima: 42 000 Hektar Zuckerrohr, die von Kleinbauern auf Vertragsbasis angebaut werden. 160 000 Hektar hat sich der kanadische Konzern Bedford Biofuels gesichert, um ebenfalls Puriernuss anzubauen. Er besitzt eine Option auf weitere 200 000 Hektar.

2008 schloss Marc Ravalomanana, der Präsident von Madagaskar, ein Geheimabkommen mit dem transkontinentalen koreanischen Konzern Daewoo, in dem die Abtretung von einer Million Hektar Ackerboden zugesagt wurde. Daewoo erhielt die Konzession ohne jede finanzielle Gegenleistung auf 99 Jahre. Die Absicht von Daewoo: Ölplamen zur Herstellung von Bioethanol zu pflanzen.

Die einzige Verpflichtung, die Daewoo dafür einging, bestand darin, für Straßen, Bewässerungskanäle und Lagerhäuser zu sorgen.

Am 28. November 2008 enthüllte die Londoner *Financial Times* den Inhalt des Vertrags. Marc Ravalomanana wurde von seinem empörten Volk aus dem Präsidentenpalast gejagt. Sein Nachfolger annullierte den Vertrag.

Sierra Leone ist das ärmste Land der Welt.[2] Der transkontinentale Konzern Addax Bioenergy mit Sitz in Lausanne hat dort vor Kurzem

1 *Le Monde*, 29. Juli 2011.
2 Vgl. Menschlicher Entwicklungsindex, New York, UNDP, 2010.

eine Konzession für die Nutzung von 20 000 Hektar fruchtbaren Bodens erworben. Er will dort Zuckerrohr für die Produktion von Bioethanol anbauen, das für den europäischen Markt bestimmt ist.

Ein Ausbau auf 57 000 Hektar ist vorgesehen.[1]

Addax Bioenergy gehört dem waadtländischen Multimilliardär Jean-Claude Gandur, einem distinguierten, kultivierten Herren mittleren Alters. Er ist blitzgescheit und offenbar von unerschöpflicher Energie. Obwohl Kunstliebhaber, ist er ein beinharter Kapitalist.[2]

Er wurde in Aserbaidschan geboren, wuchs in Ägypten auf und studierte in Lausanne. Seine Ausbildung als Trader hat er beim zwielichtigen Marc Rich in Zug erhalten. Marc Rich stand wegen zahlreicher Delikte zwölf Jahre lang auf den Fahndungslisten der amerikanischen Justiz, bevor er von Präsident Clinton im Jahr 2001 an desssen letztem Arbeitstag begnadigt wurde.

2009 verkaufte Gandur seinen transkontinentalen Konzern Addax Petroleum für drei Milliarden Dollar an das chinesische Unternehmen Sinopec.[3]

Legendär ist die persönliche Großzügigkeit von Gandur. Unlängst hat er seine beiden Kunstsammlungen – die eine mit Antiquitäten, die andere mit abstrakter französischer Malerei – dem Genfer Musée d'art et d'histoire überlassen und sich mit 40 Millionen Schweizer Franken an der Vergrößerung des Museums beteiligt.[4]

Joan Baxter hat die Ländereien in Sierra Leone besucht. Sie berichtet:

»Auf fünfundzwanzig Dörfer der Zentralregion von Sierra Leone verteilt, produzieren Kleinbauern ihr eigenes Saatgut und bauen Reis, Maniok und Gemüse an. Adama, die gerade Maniok anbaut, versichert, dass die Einkünfte, die sie mit ihren Ernten erzielt, ausreichen, um ihren gelähmten Mann zu versorgen und für das Schul-

---

1 Dokumentation der NGO *Pain pour le Prochain*, vgl. *Le Courrier*, Genf, 9. Juli 2011.

2 Vgl. Gerhard Mack, »Vom Nil an den Genfer See«, in: *Neue Zürcher Zeitung am Sonntag*, Zürich, 22. Mai 2011.

3 Zum Gandur-Imperium vgl. Elisabeth Eckert, *Le Matin-Dimanche*, Lausanne, 7. August 2011.

4 Vgl. »Jean-Claude Gandur, collectionneur esthète«, *Revue du Musée d'art et d'histoire*, Genf, 14. August 2011.

geld ihrer drei Kinder aufzukommen. Auch Charles, der in der Hitze des Spätnachmittags von den Feldern nach Hause zurückkehrt, kann seine drei Kinder dank der Erzeugnisse seines kleinen Bauernhofs auf die Schule schicken. Jedoch: Im nächsten Jahr können die meisten dieser Bauern ihr Land nicht mehr bestellen ... . Adama weiß noch nicht, dass sie bald ihre auf dem Hochland gelegenen Maniok- und Pfefferfelder verlieren wird.«[1]

Addax Bioenergy hat seinen Vertrag mit der Regierung von Freetown geschlossen. Die Bauern, die in den fünfundzwanzig Dörfern leben, haben nur gerüchteweise von ihrem Ruin gehört.

Das Problem ist überall in Schwarzafrika das gleiche.

Für ländliche Gebiete gibt es praktisch keine Grundbuchverzeichnisse; selbst für städtische Gebiete sind sie nur in einigen Ortschaften vorhanden. Theoretisch gehört das ganze Land dem Staat. Die ländlichen Gemeinschaften haben nur ein Nutzungsrecht an dem Boden, auf dem sie leben.

Addax geht kein Risiko ein. Das Unternehmen lässt sich sein Projekt von der Afrikanischen Entwicklungsbank finanzieren. In Sierra Leone wie in zahlreichen anderen Ländern der südlichen Hemisphäre macht sich diese Bank (wie übrigens andere öffentliche Banken auch) zu den Komplizen all derer, die die Lebensgrundlage der afrikanischen Bauernfamilien vernichten.

Gegenwärtig werden drei weitere Konzessionen zwischen der Regierung und Addax Bioenergy verhandelt. Diese neuen Konzessionen betreffen Ländereien, auf denen riesige Ölpalmenplantagen entstehen sollen.

Sierra Leone hat einen elfjährigen schrecklichen Bürgerkrieg hinter sich. Obwohl die Kampfhandlungen 2002 eingestellt wurden, kommt der Wiederaufbau nicht voran. Fast 80 Prozent der Bevölkerung leben in extremer Armut. Sie sind schwerst und permanent unterernährt.

Die Machbarkeitsstudie von Addax Bioenergy sieht die Einfuhr von Maschinen, Lastwagen, Herbizidsprüher vor. Auch der Einsatz von Kunstdünger, Pestiziden und Fungiziden ist geplant.

---

1 Joan Baxter, »Le cas Addax Bioenergy«, *Le Monde diplomatique*, Januar 2010.

Addax hat sich aus einem einleuchtenden Grund für diese Ländereien entschieden: Sie grenzen an einen der wichtigsten Flüsse von Sierra Leone, den Rokel.

Der Vertrag enthält keine Klausel bezüglich der Wassermenge, die Gandur dem Fluss entnehmen darf, um die Pflanzungen zu bewässern, beziehungsweise bezüglich Entsorgung des Abwassers.

Für die Bauern der gesamten Region droht damit die Gefahr der Verknappung und Verschmutzung ihres Trinkwassers.

Formell hat Addax einen Pachtvertrag über fünfzig Jahre zum Preis von einem Euro pro Hektar geschlossen. Der Vertrag gewährt dem Unternehmen Steuerbefreiung auf die Einkünfte natürlicher Personen und Zollbefreiung auf Gütereinfuhren.

Die Schweizer sind gerissen. Sie haben mit Vincent Kanu einen einflussreichen einheimischen Geschäftsmann und vor allem mit Martin Bangura den Parlamentsabgeordneten der Region an ihr Unternehmen gebunden.

Auf dem Papier ist Sierra Leone eine Demokratie. Tatsächlich herrschen die Abgeordneten über ihre Regionen wie Satrapen.

Addax Bioenergy hat Bangura damit beauftragt, der einheimischen Bevölkerung die Einzelheiten des Projekts zu »erklären«. Laut dem Abgeordneten werden die ihres Landes beraubten Bauern als Gegenleistung 4000 Arbeitsplätze erhalten, die zu schaffen Addax Bioenergy versprochen hat. Doch eine unabhängige Studie, die vor Ort durchgeführt wurde, widerlegt dieses Versprechen.

Nur wenige Arbeitsplätze sind vorgesehen.[1] Zu welchen Bedingungen im Übrigen? Das hat niemand gesagt.

Es gibt allerdings einen Anhaltspunkt. Gegenwärtig beschäftigt Addax Bioenergy rund fünfzig Menschen zur Beaufsichtigung der jungen Zuckerrohrsprossen und des angepflanzten Manioks an den Ufern des Flusses Rokel. Es zahlt ihnen einen Taglohn von 10 000 Leon, was 1,8 Euro entspricht.[2]

---

1 Coastal and Environmental Services, »Sugar cane to ethanol project. Sierra Leone, environmental, social and health impact assessment«, Freetown (Sierra Leone), Oktober 2009.
2 Zum Wechselkurs von 2011.

Die Vorgehensweise von Addax in Sierra Leone ist für die meisten Landkäufe der Geier des »Grünen Goldes« charakteristisch. Wobei die Bestechlichkeit ihrer einheimischen Partner häufig eine Schlüsselrolle bei dem Landraub spielt.

Noch skandalöser ist der Umstand, dass die öffentlichen, vom Geld der Steuerzahler zehrenden Banken – wie etwa die Weltbank, die Europäische Investitionsbank, die Afrikanische Entwicklungsbank etc. – diese Räubereien finanzieren.

Was soll aus Adama und Charles, ihren Kindern, ihren Eltern, ihren Nachbarn werden?

Man wird sie vertreiben. Aber wohin?

In die schmutzigen Elendsviertel von Freetown, wo es von Ratten wimmelt, die Kinder sich prostituieren und die Väter in der Dauerarbeitslosigkeit und der Verzweiflung versinken.

Die Agrotreibstoffe verursachen soziale und klimatische Katastrophen. Sie bringen die dem Lebensmittelanbau dienenden Flächen zum Schrumpfen, sie vernichten die bäuerlichen Familienbetriebe und verstärken den Hunger in der Welt.

Bei ihrer Produktion werden große Mengen Kohlendioxid in die Atmosphäre ausgestoßen und ein hohes Maß an Trinkwasser verbraucht.

Es ist keine Frage, dass der fossile Energieverbrauch rasch und massiv verringert werden muss. Doch die Agrotreibstoffe bringen keine Lösung, viel eher wohl Energiesparen und saubere Energiealternativen wie Windkraft und Solarenergie.

Bertrand Piccard ist eine großartige Persönlichkeit. Er ist mein Freund. Ich bewundere ihn. Vom 1. bis zum 21. März 1999 hat er – zusammen mit Brian Jones – die erste Erdumrundung im Fesselballon ohne Zwischenlandung geschafft. Heute bereitet er sich auf einen Non-Stop-Flug um die Welt in seinem Solarflugzeug *Solar Impulse* vor. Das Flugzeug wird ausschließlich mit Sonnenenergie betrieben.

Lächelnd sagte Bertrand Piccard zu mir: »Ich möchte dazu beitragen, die Menschheit vom Erdöl zu befreien.«

2007 habe ich vor der Vollversammlung der Vereinten Nationen in New York erklärt: »Die Produktion von Agrotreibstoffen mit Lebensmitteln ist kriminell.«

Ich hatte ihr Verbot gefordert.

Wütend schlugen die Geier des »Grünen Goldes« zurück.

Die *Canadian Renewable Fuel Association*, die *European Bioethanol Fuel Association* und die *Brazilian Sugar Cane Industry Association* – drei der mächtigsten Verbände von Bioethanolproduzenten – sind bei Kofi Annan vorstellig geworden, um meine Erklärung als »apokalyptisch« und »absurd« zu diffamieren. Das ihnen nahestehende *Wall Street Journal* titelte in seiner Ausgabe vom 13. November 2007 »UN is urged to disavow rogue biofuels remarks« (»UNO wird aufgefordert, sich von unverschämter Biotreibstoff-Rede zu distanzieren«).

Ich habe meine Meinung nicht geändert.

Wer auf einem Planeten, auf dem alle fünf Sekunden ein Kind unter zehn Jahren verhungert, Anbauflächen für Nahrung ihrem Zweck entfremdet und Lebensmittel als Kraftstoff verbrennt, begeht ein Verbrechen gegen die Menschlichkeit.

SECHSTER TEIL

Die Spekulanten

1

Die »Tigerhaie«

Der Tigerhai ist ein sehr großes Tier aus der Familie der Requiemhaie (*Carcharhinidae*), extrem gefräßiger Karnivoren. Diese Bestie mit großen Zähnen und schwarzen Augen gehört zu den gefürchtetsten Bewohnern des Planeten. Er ist in allen gemäßigten und tropischen Meeren zu Hause und fischt gerne im Trüben.

Mit seinen mächtigen Kiefern kann er einen Druck von mehreren Tonnen pro Quadratzentimeter erzeugen. Um seinem Organismus genügend Sauerstoff zuzuführen, ist er ununterbrochen in Bewegung.

Der Tigerhai ist in der Lage, einen in 4 600 000 Litern Wasser aufgelösten Tropfen Blut aufzuspüren.

Der Nahrungsmittelspekulant, der an der Börse für Agrarrohstoffe in Chicago (*Chicago Commodity Stock Exchange*) handelt, weist große Ähnlichkeit mit der Beschreibung des Tigerhais auf. Wie dieser ist er fähig, seine Opfer auf viele Kilometer zu entdecken und sie im Handumdrehen zu vernichten. Und das, um seine Gefräßigkeit zu befriedigen, soll heißen, seine unersättliche Profitsucht.

Die Marktgesetze sorgen dafür, dass nur die zahlungsfähige Nachfrage erfüllt wird. Vorsätzlich lassen diese Gesetze außer Acht, dass die Ernährung ein Menschenrecht, ein Recht für alle, ist.

Der Trader, der mit Grundnahrungsmitteln spekuliert, ist an allen Fronten tätig und verschlingt alles, was ihm irgendetwas einbringen kann: Vor allem spielt er mit Boden, Betriebsmitteln, Saatgut, Dünger, Krediten und Lebensmitteln. Doch die Spekulation ist ein Glücksspiel. Die Spekulanten können in wenigen Augenblicken riesige Gewinne erzielen oder ungeheure Summen verlieren.

Zwei Beispiele.

Jérôme Kerviel, ein junger französischer Trader der Société Générale, hatte eine ungesicherte Long-Position in Futures aufgebaut, mit
einem Wert von 50 Milliarden Euro, einer Summe, die das Eigenka-
pital seiner Bank überstieg. Als dies im Januar 2008 entdeckt wurde,
warf man ihm vor, er habe der Société Générale einen Verlust von
4,8 Milliarden Euro[1] zugefügt.

Dagegen hat der Gaia World Agri Fund, einer der wildesten Spekulanten auf Lebensmittel, mit Sitz in Genf, im selben Jahr einen
Nettogewinn auf Investitionen von 51,9 Prozent erzielt.[2]

Die klassische Definition der Spekulation des britischen Wirt-
schaftswissenschaftlers Nicholas Kaldor lautet: Als Spekulation bezeichnet man »den Kauf (oder Verkauf) von Waren im Hinblick auf
einen Wiederkauf (oder einen Wiederverkauf) zu einem späteren
Zeitpunkt in Erwartung einer Preisveränderung und nicht im Hinblick auf einen Vorteil, der sich aus ihrer Verwendung, ihrer Verwand-
lung oder ihrem Transfer von einem Markt in einen anderen ergibt«.[3]

Das *International Food Policy Research Institute* (IFPRI) liefert eine
noch einfachere Definition: »Die Spekulation ist die Inkaufnahme
eines Verlustrisikos im Hinblick auf die ungewisse Möglichkeit einer
Belohnung.«[4]

Den Spekulanten unterscheidet von allen anderen Wirtschaftsak-
teuren der Umstand, dass er nichts für den eigenen Gebrauch kauft.
Der Spekulant kauft eine Ware – eine Partie Reis, Weizen, Mais, Öl
etc. –, um sie später oder sofort wieder zu verkaufen, in der Absicht,
sie später, bei Preisänderungen, erneut zu kaufen.

Der Spekulant ist nicht der Verursacher des Preisanstiegs, aber
durch sein Eingreifen beschleunigt er die Preisbewegungen.

---

1 Im Oktober 2010 hat die Erste Pariser Strafkammer Jérôme Kerviel zu fünf Jahren
   Gefängnis, davon zwei auf Bewährung, und einer Rückzahlung plus Zinsen in Höhe
   von 4,9 Milliarden Euro verurteilt.
2 Vgl. Gaia capital advisory, Unternehmensbroschüre, Genf, 2011. »Gaia« ist griechisch und bedeutet »Erde«.
3 Nicholas Kaldor, »Spéculation et stabilité économique«, *Revue française d'économie*,
   Bd. 2, Nr. 3, 1987, S. 115-164.
4 IFPRI, »When Speculation matters«, Studie von Miguel Robles, Maxime Torero und
   Joachim von Braun, Washington, Februar 2009.

An den Börsen gibt es drei Kategorien von Akteuren: die sogenannten Hedger, die bestrebt sind, sich gegen die Risiken abzusi-
chern, die mit Schwankungen der Vermögenspreise (Börsenkurse,
Wechselkurse) verknüpft sind; die Arbitragehändler, die damit beschäftigt sind, Wertpapiere (oder Devisen) zu tauschen, um mittels
der Unterschiede von Zinssätzen oder Vermögenspreisen Gewinne
zu erzielen; und schließlich die Spekulanten.

Die paradigmatischen Instrumente der Spekulanten im Bereich
der Agrarrohstoffe sind das Derivat und der Terminkontrakt (Future). Ein Wort zu ihrer Entstehung. Ich zitiere Olivier Pastré, einen der maßgeblichen Fachleute auf diesem Gebiet: »… die ersten
Märkte für derivative Produkte wurden Anfang des 20. Jahrhunderts
in Chicago geschaffen, um den Landwirten des Mittleren Westens
eine Möglichkeit zum Schutz gegen die unberechenbaren Rohstoff-
kurse zu bieten. Doch seit Anfang der Neunzigerjahre haben sich
diese neuartigen Finanzprodukte aus den reinen Versicherungspro-
dukten, die sie waren, in reine Spekulationsprodukte verwandelt. In
kaum drei Jahren, von 2005 bis 2008, hat sich so der Anteil der
nicht-kommerziellen Akteure auf dem Maismarkt von 17 auf 43 Prozent erhöht.«[1]

Auf den Weltmärkten werden die landwirtschaftlichen Erzeugnisse also schon seit langem getauscht, und das bis 2005 ohne größere Probleme.

Warum ist dann 2005 alles aus dem Ruder gelaufen?

Zunächst einmal hat der Markt für Agrarprodukte einen ganz eigenen Charakter. Noch einmal Pastré: »… es handelt sich um einen
Markt der Überschüsse und Überhänge. Nur ein winziger Teil der
Agrarproduktion wird auf den internationalen Märkten gehandelt.
So macht der internationale Getreidehandel kaum mehr als 10 Prozent der Produktion aus, alle Arten zusammengerechnet (beim Reis
sind es 7 Prozent). Daher kann eine winzige Veränderung der Welt-

---

1 Olivier Pastré, »La crise alimentaire mondiale n'est pas une fatalité«, in: *Les Nou-
veaux Équilibres agroalimentaires mondiaux*, hg. von Pierre Jacquet und Jean-Hervé
Lorenzi, Sammlung »Les Cahiers du Cercle des Économistes«, Paris, PUF, 2011,
S. 29.

produktion in die eine oder andere Richtung den Markt völlig aus dem Gleichgewicht bringen. Hinzu kommt ein zweiter Faktor, der zur Besonderheit des Marktes für Agrarprodukte beiträgt: Während die Nachfrage (der Verbrauch) relativ unverändert ist, weist das Angebot (die Produktion) große Schwankungen auf und ist in ganz besonderem Maße den Unwägbarkeiten des Klimas unterworfen. Diese beiden Faktoren erklären die extreme Volatilität der Preise auf diesen Märkten, eine Volatilität, die durch die Spekulation noch verstärkt wird.«[1]

Bis vor kurzem tobten sich die Spekulanten vor allem auf den Finanzmärkten aus. 2007/2008 sind diese Märkte implodiert: Billionen Dollar an Vermögenswerten wurden vernichtet. Im Westen, aber auch in Südostasien verloren viele Millionen Männer und Frauen ihren Arbeitsplatz. Die Staaten haben ihre Sozialleistungen gekürzt.

Hunderttausende von kleinen und mittleren Unternehmen haben Konkurs gemacht.

Die Angst vor der Zukunft und dem sozialen Abstieg griff in Paris, Berlin, Genf, London, Rom und andernorts um sich. Manchen Städten erging es wie Detroit oder Rüsselsheim.

In der südlichen Hemisphäre versanken weitere Millionen Menschen im Martyrium der Unterernährung, der Mangelerkrankungen, des Hungertods.

Das Raubgesindel an der Börse dagegen bekam von den Staaten zurück, was es verzockt hatte.

Fortan werden ihre opulenten »Boni«, ihre Ferraris, Rolex, Privathubschrauber und ihre luxuriösen Wohnsitze zwischen Florida, Zermatt und den Bahamas von öffentlichen Geldern finanziert.

Mit einem Wort, da sich die westlichen Staaten als unfähig erwiesen haben, den Spekulanten auch nur die geringsten rechtlichen Grenzen zu setzen, feiert das Banditenunwesen längst wieder fröhliche Urständ in den Finanzinstituten. Doch heute sind die gefährlichsten »Tigerhaie«, vor allem die amerikanischen Hedgefonds, infolge der von ihnen selbst verschuldeten Implosion der Finanz-

1 Ebd.

märkte in die Rohstoffmärkte, vor allem die Agrar- und Lebensmittelmärkte, abgewandert. Goldmann-Sachs bietet schon wieder komplizierte und völlig intransparente Derivate an. Diesmal basieren diese nicht mehr auf Immobilienpapieren, sondern auf Soja, Zucker, Weizen, Reis etc.

Die Betätigungsfelder der Spekulanten sind praktisch unbegrenzt. Alle Güter des Planeten können Gegenstand dieser spekulativen Wetten auf die Zukunft werden. Im vorliegenden Kapitel wollen wir uns auf eine Spielart beschränken: die Wette, die dem Preis von Lebensmitteln, vor allem von Grundnahrungsmitteln, und dem Preis von landwirtschaftlichen Nutzflächen gilt.

In einem Prospekt des Jaber-Fonds heißt es: »Agrarland ist als Anlage wie Gold, nur besser.«

Grundnahrungsmittel sind bekanntlich Reis, Mais und Weizen, die zusammen 75 Prozent des Weltverbrauchs ausmachen (Reis allein 50 Prozent).

Zweimal während der vier letzten Jahre haben die Spekulanten die Lebensmittelpreise in astronomische Höhen getrieben: 2008 und Anfang 2011.

Der starke Preisauftrieb der Grundnahrungsmittel im Jahr 2008 hat, wie erwähnt, die »Hungeraufstände« ausgelöst, die 37 Staaten erschüttert haben. Unter ihrem Schock sind zwei Regierungen gestürzt worden, auf Haiti und Madagaskar. Das Bild der Frauen, die in der haitianischen Kanisterstadt Cité-Soleil für ihre Kinder Fladenbrote aus Schlamm zubereiteten, flimmerte endlos über die Fernsehschirme. Bei städtischen Gewaltausbrüchen, Plünderungen, Kundgebungen kamen Hunderttausende in den Straßen von Kairo, Dakar, Bombay, Port-au-Prince, Tunis zusammen, verlangten Brot, um zu überleben, und beherrschten mehrere Wochen lang die Schlagzeilen der Weltpresse.

Plötzlich nahm die Welt zur Kenntnis, dass im 21. Jahrhundert viele Millionen Menschen hungern. Dann geriet die Tragödie wieder in Vergessenheit. Das Interesse an den Millionen unterernährten Menschen erwies sich als Strohfeuer, die öffentliche Meinung verfiel in die alte Gleichgültigkeit.

Für den Preisanstieg der Grundnahrungsmittel 2008 sind mehrere Faktoren verantwortlich[1]: die erhöhte weltweite Nachfrage nach Agrotreibstoffen; die Dürre, und damit die schlechten Ernten in manchen Regionen; die geringsten globalen Getreidevorräte seit dreißig Jahren; die steigende Nachfrage nach Fleisch und damit Getreide in den Schwellenländern; der hohe Ölpreis; und, vor allem, die Spekulation.[2]

Betrachten wir diese Krise genauer.

Der Markt für Agrarprodukte gibt das Verhältnis von Angebot und Nachfrage wieder und wird folglich vom Rhythmus der auf sie einwirkenden Einflüsse bestimmt, beispielsweise von den klimatischen Unwägbarkeiten. Daher kann ein geringfügiger Zwischenfall an irgendeinem Punkt des Planeten aufgrund seiner möglichen Folgen für die weltweite Nahrungsmittelproduktion (Angebot), während die Weltbevölkerung (Nachfrage) ständig anwächst, erhebliche Auswirkungen auf die Märkte haben und einen heftigen Preisanstieg auslösen.

Die Krise von 2008 soll 2006 mit El Niño begonnen haben. Diese Idee wird vor allem von Philippe Chalmin in seinem Buch *Le Monde a faim* (Paris, Éditions Bourin, 2009) vertreten. El Niño ist eine warme saisonale Strömung im Pazifik, vor Peru und Ecuador, ein Phänomen, das seit einigen Jahren zahlreiche Klimastörungen hervorruft. Wie dem auch sei, wenn wir die Kurven der Weltpreise für Getreide auf dem folgenden Diagramm betrachten, sehen wir deutlich, dass die Preise seit 2006 zunehmend gestiegen und 2008 in schwindelnde Höhen geschnellt sind. 2008 lag der Preisindex der FAO im Mittel um 24 Prozent über dem von 2007 und um 57 Prozent über dem von 2006.[3]

---

1 Pierre Jacquet und Jean-Hervé Lorenzi, *Les Cahiers du Cercle des Économistes*, a. a. O.

2 Philippe Colomb analysiert das Problem der fehlenden Weltreserven an Grundnahrungsmitteln in: »La question démographique et la sécurité alimentaire«, *Revue Politique et Parlementaire*, Juni 2009.

3 FAO, *La situation des marchés des produits agricoles. Flambée des prix et crise alimentaire, expérience et enseignement*, Rom 2009.

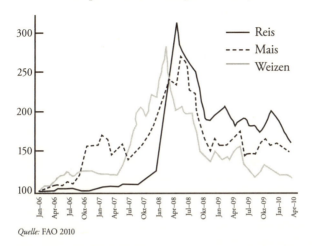

Weltpreise für Getreide (Jan 06 = 100)

Quelle: FAO 2010

Dazu schrieb Philippe Chalmin[1]: »...im März [2008] näherte sich Weizen von Standardqualität der Marke von 500 Dollar pro Tonne. In Minneapolis brachte es eine Weizensorte gehobener Qualität, *Dark Northern Spring*, sogar auf 800 Dollar. Im Mittelmeerraum kostete der Hartweizen, aus dem man Nudeln und Kuskus macht, mehr als 1000 Dollar... Doch die Krise blieb nicht auf Weizen beschränkt. Das andere, als wichtiges Grundnahrungsmittel dienende Getreide, der Reis, durchlief annähernd die gleiche Entwicklung – in Bangkok kletterte der Preis von 250 auf mehr als 1000 Dollar pro Tonne.«[2]

Beim Mais haben das amerikanische Bioethanol und die sechs Milliarden jährlicher Subventionen für die Produzenten des »Grünen Goldes« »das Angebot der Vereinigten Staaten auf dem Weltmarkt erheblich verringert«.[3] Der Umstand, dass der Mais teilweise als Tierfutter dient, aber kaum auf den Märkten angeboten wird, während

---

1 Philippe Chalmin, *Le Monde a faim*, a.a.O.
2 ebd.
3 ebd.

gleichzeitig die Fleischnachfrage zunimmt, hat seit 2006 auch hier zu einem Preisanstieg beigetragen.

In normalen Zeiten beläuft sich die weltweite Getreideernte auf ungefähr zwei Milliarden Tonnen, von denen ein Viertel als Tierfutter verwertet wird. Eine verstärkte Fleischnachfrage führt also zwangsläufig zu einer erheblichen Reduzierung der auf dem Markt verfügbaren Getreidemenge.

Außerdem wurde 2008 der amerikanische *Corn Belt*, die Kornkammer der Vereinigten Staaten im Mittleren Westen, vor allem in Iowa von Überschwemmungen heimgesucht, was den Maispreis zusätzlich in die Höhe trieb.

Philippe Chalmin verweist auf die doppelte Dimension – die wirtschaftliche und moralische –, die das Handeln der Akteure auf den Märkten für Agrarrohstoffe aufweist: »Dass man auf den Weizenpreis spekulieren kann, erscheint schockierend, ja unmoralisch, und lässt uns an eine Vergangenheit denken, in der für den Profit einiger zwielichtiger Finanzmagnaten die Preise durch Hortung von Lebensmitteln manipuliert wurden…«[1] Doch für die Spekulanten sind Agrarerzeugnisse Marktprodukte wie alle anderen. Sie interessiert nicht im Mindesten, was ihr Handeln für Millionen Menschen infolge der Preissteigerung bedeuten kann.

Sie setzen »auf Hausse«, das ist alles.

An dieser Stelle möchte ich auf die eindrucksvolle Forschungsarbeit hinweisen, die Harald Schumann im Auftrag von Foodwatch Deutschland durchgeführt und 2011 veröffentlicht hat unter dem Titel: »*Die Hungermacher. Wie die Deutsche Bank, Goldmann Sachs und Co auf Kosten der Ärmsten mit Lebensmitteln spekulieren.*«

In diesem Fall haben die »Tigerhaie« das Blut mit einer gewissen Verspätung aufgespürt. Doch sobald sie ihre Beute ausgemacht hatten, griffen sie sie gierig an.

Laetitia Clavreul beschreibt den Vorgang: »Die spekulativen Fonds haben sich auf die Agrarmärkte gestürzt und eine Steigerung der Volatilität bewirkt… So wurden die Agrarrohstoffe zu banalen Marktobjekten. Seit 2004 interessieren sich die spekulativen Fonds für

1 a.a.O., S. 45.

diesen als unterbewertet geltenden Sektor, was die Entwicklung der Terminmärkte erklärt. In Paris ist in der Zeit zwischen 2005 und 2007 die Zahl der Futures auf Weizen von 210 000 auf 970 000 geklettert...«[1]

Daraufhin hat die Spekulation auf Lebensmittel ein solches Ausmaß angenommen, dass sich sogar der amerikanische Senat Sorgen machte. Er verurteilte die »übermäßige Spekulation« auf den Weizenmärkten und kritisierte vor allem die Tatsache, dass manche Trader bis zu 53 000 Terminkontrakte zur selben Zeit halten! Zugleich monierte er, dass »sechs Indexfonds derzeit berechtigt sind, 130 000 Kontrakte auf Weizen gleichzeitig zu halten, was die den normalen Finanzakteuren zugebilligte Zahl um das Zwanzigfache übertrifft.«[2]

Angesichts der unberechenbaren Volatilität der Preise haben große Exportländer ihre Grenzen geschlossen. Aus Furcht vor Unterernährung und Hungeraufständen auf ihren eigenen Territorien setzten sie alle Ausfuhren aus und verschärften damit noch die Verknappung auf den Märkten und den Höhenflug der Preise. Laetitia Clavreul: »Zahlreiche Erzeugerländer... stellten ihre Exporte ein oder begrenzten sie, zunächst beim Weizen (Ukraine, Argentinien...), dann beim Reis (Vietnam, Indien)....«[3]

Ein Tag im Mai 2009 im Senegal...

In Begleitung von Adama Faye, Agraringenieur und Entwicklungsberater der Schweizer Botschaft, nebst seinem Fahrer Ibrahima Sar bin ich nach Norden unterwegs, in Richtung Saint-Louis.

Ausgebreitet auf meinen Knien liegen die neuesten statistischen Tabellen der Afrikanischen Entwicklungsbank.

Die Straße ist gerade, asphaltiert, eintönig. Die Affenbrotbäume

---

1 Laetitia Clavreul, »Alimentation, la volatilité des cours fragilise les coopératives et déboussole les politiques d'achat des industriels. La spéculation sur les matières premières affole le monde agricole«, *Le Monde*, 24. April 2008.

2 Paul-Florent Montfort, »Le Sénat américain dénonce la spéculation excessive sur les marchés à terme agricoles«, Bericht des Ständigen Untersuchungsunterausschusses des US-Senats. http://www.momagri.org/fr.

3 Laetitia Clavreul, a. a. O.

ziehen vorüber, die Erde ist gelb und staubig. In dem alten schwarzen Peugeot ist die Luft unerträglich stickig.

Pausenlos löchere ich Adama Faye mit Fragen. Er ist ein friedfertiger Mann, voller Humor und außerordentlich kompetent. Aber ich spüre, dass er zunehmend ungeduldig wird: Meine ununterbrochene Fragerei geht ihm auf die Nerven.

Wir fahren durch die Ferlo. Es gibt in diesem semiariden Weidegebiet kaum noch junge Leute. In der Ferlo lebten einmal 500 000 Einwohner. Viele Tausende sind in die Elendsviertel von Dakar abgewandert. Andere haben die nächtliche Überfahrt zu den Kanaren gewagt. Manch einer hat dabei sein Leben verloren.

Es fehlt an Wasser... Die Eisenbahnstrecke Dakar-Saint-Louis ist schon lange stillgelegt. Friedlich rosten die Gleise in der Sonne. Sand bedeckt sie.

Die Erosion, die Nachlässigkeit der Regierung, das Elend, das antriebslos macht – sie alle haben sich gegen die Lebenskraft dieser großartigen Landschaft verschworen.

Wir erreichen Louga. Noch sind wir 100 Kilometer von Saint-Louis entfernt. Plötzlich lässt Adama halten.

»Komm! Gehen wir meine kleine Schwester besuchen... sie braucht keine Statistiken, um dir zu erklären, was hier passiert.«

Ein armseliger Markt, ein paar Stände am Straßenrand. Kleine Häufchen Augenbohnen, Maniok, magere Hühner, die in ihren Käfigen gackern. Erdnüsse, einige runzlige Tomaten, Kartoffeln. Orangen und Klementinen aus Spanien. Nicht eine einzige Mango, obwohl eine beliebte Frucht im Senegal.

Hinter einem der Holztische, in eine weite Tunika von kräftigem Gelb und ein passendes Kopftuch gekleidet, sitzt eine fröhliche junge Frau, die mit ihren Nachbarinnen schwatzt. Adama macht mich mit Aïcha bekannt, die in Wirklichkeit seine Cousine ist. Lebhaft antwortet sie auf meine Fragen. Doch ich spüre, dass sie umso zorniger wird, je länger sie spricht.

Die Nachbarinnen mischen sich ein. Bald hat sich um uns, am Rand der staubigen Straße nach Norden, ein bunter Menschenauflauf aus Kindern jeden Alters, Jugendlichen, alten Frauen gebildet. Alle wollen etwas dazu sagen, ihren Zorn zum Ausdruck bringen.

Ein importierter Zentnersack Reis kostet 14 000 CFA-Franc. Daher wird die Abendsuppe immer dünner. Nur noch wenige Körner dürfen im Wasser des Kochtopfs schwimmen.

Niemand aus der Nachbarschaft ist noch in der Lage, einen Viertelsack Reis zu kaufen, von einem ganzen gar nicht zu reden. Beim Händler kaufen die Frauen den Reis nur noch im Plastikbecher.

Der Preis für eine kleine Gasflasche ist von Jahr zu Jahr gestiegen, von 1300 auf 1600 CFA-Franc; das Kilo Karotten von 175 auf 245 CFA-Franc; eine Baguette von 140 auf 175 CFA-Franc.

Der Preis für ein Körbchen mit 30 Eiern ist in einem Jahr von 1600 auf 2500 CFA-Franc gestiegen.

Das gleiche Problem bei den Fischen.

Die Männer, die in ihren weißen Lieferwagen die getrockneten Fische von der Petite-Côte, aus M'bour, bringen, verlangen 300 CFA-Franc für das Kilogramm.

Aïcha ist empört. Sie wird laut. Gelegentlich lacht sie. Ein helles, fröhliches Lachen, wie ein Gebirgsbach im Frühjahr. Scherzhaft schimpft sie jetzt mit ihren Nachbarinnen, die ihrer Meinung nach die Situation viel zu schüchtern schildern.

»Sag dem *Toubab*, was du für ein Kilo Reis bezahlst... sag es ihm... hab keine Angst... Fast jeden Tag wird alles teurer.« Ich frage: »Wer hat schuld?«

Aïcha : »Die Lastwagenfahrer... Das sind Banditen...« Alle Güter kommen über die Straße, weil die Regierung die Eisenbahnstrecke stillgelegt hat.

Da hakt Adama ein, verteidigt die Fahrer: »An der Tankstelle verlangen sie für einen Liter Benzin 618 CFA-Franc, für einen Liter Diesel 419 CFA-Franc.«[1]

Aïcha hat auf ein Problem hingewiesen, das von den Statistikern häufig übersehen wird, die sich nur an dem Einfuhrpreis orientieren.

Der Reis ist das Grundnahrungsmittel im Senegal. Die Regierung importiert jedes Jahr rund 75 Prozent des Reises, der im Land verbraucht wird. Dazu verhandelt sie mit den multinationalen Konzernen, die den Markt beherrschen. Der Reis wird *Free on Board*

---

1 Ungefährer Wechselkurs: 400 CFA-Franc = 1 Dollar.

(FOB) an den senegalesischen Staat verkauft. Mit anderen Worten, sein Preis beinhaltet weder die Versicherungs- noch die Transportkosten. 2008 erreichte das Erdöl auf dem Spotmarkt (Warenbörse für Geschäfte gegen sofortige Kasse und Lieferung) in Rotterdam den stolzen Preis von 150 Dollar pro Barrel.

Aïcha und ihre sieben Kinder haben die Rechnung bezahlt. In Louga, in der senegalesischen Ferlo, hat sich der Preis für alle lebensnotwendigen Dinge binnen eines Jahres praktisch verdoppelt.

Doch auch das Erdöl ist eine Beute der »Tigerhaie«… Auf diese Weise wird die Wirtschaft langsam von der Finanzwelt verschlungen.[1]

Betrachten wir nun die ersten Monate des Jahres 2011. Der erste plötzliche Preisanstieg hat den bitteren Geschmack des Déjà-vu.

Die Weltbank schreibt: »Der Preisindex für Lebensmittel [der Weltbank], der sich zwischen Oktober 2010 und Januar 2011 um 15 Prozent erhöht hat, ist gegenüber dem Vergleichszeitraum des Vorjahres um 29 Prozent gestiegen und liegt nur um 3 Prozent unter seinem Höchststand vom Jahr 2008. Der in den letzten drei Monaten beobachtete Anstieg kann großenteils auf die Preiserhöhungen für Zucker (20 Prozent), Fette und Öle (22 Prozent), Weizen (20 Prozent) und Mais (12 Prozent) zurückgeführt werden.«[2]

Nach Schätzung der Weltbank sind seit Anfang 2011 zusätzlich mindestens 62 Millionen Männer, Frauen und Kinder, die den gefährdeten Schichten der Länder mit schwachem und mittlerem Einkommen angehörten, in das Heer der Unterernährten, vom Hunger Verkrüppelten, von Familienzerfall und Zukunftsangst Gequälten abgesunken.

Der im ersten Vierteljahr erschienene Bericht der Weltbank berücksichtigt offensichtlich nicht die 12,4 Millionen Menschen, die in den

1 *Le Monde*, »L'inquiétante volatilité des prix des matières premières agricoles«, 11. Januar 2011 ; vgl. auch Weltbank, Bericht »Food price Watch«, Washington, Februar 2011.
2 Weltbank, Bericht »Food price Watch«, a. a. O., Vgl. auch: Jean-Christophe Kroll, Aurélie Trouvé, »G20 et sécurité alimentaire: la vanité des discours«, *Le Monde*, Mittwoch, 2. März 2011.

fünf Ländern am Horn von Afrika leben und die seit Juni 2011 unter einer der schrecklichsten Hungersnöte der letzten 20 Jahre leiden.

Noch einmal die Weltbank: »Der Preisanstieg für Weizen auf den Weltmärkten hat in zahlreichen Ländern zu starken Preiserhöhungen im Inneren geführt. Es gab in sehr vielen Ländern eine hohe Korrelation zwischen dem Preisanstieg auf dem Weltmarkt und dem Preisanstieg bei Weizenprodukten auf dem Binnenmarkt. Zwischen Juni und Dezember 2010 ist der Weizenpreis stark angestiegen in der Kirgisischen Republik (54 Prozent), in Tadschikistan (37 Prozent), in der Mongolei (33 Prozent), in Sri Lanka (31 Prozent), in Aserbeidschan (24 Prozent), in Afghanistan (19 Prozent), im Sudan (16 Prozent) und in Pakistan (16 Prozent).«

Etwas weiter heißt es:

»Im Januar 2011 hat sich der Preis für Mais um rund 73 Prozent gegenüber Juni 2010 erhöht. Dieser Anstieg ist auf mehrere Faktoren zurückzuführen, unter anderem auf den Umstand, dass die Ernteerwartungen mehrfach nach unten korrigiert werden mussten, die Schwäche der Vorratsbestände – das Verhältnis von Beständen zum Verbrauch in den Vereinigten Staaten für 2010/11 wird auf 5 Prozent und damit das niedrigste Niveau seit 1995 geschätzt –, die positive Korrelation zwischen dem Preis für Mais und dem für Weizen sowie die Verwendung von Mais zur Herstellung von Biokraftstoffen. In Hinblick auf diesen letzten Punkt hat sich die Nachfrage nach Mais für die Ethanolproduktion unter dem Einfluss des Preisanstiegs bei Erdöl erhöht, und das um so mehr, als beim gegenwärtigen Zuckerpreis die Herstellung von Ethanol aus Zucker weniger konkurrenzfähig ist.«

Weiter:

»Die Binnenpreise für Reis sind in manchen Ländern stark gestiegen, in anderen stabil geblieben. So hat es in Vietnam zwischen Juni und Dezember 2010 einen beträchtlichen Anstieg von 46 Prozent gegeben, während die Entwicklung der Binnenpreise in Indonesien, Bangladesch und Pakistan – drei Ländern mit hohem Reisverbrauch, vor allem in den ärmeren Schichten – parallel zu der des Weltpreises verlaufen ist (ein Anstieg von 19 Prozent).«[1]

---

1 Banque mondiale, Bericht »Food price Watch«, a. a. O.

Praktisch alle Experten – abgesehen natürlich von den Spekulanten selbst – erkennen die offenkundige Tatsache an: Bei dem heftigen Preisauftrieb für Lebensmittel spielt die Spekulation eine entscheidende – und verhängnisvolle – Rolle.

Lassen wir hier zwei gewichtige Zeugen zu Wort kommen.

Zunächst Olivier De Schutter, meinen Nachfolger auf dem Posten des UN-Sonderberichterstatters für das Recht auf Nahrung: »Ohne Spekulation hätte es keine Lebensmittelkrise gegeben. Sie war nicht die einzige Ursache der Krise, hat sie aber beschleunigt und verschärft. Die Agrarmärkte sind natürlich instabil, doch die Spekulation verstärkt die jähen Preisauftriebe … Das erschwert die Produktionsplanung und kann die Kosten der Nahrungsmittel importierenden Länder erheblich in die Höhe treiben.«[1]

Heiner Flassbeck war Staatssekretär bei Oskar Lafontaine im Finanzministerium in der ersten Regierung Schröder. Heute ist er Chef-Volkswirt bei der UN-Organisation für Welthandel und Entwicklung (UNCTAD) in Genf und einer der einflussreichsten Wirtschaftswissenschaftler der Welt. Mit mehr als hundert wissenschaftlichen Mitarbeitern leitet er eine der wichtigsten Forschungseinrichtungen im ganzen System der Vereinten Nationen.

Hier seine Einschätzung: »Die Auswirkungen der durch die Risikohypotheken (Subprime-Kredite) bewirkten Krise haben weit über die Vereinigten Staaten hinausgegriffen und zu einer allgemeinen Liquiditäts- und Kreditkontraktion geführt. Der Anstieg der Rohstoffpreise, teilweise bewirkt durch spekulative Fonds, die von Finanzinstrumenten auf Agrarrohstoffe umstiegen, erschwert die Ausarbeitung politischer Maßnahmen zur Vermeidung einer Rezession bei gleichzeitiger Kontrolle der Inflation.«[2]

Zwischen 2003 und 2008 haben die Spekulationen auf Rohstoffe mittels Indexfonds um 2300 Prozent zugenommen. Laut FAO (Bericht 2011) führen nur 2 Prozent der Rohstoff-Futures tatsächlich zur Lieferung einer Ware. Die restlichen 98 Prozent werden noch

---

1 Cyberpresse.ca., »La spéculation au cœur de la crise alimentaire«, Interview mit Olivier De Schutter, 2010.

2 UNCTAD, *Rapport sur le commerce et le développement*, New York und Genf 2008.

vor dem Fälligkeitsdatum weiterverkauft. Frederick Kaufmann fasst die Situation wie folgt zusammen: »Je stärker die Rohstoffpreise für Lebensmittel steigen, desto mehr Geld fließt in diesen Markt, desto höher steigen die schon hohen Preise.«[1]

Beim Weltwirtschaftsforum im Januar 2011 in Davos wurde der Preisanstieg bei Rohstoffen, vor allem bei Lebensmitteln, zu den fünf größten Bedrohungen für das Wohl der Nationen gezählt, auf einer Stufe mit dem Cyberkrieg oder mit Massenvernichtungswaffen in den Händen von Terroristen.

Bei der Zulassung zum Weltwirtschaftsforum legt sein Gründer Klaus Schwab ein höchst einfallsreiches – und einträgliches – Auswahlkriterium zugrunde. Er hat den »Club der 1000« geschaffen, in den nur Eingang findet, wer ein *Global Leader* ist, das heißt, ein Unternehmen leitet, dessen Bilanzsumme mindestens eine Milliarde Dollar überschreitet.

Die Mitglieder des Clubs zahlen eine Aufnahmegebühr von 10 000 Dollar und sind die einzigen, die zu allen Treffen Zugang haben. Unter ihnen sind natürlich viele »Tigerhaie«. Gibt es für die Heuchelei der alljährlich in Davos, im Kanton Graubünden, versammelten *Global Leader* eigentlich Grenzen?

Trotzdem kommt in den Eröffnungsreden, die im Bunker des Kongresszentrums gehalten werden, das Problem in aller Deutlichkeit zur Sprache. Da werden im Brustton tiefer Überzeugung sogar die »unverantwortlichen Spekulanten« gegeißelt, die, der Verlockung des schnellen Gewinns verfallen, die Lebensmittelmärkte zugrunde richten und den Hunger in der Welt verschlimmern. Darauf folgt sechs Tage lang eine Prozession von Seminaren, Konferenzen, Cocktailempfängen, Treffen, vertraulichen Besprechungen in den großen Hotels des verschneiten Dorfes, um den Gegenstand zu erörtern ...

Doch in den Restaurants, in den Bars, den *Bistrots à Raclette*, fei-

---

1 Frederick Kaufmann, zitiert in: Horand Knaup, Michaela Schiessl und Anne Seith, »Die Ware Hunger«, *Der Spiegel*, Hamburg, 29. August 2011.

len die »Tigerhaie« an ihren Strategien, sprechen ihr Vorgehen ab, bereiten den nächsten Angriff auf dieses oder jenes Grundnahrungsmittel (oder auf Erdöl oder irgendeine nationale Währung) vor.

Die Probleme des Welthungers werden also kaum in Davos eine Lösung finden.

Philippe Chalmin fragt: »Was ist das für eine Zivilisation, der nichts Besseres einfällt, als das Spiel – die spekulative Antizipation –, um den Preis für das Brot der Menschen, ihre Schale Reis festzusetzen?«[1]

Zwischen Profitgier und Recht auf Nahrung besteht ein unvereinbarer Widerspruch.

Die Spekulanten spielen mit dem Leben von Millionen Menschen. Die vollständige und sofortige Abschaffung der Spekulation auf Lebensmittel ist eine Forderung der Vernunft.

Um die »Tigerhaie« endgültig zu besiegen, um die Agrar- und Nahrungsmittelmärkte vor ihren wiederkehrenden Angriffen zu schützen, plädiert auch Heiner Flassbeck für eine radikale Lösung: »Wir müssen den Spekulanten die Rohstoffe entreißen, vor allem die Nahrungsmittel«, schreibt er.[2] Die Wortwahl »entreißen« lässt darauf schließen, dass er sich vollkommen bewusst ist, auf welch harten Kampf sich diejenigen gefasst machen müssen, die bereit sind, ihn zu führen.

Flassbeck verlangt von der UNO ein besonderes Mandat. Das müsse der UNCTAD die weltweite Kontrolle über die Börsenkurse für Agrarrohstoffe übertragen. Auf den Terminmärkten dürften fortan nur noch die Erzeuger, Händler oder Verwender von Agrarrohstoffen tätig werden. Wer mit einer Partie Weizen oder Reis, einer Anzahl Hektoliter Öl etc. handle, müsse gehalten sein, die vereinbarte Ware auch zu liefern. Außerdem empfehle es sich, die – von den Akteuren – zu hinterlegenden Sicherheiten für solche Geschäfte zu erhöhen.

---

1 Philippe Chalmin, a. a. O., S. 52.
2 Heiner Flassbeck, »Rohstoffe den Spekulanten entreißen«, *Handelsblatt*, Düsseldorf, 11. Februar 2011.

Wer die Handelsware nicht nutze, werde von der Börse ausgeschlossen.

Bei ihrer Anwendung würde die »Methode Flassbeck« den »Tigerhaien« den Zugriff auf die Güter verwehren, die den Verdammten dieser Erde das Überleben ermöglichen, und der Finanzialisierung der Agrar- und Lebensmittelmärkte ein für allemal einen Riegel vorschieben.

Der Vorschlag von Heiner Flassbeck und der UNCTAD wird von einer Koalition aus Nichtregierungs- und Forschungsorganisationen nachdrücklich unterstützt.

Joachim von Braun, Miguel Robles und Maximo Torero, Direktor und Forscher am International Food Policy Research Institute (IFPRI) in Washington, rekapitulieren diese Argumentation in einem bemerkenswerten Aufsatz mit dem Titel *When Speculation Matters*.[1]

Dieses Projekt mit dem Einwand zu bekämpfen, die Beendigung der Spekulation auf den Märkten für Agrarrohstoffe und Lebensmittel sei ein Anschlag auf den Freien Markt, wäre offensichtlich absurd. Doch woran es im Augenblick fehlt, ist der Wille der Staatengemeinschaft.[2]

Kleine Hoffnungsschimmer flackern trotzdem am Horizont.

Im spanischen Cortez brachte die Linkspartei (Isquierda Unida) am 21. Mai 2012 den Gesetzesentwurf *Proposicion de ley relativa a la lucha contra el hambre en el mundo* (»Gesetzesvorschlag zum Kampf gegen den Hunger in der Welt«) ein, in dem es um das Verbot der Börsenspekulation auf Grundnahrungsmittel geht. Zur Erinnerung: 2012 sind laut UNICEF 2,2 Millionen Kinder in Spanien schwerst und dauerhaft unterernährt gewesen.

In der Schweiz hat der Kongress der Jungsozialisten am 19. Mai 2012 beschlossen, eine Volksinitiative einzuleiten, die zum Ziel hat,

---

1 Washington, IFPRI-Publishing, 2009.
2 Es gibt in den Vereinigten Staaten eine Instanz, die den Auftrag hat, die Spekulation auf Lebensmittel zu regulieren – die US Commodity Futures Trading Commission. Doch sie erweist sich als außerordentlich unwirksam.

das Verbot der Börsenspekulation auf Grundnahrungsmittel in die Bundesverfassung aufzunehmen.

Und vor allem: Die Weltbank erwachte endlich. Sie organisierte eine weltweite, von Hunderten internationalen Fachleuten durchgeführte Erhebung über das Thema »Lebensmittelpreise, Ernährung und Millennium-Entwicklungsziele (MDGs)«.[1]

Mit ängstlicher Vorsicht formuliert die Weltbank ihre Schlussfolgerungen:

»Die erhöhten und destabilisierten Lebensmittelpreise sowie ihre Auswirkungen auf Ernährungssicherheit, Nahrung und Haushaltseinkommen werden indirekt beeinflussen, inwieweit die Menschen in den Entwicklungsländern dem Hunger und der extremen Armut entgehen können. Der Preisauftrieb bei den Lebensmitteln und seine Auswirkungen auf die Ernährung und die Möglichkeit zum Kauf anderer Güter und Dienstleistungen können auch indirekte Konsequenzen für andere MDGs haben...

Der Anstieg der Lebensmittelpreise beeinflusst nicht nur die monetäre Armut, sondern auch die Entwicklungen im Bereich von Gesundheit, Bildung, Geschlechtergleichheit, denn die Ernährung ist der entscheidende Faktor dieser Prozesse. Die erhöhten Lebensmittelpreise wirken sich auf die Ernährung der Netto-Käufer auf zwei entscheidende Weisen aus: erstens durch eine Verringerung der Kaufkraft des Einkommens, da die Armen einen erheblichen Teil des ihnen zur Verfügung stehenden Geldes (50-70 Prozent) für Nahrung ausgeben müssen; zweitens, weil die Verbraucher verstärkt auf Grundnahrungsmittel wie Reis, Weizen und Mais zurückgreifen, die im Allgemeinen kostengünstiger und energiereicher sind, aber ärmer an Mikronährstoffen als Lebensmittel wie Fleisch, Fisch, Gemüse und Obst...

Selbst kurzfristige Preisauftriebe können die Kalorienzufuhr begrenzen und die Ernährungsvielfalt einschränken, was langfristig unter Umständen verhängnisvolle Folgen hat, besonders wenn Kinder betroffen sind...«

---

1 Weltbank, *Global Monitoring Report 2012, Food Prizes, Nutrition and the Millennium Development Goals*, Washington, 2012.

Dieser Weltbankbericht wird fortan eine wichtige Waffe sein in den Händen der spanischen Abgeordneten, der Schweizer Jusos und von Heiner Flassbeck.

2

Genf, Welthauptstadt der »Tigerhaie«

Marc Roche spricht das Offenkundige aus: »Dieser Kampf [gegen
die Spekulation] ist unauflöslich verknüpft mit dem Kampf gegen
die Steuerparadiese, in denen die Spekulationsunternehmen behei-
matet sind. Doch auch heute noch erweisen sich die Länder des G8-
G20 als fulminante Heuchler, die öffentlich anprangern, was sie ins-
geheim schützen... Der Versuch einer Reglementierung scheitert
auch an der Allmacht der Bankenlobby.«[1]

27 Prozent aller Offshore-Vermögen der Welt werden in der
Schweiz verwaltet.[2] Die Steuergesetzgebung unterscheidet sich
in der Eidgenossenschaft von einem Kanton zum anderen: Im
Kanton Zug zum Beispiel zahlen die Holdinggesellschaften nur
0,02 Prozent Steuern. Über 200 000 Holdinggesellschaften sind
in Zug eingetragen.

In den Kantonen Genf, Waadt und Wallis können die reichen
Müßiggänger aus dem Ausland direkt mit den Kantonsregierungen
über die Höhe der Steuern verhandeln, die sie zu zahlen gewillt sind.
Das heißt dann »Pauschalbesteuerung«. Nach Schweizer Recht ist die
Pauschalbesteuerung im Prinzip eine Steuer für Bewohner ohne Er-
werbstätigkeit, deren Höhe auf der Grundlage der – zumindest ungefähr – geschätzten Lebenskosten des Steuerzahlers und seiner Familie festgelegt wird.

Trotz einer gewissen Aufweichung, die die Europäische Union

---

1 Marc Roche, »Haro sur les spéculateurs fous!«, *Le Monde*, 30. Januar 2011.
2 Als »Offshore« wird ein Vermögen bezeichnet, wenn es außerhalb seines Ursprungs-
   lands verwaltet wird.

und die OECD erreicht haben, bleibt das Bankgeheimnis das oberste Gesetz des Landes.

Der Schweizer Franken ist inzwischen die zweite Reservewährung der Welt, unmittelbar hinter dem Euro, den zu überholen sie sich anschickt, aber noch vor dem Dollar.

In Genf ist die Bankenlobby allmächtig.

Diese märchenhafte kleine Republik, am äußersten Ende des nach ihr benannten Sees gelegen, umschließt ein Gebiet von 247 Quadratkilometern und eine Bevölkerung von etwas mehr als 400 000 Seelen. Sie nimmt Rang sechs in der globalen Hierarchie der Finanzplätze ein.

Darüber hinaus ist sie ein Steuerparadies, das die Vermögen der Mächtigen dieser Welt gegen alle Unbilden abschirmt.

Doch seit 2009 ist Genf auch die Welthauptstadt der Spekulation geworden – vor allem auf die Rohstoffe des Agrar- und Lebensmittelmarktes. Auf diesem Sektor hat sie inzwischen die City von London entthront. 2009 hat Premierminister Gordon Brown strenge Maßnahmen gegen die Boni, Stock-Optionen, Prämien und andere völlig überzogene Einkünfte der Hedgefondsmanager ergriffen: Wer ein Jahreseinkommen von über 200 000 Pfund bezieht, zahlt auf alle Mehreinnahmen 50 Prozent Steuern.

Zahlreiche Hedgefonds – Finanzprodukte, die zur Antizipation der Märkte, also zu Spekulationszwecken, entwickelt wurden – sind nach Genf umgezogen. Ein Beispiel: Jabre Capital Partners des Libanesen Philippe Jabre, der 5,5 Milliarden Dollar verwaltet.[1]

Angelockt von der außergewöhnlichen Milde, die der gegenwärtige Finanzminister David Hiler – ausgerechnet ein Grüner – in fiskalischen Angelegenheiten walten lässt, strömen die Trader, die sich auf dem Terminmarkt für Agrorohstoffe tummeln, in die Republik und den Kanton Genf.

Selbstverständlich werden die Spekulanten von den Genfer Banken finanziert, die ihren Kunden die erforderlichen Kreditlinien zur Verfügung stellen. Übrigens hat auch der mächtigste Warenprüfkonzern der Welt, die Société Générale de Surveillance (SGS),

---

1 Zu einem Porträt von Philippe Jabre vgl. *Le Monde*, 2. April 2011.

die nur zur Überwachung der wichtigsten Häfen der Welt mehr als 10 000 Mitarbeiter beschäftigt, ihren Sitz in Genf.

Das Volumen der Geschäfte, die in Genf mit Rohstoffen – darunter vielen Agrarrohstoffen und Lebensmitteln – abgewickelt wurden, belief sich im Jahr 2000 auf 1,5 Milliarden Dollar, 2009 auf 12 Milliarden und 2010 auf 17 Milliarden Dollar.[1]

2010 schätzte die Nationalbank die Anlagen in Investmentfonds, die in der Schweiz gehandelt wurden, auf 4,5 Billionen Schweizer Franken – eine Summe, die fünfmal so hoch ist wie der eidgenössische Staatshaushalt. Doch nur ein Drittel dieser astronomischen Summe schlummert in den Schweizer Investmentfonds. Anders gesagt: in Fonds, deren Verwaltung dem Schweizer Recht unterliegt.[2]

Die meisten der in der Schweiz verkauften Hedgefonds haben ihren Sitz auf den Bahamas, den Kaimaninseln, auf Curaçao, Jersey, Aruba, Barbados etc., wodurch sie jeder gesetzlichen Kontrolle in der Schweiz entzogen sind.

Praktisch alle westlichen Staaten unterwerfen die auf ihrem Gebiet ansässigen Investitionsfonds strengen gesetzlichen Auflagen.

Doch die offshore registrierten Hedgefonds unterliegen keiner dieser Einschränkungen, da die Gesetzgebung dieser Länder für sie definitionsgemäß nicht gilt, was natürlich der Grund für ihre Attraktivität ist. Gewiss, sie werden mit Hilfe eines Schweizer Bankkontos verwaltet, beziehungsweise sie sind, um den Bankjargon zu verwenden, in Genf »domiziliert«. Aber sie sind, ich wiederhole es, nicht in der Schweiz registriert.

Denn Hedgefonds sind das spekulative Instrument schlechthin. Sie ermöglichen extrem einträgliche, aber auch höchst riskante Geschäfte. Zu ihrer gängigen Praxis gehören Leerverkäufe, das heißt, der Verkauf von Waren oder Finanzinstrumenten, die man nicht besitzt, und der Leverage-Effekt, bei dem Kapital für eigene Zwecke geliehen wird, aber das Geld der Anleger als Sicherheit dient.

Im Genfer Dschungel ist die Konkurrenz brutal. Für die Hedge-

---

1 Vgl. Matthew Allen, »Genève, paradis du négoce«, *Le Courrier*, Genf, 28. März 2011.

2 Vgl. die Studie von Elisabeth Eckert, »1500 milliards de francs suisses au moins échappent à tout contrôle en Suisse«, *Le Matin Dimanche*, 3. April 2011.

fonds und andere Lebensmittelfonds ist die Unternehmenspräsentation von ausschlaggebender Bedeutung. Sie umfasst Videopräsentationen, statistisches Material, Diagramme etc., mit deren Hilfe jeder spekulative Fonds Anleger anzulocken und zu verführen trachtet. Der Name und die Symbole der Stadt Calvins – die Fontäne, der Blick auf den Mont Blanc, die Kathedrale, die Mauer der Reformatoren – nehmen viel Raum in diesen Präsentationen ein: Es geht in erster Linie darum, Interessenten zu beruhigen, ihnen – warum auch nicht – zu suggerieren, der betreffende Hedgefonds (mit Sitz auf den Kaimaninseln, auf Curaçao etc.) unterliege der eidgenössischen Gesetzgebung. Die politische Stabilität der Republik und des Kantons Genf, die Ehrlichkeit seiner meisten Bürger, die Zuverlässigkeit seiner Institutionen, die eherne Seriosität seiner Bankiers sind schlagende Argumente an die Adresse des Investors, egal, woher er kommt – aus Frankreich, den Vereinigten Staaten, aus Katar oder Australien.

Doch, wie gesagt, die Wirklichkeit sieht ganz anders aus: Die weit überwiegende Mehrheit der Hedgefonds sind nicht an Schweizer Recht gebunden. Sie unterliegen auch nicht der Kontrolle der zuständigen Schweizer Kontrollbehörde, der FINMA, der Finanzmarktaufsicht, wie die offizielle Bezeichnung lautet. Ihre gegenwärtige Präsidentin Anne Héritier Lachat gesteht: »Die Offshore-Fonds beaufsichtigen wir nicht, weil uns das Gesetz keine Handhabe dazu bietet.«[1]

Zwei Drittel der Spekulanten, die im Genfer Dschungel ihr Unwesen treiben, können ihrem Gewerbe also ohne jede Kontrolle nachgehen. Und das bringt die Sparer und ehrlichen Investoren zur Verzweiflung. Ein Privatmann, der eine erhebliche Summe im Genfer Dschungel verlor, nachdem er sich mit einem Hedgefonds eingelassen hatte, der auf Reis, Mais, Weizen spekuliert, beklagte sich wie folgt: »Wie kann es sein… dass man hier Finanzunternehmen gewähren lässt, die unser Vertrauen missbrauchen, indem sie sich die Autorität der FINMA zunutze machen, während sie sich in Wirklichkeit jeder Aufsicht entziehen?«[2]

1 Vgl. die Studie von Elisabeth Eckert, a. a. O.
2 ebd.

Die Regierung der Republik und des Kantons Genf liest den »Tigerhaien« jeden Wunsch von den Augen ab. Abgesehen davon, dass sie ihnen vielfältige steuerliche Privilegien gewährt, subventioniert und fördert sie deren jährliche Konferenz in Genf.

Zur sogenannten »JetFin Agro 2010 Conference« haben sich die Manager der auf dem Agrar- und Lebensmittelsektor tätigen Hedgefonds am 20. Juni 2010 im Hotel Kempinski am Quai du Mont-Blanc in Genf versammelt. Ein Jahr später, am 7. Juni 2011, in demselben Hotelpalast: »Die Landwirtschaft ist heute das strahlendste Licht im Universum der Investoren«, steht in der Ankündigungsbroschüre 2011 zu lesen. Das Versprechen? Raffinierte Manager würden erklären, wie man »auf spannenden Märkten höhere Gewinne erzielt…«

Das Wappen der Republik und des Kantons Genf in Rot und Gold schmückt die Einladung; darunter die Wörter: *Geneva Institutional Partner.*

Einmal mehr segnet – und finanziert – die Regierung den Luxuspool, in dem die »Tigerhaie« aus der ganzen Welt zusammenkommen.

Die Haltung der Genfer Behörden ist skandalös.

Mit dem Geld des Steuerzahlers und dem Prestige Genfs ein paar Hundert Spekulanten um den Bart zu gehen, die zu den übelsten ihrer Zunft gehören, ist eine Schande. Nicht umsonst haben zwei einflussreiche NGOs, die katholische Organisation Fastenopfer und die evangelische Brot für Alle, am 28. Juni 2010 ein scharfes Protestschreiben an die Regierung gerichtet.

Unsere »Hochmögenden Herren« geruhten, nicht zu antworten.

3

Raub des Bodens, Widerstand der Verdammten

Gleich nach der Lebensmittelkrise des Jahres 2008 begannen Konzernmogule und Finanzoligarchen in großem Maßstab in den Ländern der Dritten Welt Ackerboden zu kaufen, zu pachten oder sonstwie anzueignen, um sich Nahrung (Getreide, Fleisch, Reis usw.) für den Weltmarkt zu sichern. Damit wollten sie auf die wachsende Binnennachfrage in den Industrieländern reagieren.

Als sich 2011 eine neue Lebensmittelkrise ankündigte, häuften sich die Anzeigen der Landkäufe für den Anbau von Nahrungsmitteln. Dieses Phänomen, in Verbindung mit dem Bodenerwerb zu rein spekulativen Zwecken, lässt keinen Zweifel daran: Das Land ist ein sicherer Wert geworden, ein Fluchtwert, profitabler oft als Gold.

Sein Preis ist nämlich in den Entwicklungsländern durchschnittlich dreißigmal so günstig wie in den Ländern des Nordens. Es handelt sich also um eine Investition, die sich auszahlt. Da die internationale Gemeinschaft nicht so bald vorhat, die Rechte der einheimischen Bevölkerungen zu schützen, sieht das Land Grabbing goldenen Zeiten entgegen.

2010 wurden in Afrika von amerikanischen Hedgefonds, europäischen Banken, saudischen, südkoreanischen, singapurischen, chinesischen etc. Staatsfonds 41 Millionen Hektar Ackerboden gekauft, gepachtet oder ohne Gegenleistung übernommen.

Besonders aufschlussreich ist das Beispiel des Südsudans.

Nach 26 Jahren Befreiungskrieg und mehr als einer Million Toten und Versehrten wurde die neue Republik Südsudan am 9. Juli 2011 gegründet. Doch noch vor ihrer Entstehung hat die provisorische Verwaltung in Juba 600 000 Hektar Ackerboden, 1 Prozent des Staatsgebiets, an den texanischen Nahrungsmitteltrust Nile Trading and Development Inc. zu einem konkurrenzlosen Schleuderpreis verkauft: Die Texaner haben 25 000 Dollar bezahlt – 3 Cent pro Hektar. Außerdem hat Nile Trading and Development Inc. eine Option auf weitere 400 000 Hektar.[1]

Die Spekulation funktioniert auch »intern«.

In Nigeria haben sich reiche Kaufleute aus Sokoto oder Kano durch unterschiedliche Mittel – meist durch Bestechung staatlicher Organe – viele Tausend Hektar Ackerland angeeignet, um es später an ausländische Konzerne zu verkaufen.Noch häufiger finden solche zweifelhaften Geschäfte in Mali statt. Reiche Geschäftsleute aus Bamako – oder noch häufiger aus der malischen Diaspora in Europa, Nordamerika oder den Golfstaaten – erwerben Land.

Sie nutzen es nicht, sondern warten, bis der Preis steigt, um es dann an irgendeinen saudischen Prinzen oder einen New Yorker Hedgefond zu verkaufen.

Die Beutejäger, die sich um die Flächen für den Nahrungsmittelanbau zanken, um sie später wieder zu verkaufen oder um sie sofort zu bewirtschaften und die Ernten zu exportieren, wenden eine Vielzahl von Strategien an, um die afrikanischen Bauern um ihre Existenzmittel zu bringen.

Die »Tigerhaie«, die an den Finanzplätzen von Genf und Zürich aktiv sind, haben die Organisationen *Brot für Alle* und *Fastenopfer* zum Gegenstand einer Untersuchung gemacht: »In der Schweiz sind vor allem die Banken und Investmentfonds in das Land Grabbing verwickelt. So haben sich die Crédit Suisse und die UBS 2009 an der Aktienemission für Golden Agri-Resources beteiligt… Dieser indonesische Konzern rafft große Regenwaldflächen zusammen, um dort riesige Monokulturen von Ölpalmen anzulegen – mit katastrophalen Folgen für Klima und ansässige Bevölkerung. Darüberhinaus befindet sich Golden Agri-Resources auch in den Fonds, die die beiden Großbanken ihren Kunden vorschlagen.«

1 Marc Guéniat, *La Tribune de Genève*, 9. Juni 2011.

Etwas weiter heißt es:

»Die Fonds der Banken Sarasin und Pictet investieren in COSAN, das unter anderem Land und Bauernhöfe in Brasilien kauft, um vom Anstieg der Bodenpreise zu profitieren. COSAN ist wegen der an Sklaverei erinnernden Arbeitsbedingungen auf seinen Plantagen stark in die Kritik geraten ...

Mehrere Schweizer Fonds, gleich ob klassisch oder spekulativ (Hedgefonds), investieren in die Landwirtschaft: GlobalAgriCap in Zürich, Gaia World Agri Fund in Genf, Man Investments in Pfäffikon. Alle investieren sie in Unternehmen, die Ländereien in Afrika, Kasachstan, Brasilien oder Russland kaufen.«

Der Schluss der beiden Hilfsorganisationen lautet: »All das [die Aneignung von Nahrungsanbauflächen durch Spekulanten] hat desaströse Folgen und verschärft die Landkonflikte in diesen Regionen, in denen immer mehr Bäuche leer sind.«[1]

Das Land Grabbing der Spekulanten hat die gleichen sozialen Folgen wie das Land Grabbing durch die Geier des »Grünen Goldes«. Ob man es mit Libyern in Mali, Chinesen in Äthiopien, Saudis oder Franzosen im Senegal zu tun hat – dieser Ausverkauf des Bodens geht natürlich zu Lasten der einheimischen Bevölkerung – und oft genug, ohne dass sie vorher gefragt wurde.

Ganze Familien werden von den natürlichen Ressourcen abgeschnitten und von ihrem Grund und Boden verjagt. Wenn die multinationalen Konzerne, die das Land in Besitz nehmen, nicht ihr eigenes Kontingent an Arbeitern haben, findet ein kleiner Teil der einheimischen Bevölkerung Arbeit, aber für einen Elendslohn und unter oft unmenschlichen Arbeitsbedingungen.

Meist werden die Familien von ihrem angestammten Land vertrieben; ihre Gemüse- und Obstgärten sind bald verwüstet, weil das Versprechen auf eine gerechte Entschädigung reine Makulatur ist. Mit der Vertreibung der Kleinbauern wird die Ernährungssicherheit Tausender von Menschen gefährdet.

Damit verschwindet auch ein uraltes Wissen und Können, das

---

1 »L'Accaparement des terres. La course aux terres aggrave la faim dans le monde«, Studie der NGO Brot für Alle/Fastenopfer, Lausanne, 2010.

von Generation zu Generation übermittelt wurde: Die Kenntnis der Böden, die langsame Selektion der Saat, abhängig vom Land, der Sonne, dem Regen – all das wird in ein paar Tagen weggefegt.

Stattdessen setzen die Agrotrusts auf Monokulturen von Hybrid- oder gentechnisch veränderten Pflanzen, die nach dem Prinzip des agroindustriellen Systems angebaut werden. Sie zäunen die Parzellen ein, sodass die Bauern oder Nomaden noch nicht einmal mehr Zugang zum Fluss, zum Wald, zu den Weiden haben.

Wenn die Spekulanten auf Lebensmittel spekulieren, auf Land spekulieren, spekulieren sie in Wahrheit auf den Tod.

Die großen multinationalen französischen Konzerne, die in Afrika tätig sind – Bolloré, Vilgrain und andere – rühmen sich der Wohltaten, die sie der einheimischen Bevölkerung erweisen, indem sie in ihr Land investieren: Bau von Infrastruktur (Straßen, Bewässerung etc.), Schaffung von Arbeitsplätzen, Steigerung der nationalen Produktion, Know-How- und Technologietransfer etc. Hören wir Alexandre Vilgrain, Präsident des *Conseil français des investisseurs en Afrique* (CIAN – »Französischer Rat der Investoren in Afrika«): »... Wir können davon ausgehen, dass die Länder des Südens die Länder des Nordens, und insbesondere Frankreich, weit weniger nach ihrer Entwicklungspolitik beurteilen als nach der Politik der Unternehmen, die vor Ort investieren... Der afrikanische Kontinent, mit dem unsere Unternehmen eine lange und gründliche Erfahrung und meist auch eine gemeinsame Sprache haben, wird zum Spielplatz für Investoren aus aller Welt. Unser Land, und damit unsere Unternehmen, haben dort alle Möglichkeiten, vorausgesetzt, sie spielen zusammen.«[1]

Der afrikanische »Spielplatz« des Präsidenten Vilgrain, das sind leider allzu oft Orte der Verwüstung.

Die Begleitmusik dieser Vernichtung ist eine mediale Verschleierung. Die Spekulanten gefallen sich nämlich darin zu »kommunizieren«. Um die Konsequenzen ihres Handelns zu vertuschen, erfinden sie gelegentlich sehr griffige Formulierungen. Eine, die häufig und

---

1 Alexandre Vilgrain, »Jouons collectifs!«, *La Lettre du CIAN (Conseil français des investisseurs en Afrique)*, Paris, November/Dezember 2010.

gern verwendet wird, ist die berühmte »Win-win-Situation«. Hier Vilgrains absurde Theorie:

Wenn es gelingt, eine Win-win-Situation herzustellen, die darauf beruht, dass die Bedürfnisse aller Beteiligten befriedigt werden, lassen sich Konflikte lösen. Eine Win-win-Vereinbarung dient den Interessen aller Parteien in höchstem Maße und sorgt dafür, dass sie jedem der Beteiligten Gewinn bringt. Mit anderen Worten, die Bauern, die ihr Land verlieren, profitieren davon genauso wie die Agro- und Lebensmitteltrusts, die es ihnen stehlen!

Die Spekulation ist also gewissermaßen die Stifterin des Gemeinwohls.

Das Weltsozialforum, das im Februar 2011 in Dakar tagte, hat es wieder einmal gezeigt: Afrika besitzt eine außerordentlich lebendige Zivilgesellschaft. Von einem Ende des Kontinents zum anderen formiert sich der Widerstand gegen die »Tigerhaie«. Hier einige Beispiele:

Die Sosucam, die Société sucrière du Cameroun, die Alain Vilgrain gehört, besitzt Tausende Hektar Land in Kamerun, das zusammen mit Sierra Leone zu den korruptesten Staaten des Kontinents gehört.[1]

Laut dem Comité de développement de la région de N'do (CODEN), einer kamerunischen Koalition aus Bauerngewerkschaften, kirchlichen Organisationen und anderen zivilgesellschaftlichen Gruppierungen, hat sich das Geschäft wie folgt abgespielt:

1965 hat die Sosucam mit der Regierung in Jaunde einen Pachtvertrag über 99 Jahre abgeschlossen, der es dem Unternehmen erlaubt, seine Aktivitäten auf 10 058 Hektar zu entfalten. 2006 brachte ein zweiter Pachtvertrag der Sosucam weitere 11 980 Hektar zur Bewirtschaftung hinzu.

Bei dieser Gelegenheit hat der Konzern sich zwar verpflichtet, den betroffenen Gemeinschaften eine jährliche Entschädigung zu zahlen, aber die beläuft sich lediglich auf 2 062 985 CFA-Franc (also nur 3145 Euro), was 5 Euro pro Familie und Jahr entspricht.[2]

---

1 Vgl. die Liste, die jährlich von der NGO Transparency International herausgegeben wird.

2 »Cameroun: Somdiaa sucre les droits.« *Appels urgents 341, Peuples solidaires.* http://www.peuples.solidaires.org/341-camerounsomdiaa-sucre-les-droits.

Auf dem eigentlich zum Lebensmittelanbau bestimmten Ackerland, das die Sosucam erworben hat, lebten rund 6000 Menschen.
Überflüssig zu erwähnen, dass sie bei den beiden Transaktionen, die
zwischen den Politikern in Jaunde und dem Vorstandsvorsitzenden
Vilgrain geschlossen wurden, kein Wort mitzureden hatten.

Hören wir den Widerstand:

»Nur 4 Prozent der Sosucam-Mitarbeiter sind ehemalige Bauern,
die ihr Land verloren haben. Als Arbeiter auf den Plantagen verdienen sie nicht genug, um sich und ihre Familien ernähren zu können.

Boden- und Wasserverschmutzung, schlechte Arbeitsbedingungen, Gesundheitsrisiken durch den Umgang mit giftigen Produkten, Enteignung der Familien, kein Zugang zu den Ressourcen, keine
Entschädigung…

…das sind die unmittelbaren Folgen der Aneignung kamerunischen Ackerlands durch Vilgrain.«[1]

Auf der Internetseite der Gruppe Somdiaa[2], der Muttergesellschaft
von Sosucam, die seit 1947 der Familie Vilgrain gehört,[3] ist der folgende Erbauungsspruch zu lesen: »Menschliche Werte sind das Fun-
dament unserer Gruppe.«

Durch die Mobilisierung der im CODEN zusammengeschlosse-
nen Bauern, Gewerkschafter, religiösen Gemeinschaften und städtischen Bürgerrechtler ist verhindert worden, dass zwischen dem Vorstandsvorsitzenden Vilgrain und den Ministern in Jaunde ein dritter
Vertrag unterzeichnet wurde, der einen weiteren Landraub und einen neuen Zwangsexodus der Bauernfamilien zur Folge gehabt hätte.

Anderes Beispiel: Benin.

Die Mehrheit der 8 Millionen Beniner sind Klein- und Mittel-
bauern, die Parzellen von ein bis zwei Hektar bewirtschaften.

---

1 Appels urgents 341, op. cit.
2 Somdiaa besitzt vor allem drei Mühlenbetriebe in Kamerun, Gabun und auf Réunion, vier Zuckerfabriken im Kongo, im Tschad und in Kamerun sowie viele Tausend Hektar in mehreren Ländern.
3 Die Vilgrains gründeten die Grands Moulins von Paris, das führende europäische
   Müllereiunternehmen und Ausgangspunkt ihrer agroindustriellen afrikanischen
   Abenteuer.

Ein Drittel der Beniner lebt in extremer Armut, mit einem Tagesverdienst von 1,25 Dollar oder weniger.[1]

Mehr als 20 Prozent der Familien leiden an schwerer, permanenter Unterernährung.

In Benin sind es vor allem die Potentaten des gegenwärtigen (oder des vorangegangenen) Regimes, die sich das Land unter den Nagel gerissen hatten. Vom Hungertod bedroht haben die Bauern ihren Besitz verkauft, oft zu einem lächerlichen Preis, »für einen Mundvoll Maniok«[2].

Dabei gehen die Potentaten immer auf die gleiche Weise vor. Sie sammeln die Hektar, lassen das Land aber brachliegen. Dann warten sie mit dem Verkauf, bis die Preise gestiegen sind. Kurzum, wie auf jedem beliebigen Immobilienmarkt in jeder beliebigen europäischen Stadt kaufen die Spekulanten, verkaufen, kaufen wieder zurück und verkaufen erneut, stets höhere Profite witternd.

Das Departement Zou war früher die Kornkammer Benins. Heute weist es den höchsten Prozentsatz an schwerst unterernährten Kindern unter fünf Jahren auf.

Statt in den Lebensmittelanbau zu investieren – das heißt, den Erwerb von Dünger, Wasser, Saatgut, Zugtieren oder -maschinen, Werkzeug und den Straßenbau zu fördern –, importiert die Regierung in Cotonou lieber Reis aus Asien und Weizen aus Nigeria, was die einheimischen Bauern noch tiefer ins Elend stürzt.

Boni Yayi, ein ehemaliger Banker, der den ausländischen, vor allem französischen, »Investoren« sehr nahe steht, wurde 2006 zum Präsidenten der Republik gewählt. Am 13. März 2011 wurde er wiedergewählt. Am Abend des Wahlsieges hat sein Sprecher der französischen Werbeagentur EURO-RSCG herzlich gedankt für ihre »wertvolle Unterstützung«.

EURO-RSCG ist eine Tochter der Gruppe Bolloré.

2009 hat die Gruppe von Boni Yayi die Konzession für den Hafen von Cotonou erhalten. 2011 hat die Werbeagentur von Bolloré in

---

1 Ester Wolf, *Spéculation foncière au Bénin au détriment des plus pauvres*, Lausanne, Pain pour le Prochain, Samml. »Repères«, Lausanne 2010.
2 Ebd.

den 77 Gemeinden des Landes unter Einsatz von mehreren Euromillionen den Wahlkampf des Banker-Präsidenten organisiert.

Im Jahr zuvor hatten die »ausländischen Spender« (unter ihnen Bolloré) die Einrichtung des elektronischen Wählerverzeichnisses *Liste électorale permanente informatisée* (LEPI) finanziert. Diese Liste hatte 28 Millionen Euro gekostet.

Die Opposition hatte die LEPI scharf kritisiert. Es hieß, mindestens 200 000 potenzielle Wähler und Wählerinnen seien nicht in sie aufgenommen worden – vor allem im Süden des Landes, wo sich die stärkste Opposition gegen den Banker-Präsidenten formiert.

Am 13. März 2011 hat Boni Yayi die beninische Präsidentschaftswahl mit einem Vorsprung von 100 000 Stimmen gewonnen.[1]

Nestor Mahinou fasst die Katastrophe zusammen: »Während die einheimischen Kleinbauern gezwungen sind, ihr Land zu verkaufen, weil sie nicht mehr die Mittel haben, es zu bewirtschaften, liegen die von Dritten erworbenen großen fruchtbaren Ackerflächen brach.«[2] Mahinou ist Leiter der Bauerngewerkschaft *Synergie paysanne* (SYNPA), der einflussreichsten Organisation gegen das Land Grabbing in Benin.

Unterstützt vom 2000 in Cotonou gegründeten *Réseau des organisations paysannes et de producteurs agricoles de l'Afrique de l'Ouest* (ROPPA) und dessen Präsidenten Mamadou Cissokho, führt die SYNPA einen bewundernswerten Kampf gegen das in Benin herrschende neokoloniale System.

Einige Staatsfonds (Souveräne Fonds) asiatischer, afrikanischer oder anderer Herkunft verhalten sich nicht ehrenhafter als die Privatspekulanten. Das Beispiel des Staatfonds *Libyan African Investment Portfolio* (LAP) ist in diesem Zusammenhang besonders lehrreich.

2008 bekam der Fonds vom malischen Staat eine 100 000 Hektar große Fläche bewässerbarer Reisfelder »geschenkt«. Zu diesem Zweck hat er vor Ort eine malischem Gesetz unterliegende Gesell-

---

1 Philippe Perdrix, »Bénin-Boni Yayi par K.-O.«, *Jeune Afrique*, 27. März 2011.
2 Zitiert in: Ester Wolf, *Spéculation foncière au Bénin au détriment des plus pauvres*, a. a. O.

schaft namens Malibya gegründet. Diese kann das Land fortan ohne erkennbare Gegenleistung auf eine verlängerbare Dauer von 50 Jahren bewirtschaften.[1]

In Mali ist Wasser in der Landwirtschaft ein sehr knappes und begehrtes Gut.[2] Doch Malibya ist eine unbegrenzte Nutzung »des Nigerwassers während der Regenzeit« und die Entnahme der »erforderlichen Wassermenge« in der übrigen Zeit vertraglich zugesichert.

Ein bereits angelegter, 14 Kilometer langer Bewässerungskanal, der 25 000 Hektar fortan »libysches« Land bewässert, richtet jetzt erheblichen Schaden bei den Bauern und Nomaden Zentralmalis an. Seinetwegen vertrocknen die Brunnen der Bauern und die Wasserlöcher, die von den nomadischen Fulbefamilien und ihrem Vieh genutzt werden. Zwischen zwei Wanderungen bauten die Nomaden auf dem einst feuchten Land Sorgho an, heute ist der Boden ausgedörrt…

Mamadou Goïta gehört zu den wichtigsten Führern des ROPPA.[3] Er und seine Verbündeten, vor allem Tiébilé Dramé, zwangen 2008 die Regierung in Bamako, den Vertrag mit den Libyern zu veröffentlichen.

Goïtas Vorwurf: »Die Libyer führen sich auf, als würde ihnen alles gehören, als wäre das Gebiet verlassen, dabei wohnen dort Tausende von Maliern.«[4]

Tiébilé Dramé fügt hinzu: »Der Ansturm auf die Ackerflächen in Mali [von Ausländern] verschärft die Konflikte, während das Land Mühe hat, seine Bevölkerung zu ernähren… Auf diesem Land bauen Familien seit Generationen Hirse und Reis an… Was wird aus diesen Menschen?… Wer Widerstand leistet, wird festgenommen, und manch einer sogar ins Gefängnis gesteckt.«[5]

Den Gewerkschaften, die gegen die entschädigungslosen Vertreibungen protestieren, erwidert Abdallah Youssef, der Generaldirektor

---

1 Vgl. *Le Monde*, 1. April 2011.
2 In Mali werden weniger als 10 Prozent des Ackerbodens bewässert.
3 *Réseau des organisations paysannes et des producteurs agricoles de l'Afrique de l'Ouest* (Netzwerk der Organisationen westafrikanischer Bauern und Erzeuger).
4 Vgl. *Le Monde*, a. a. O.
5 ebd.

289

von Malibya, mit ausgesuchter Höflichkeit und totaler Verlogenheit: »[Ich erkenne] die Notwendigkeit an, die einheimische Bevölkerung umzustrukturieren, das heißt, die Dörfer zu verlagern.«[1]

Mamadou Goïta und die Seinen haben nicht das geringste Vertrauen in die von Abdallah Youssef vorgeschlagene »Umstrukturierung der Bevölkerungen«. Er verlangt schlicht und einfach die Annullierung des mit den Libyern geschlossenen Vertrags.

Bislang vergebens.

Diese Widerstandsaktionen sind exemplarisch. Schauen wir uns noch eine an.

Durch den Bau des riesigen Diama-Damms, der den Fluss Senegal 27 Kilometer flussaufwärts von Saint-Louis staut, hat das Land viele Tausend Hektar Ackerland hinzugewonnen. Einen großen Teil dieser Flächen haben sich heute die Unternehmen, genannt Grands domaines du Sénégal (GDS), angeeignet.

Für die Bauerngewerkschaftler von Ross Béthio, die uns empfangen, sind die GDS geheimnisumwitterte Feinde.

Im Senegal kann sich jeder multinationale Konzern, jeder beliebige Investor etc. 20 000 Hektar Land oder mehr zuteilen lassen, vorausgesetzt, er verfügt über nützliche Beziehungen in Dakar. Die Zuteilung ist unbefristet, die Steuerbefreiung gilt für 99 Jahre.

Die GDS sind im Besitz von Finanzgruppen spanischer, französischer, marokkanischer und anderer Nationalität. Sie erzeugen, teilweise in Treibhäusern, Zuckermais, Zwiebeln, Bananen, Melonen, grüne Bohnen, Tomaten, Erbsen, Erdbeeren, Trauben.

Im Durchschnitt werden 98 Prozent der Produktion per Schiff über den nahegelegenen Hafen von Saint-Louis exportiert. Direkt nach Europa.

Die GDS verfügen über eine sogenannte integrierte Kette: Sie produzieren im Walo auf Flächen entlang des Flusses, die geflutet und bewässert werden können. Eigene (oder von ihnen gecharterte) Schiffe sorgen für den Transport. In Mauretanien oder Europa verfügen sie über Reifungszentren für das Obst. Die Gruppen, die die

1 ebd.

GDS besitzen, sind in vielen Fällen auch die Hauptaktionäre der Supermarktketten in Frankreich.

Der Walo ist übersät von riesigen Treibhäusern, die mit braunen Plastikplanen bedeckt sind und von Sprenganlagen bewässert werden. Trotz der Beziehungen, die Adama Faye zur Präfektur in Saint-Louis unterhält, scheitert unser Versuch, eine der GDS zu besuchen.

Bewaffnetes Wachpersonal in blauen Uniformen, vier Meter hohe Stahltore, Videoüberwachung... Man hält uns vor dem Eingang zu einer besonders riesigen GDS an, der Fruitière de Marseille.

Über eine elektronische Sprechanlage verhandle ich mit einem Direktor, der in einem Verwaltungsgebäude verschanzt ist, dessen Umrisse in der Ferne nur zu ahnen sind. Er hat einen starken spanischen Akzent. »Sie haben keine Besuchserlaubnis... tut mir sehr leid... Ja, da kann selbst die UNO nichts machen... Der Präfekt von Saint-Louis?... Der hat hier nichts zu sagen... Sie müssen sich schon an unser Büro in Paris oder Marseille wenden...«

Mit anderen Worten, niemand wird hineingelangen.

Ich wende eine Taktik an, die mir schon bei anderen Gelegenheiten Erfolg beschert hat. Ich rühre mich nicht von der Stelle. Stundenlang warte ich unter den bösen Blicken des Sicherheitspersonals vor dem verschlossenen Tor.

Schließlich nähert sich gegen Abend auf der asphaltierten Straße von Saint-Louis her ein Audi Quattro. Vor dem Tor hält ein junger französischer Techniker, der gerade seine Stellung bei der GDS angetreten hat. Er sieht recht sympathisch aus.

Ich nähere mich dem Auto.

Nachdrücklich verteidigt er seinen Arbeitgeber. »Wir haben hohe Kosten für die Sicherung der Anlagen...« Und dann: »Großenteils ist unser Land höher gelegen, 12 bis 15 Meter. Um es zu bewässern, brauchen wir Motorpumpen. Die senegalesischen Bauern haben keine... Wir zahlen keine Steuern? Ganz falsch! Wir beschäftigen junge Leute aus den Dörfern. Der senegalesische Staat besteuert ihre Löhne.«

Ende der Unterhaltung.

50 Kilometer von Saint-Louis entfernt, an der Straße nach Mali, zählt die ländliche Kooperative von Ross Béthio mehr als 6000 Genossenschaftsmitglieder.

Djibrill Diallo – braune Dschellaba, blitzende Augen, Stirnglatze, hitziges Temperament, um die Fünfzig – ist Exekutivsekretär der Bauerngewerkschaft. Er ist umgeben von den Mitgliedern seines Komitees – vier Männern und drei Frauen.

Die Bauern des Walo ernten den Reis zwei Mal im Jahr. Aber die Ernten sind mäßig – 1 Hektar bringt 6 Tonnen Paddy (ungeschälter Reis) – und die Preise, die die Händler aus Dakar zahlen, bescheiden.

Der Händler lädt den Paddy in seinen Lastwagen. Für einen 80-Kilo-Sack werden 7500 CFA-Franc bezahlt.[1]

Der Stellvertreter des Exekutivsekretärs, Diallo Sall, ist ein lebhafter junger Mann, hellhäutig, kahl, ironisch, ungeduldig. Er unterbricht die etwas gespreizte Willkommensansprache von Djibrill mit dem Ausbruch: »Unsere Frauen, unsere jungen Leute gehen auf die Reisfelder, ohne vorher zu essen. Auf den Feldern ernähren sie sich von wilden Früchten … Sagt man das dem Gesundheitsbeamten, antwortet er: ›Du bist gegen die Staatsmacht, du bist ein Regimegegner.‹«

Trotz der bescheidenen Mittel ist die senegalesische Gastfreundschaft fürstlich. Der Tisch ist unweit der Moschee in der Baracke gedeckt, in der das Komitee seinen Sitz hat. Die Ventilatoren quietschen. Aus der Küche dringen köstliche Düfte. In großen Schüsseln erwarten uns gegrillte Karpfen aus dem Fluss, Zwiebeln, Hühnchen, Süßkartoffeln.

Die Reisbauern von Ross Béthio sind politische Aktivisten. Ich bin beeindruckt von der Intelligenz, mit der sie ihren Widerstand führen. Ihre Gewerkschaft ist den *Ligues paysannes de l'Afrique de l'Ouest* (den Bauernverbänden Westafrikas) und, die Grenzen Afrikas überschreitend, der *Via Campesina* angegliedert.

Für sie sind die GDS außer Reichweite. Aber der Unterpräfekt und der Präfekt von Walo und mehrere Minister in Dakar sind realistische Angriffspunkte für sie …

---

1 Zahlen von 2010.

Das Land Grabbing beruht auf folgendem Mechanismus: Das Ackerland gehört niemandem, es befindet sich also praktisch im Besitz des Staates. Ein Flurbuch gibt es auf dem Lande nicht. Aber die bäuerlichen Gemeinschaften haben das Recht auf unbegrenzten Nießbrauch des Landes, das sie bewirtschaften. Das ist ein seit unvordenklichen Zeiten bestehendes Gewohnheitsrecht.

Der Staat hat besondere Gremien zur Behandlung von Problemen geschaffen, die sich aus dieser Regelung ergeben: die Landräte. Diese sind natürlich an die Partei gebunden, die in Dakar an der Regierung ist. Ihre Kompetenz ist wichtig: Sie befassen sich mit der Abmarkung, das heißt, mit der Festlegung von Grundstücksgrenzen. Die abgegrenzten und eingezäunten Ländereien weisen sie den Nutznießern zu.

Die Vorwürfe, die die Gewerkschafter von Ross Béthio erheben, sind schwerwiegend, aber gut belegt: Die Enteignung von Ackerland zugunsten der GDS beruht auf obskuren Verhandlungen, die in Dakar stattfinden. Die Landräte, die die Abmarkung vornehmen – das heißt, das Land Grabbing zum Nutzen der GDS –, erhalten ihre Anweisungen von der Regierung.

Die Abmarkung wird in einem offiziellen Dokument schriftlich festgehalten, das zunächst vom Unterpräfekten, dann vom Präfekten und schließlich vom Minister beglaubigt werden muss. Doch die Gewerkschafter versichern, dass einige Staatsbeamte, die mit der Beglaubigung beauftragt sind, und sogar einige Minister in Dakar dem Volumen des enteigneten Ackerlandes noch etliche Tausend Hektar zum eigenen Gebrauch hinzufügen würden.

Ein solcher von einem Landrat aufgesetzter Abmarkungsbescheid weist irgendeiner GDS eine bestimmte Menge Ackerland zu. Je länger der Weg des Dokuments durch den bürokratischen Dschungel, desto größer die Menge des den Bauern geraubten Landes…

Die Profiteure der Enteignung?

Laut den Syndikalisten sind es natürlich zunächst die GDS, aber auch – und in unterschiedlichem Maße – bestimmte Unterpräfekten, Präfekten, Minister und etliche von deren Freunden.

Durch Mobilisierung der öffentlichen Meinung, durch eine Vielfalt von internationalen Protesten, durch Klagen vor senegalesischen

Gerichten kämpfen Djibrill, Sall und die Gewerkschafter – diese Reis-, Gemüse-, Obstbauern und Viehzüchter des Walo – gegen die Vernichtung ihrer Produktionsmittel.

Mit einem Mut und einer Entschlossenheit, die unsere Bewunderung verdienen.

4

Die westlichen Staaten als Komplizen

Die Ideologen der Weltbank sind unendlich viel gefährlicher als die traurigen Marketingfritzen von Bolloré, Vilgrain und Co. Mit Hilfe von Hunderten Millionen Dollar an Krediten und Subventionen finanziert die Weltbank de facto das Land Grabbing in Afrika, Asien und Lateinamerika.

Für Afrika haben sich die Ideologen dieser Institution folgende Rechtfertigung zurechtgelegt: Auf einem Hektar ernten die Bauern in Benin, Burkina Faso, Niger, Mali oder im Tschad – in normalen Zeiten (und normale Zeiten sind selten) – nur 600 bis 700 Kilogramm Getreide pro Jahr, während ein Hektar in Europa – wie bereits erwähnt – 10 Tonnen Getreide abwirft. Daher tue man besser daran, so die wenig überraschende Argumentation der Weltbank, den Agrar- und Lebensmitteltrusts – ihrem Kapital, ihrer überlegenen Technik, ihren Vertriebs- und Handelsorganisationen – das Ackerland anzuvertrauen, aus dem diese armen Afrikaner ja die möglichen Erträge nicht herausholen könnten.

Für die meisten westlichen Botschafter im Menschenrechtsrat der Vereinten Nationen sind die Verkündigungen der Weltbank das Evangelium.

Ich erinnere mich noch gut an diesen Freitag, den 18. März 2011, im großen Saal der Menschenrechte, wie er genannt wird, im ersten Stock des Ostflügels des Völkerbundpalastes in Genf.

Davide Zaru ist ein junger italienischer Jurist, blitzgescheit, diplomatisch äußerst geschickt und sehr engagiert für das Recht auf Nahrung. Für die Europäische Union in Brüssel ist er für die Menschenrechte in der von Catherine Ashton[1] geleiteten Abteilung für Sicherheit und Außenpolitik zuständig.

Während der Sessionen des Menschenrechtsrats hält er sich in Genf auf. Im Völkerbundpalast hat er die Aufgabe, das Stimmverhalten jener EU-Staaten zu koordinieren, die Mitglieder des Menschenrechtsrates sind.

An diesem Morgen sieht Davide Zaru verzweifelt aus. Erregt wendet er sich an mich: »Ich schaffe es nicht, Ihnen zu helfen ... Erklären Sie unseren Freunden in der Via Campesina meine Lage ... So, wie sie formuliert ist, wird die Resolution nicht angenommen werden ... Die westlichen Staaten sind entschieden dagegen ... Sie wollen keine Konvention zum Schutz der Rechte der Bauern.«

Unterstützt von mehreren Koalitionen der Bauerngewerkschaften, NGOs und Staaten der südlichen Hemisphäre hatte der Beratungsausschuss des Menschenrechtsrates in dreijähriger Arbeit einen Bericht über den Schutz der Rechte der Bauern aufgesetzt. In seinen Empfehlungen forderte der Ausschuss die Vereinten Nationen zur Verabschiedung einer internationalen Konvention auf, die den beraubten Bauern die Möglichkeit geben sollte, ihr Recht auf Land, Saatgut, Wasser etc. gegen die Geier des »Grünen Goldes« und andere »Tigerhaie« zu verteidigen.

Der Resolutionsentwurf beruht unmittelbar auf dem ausgearbeiteten Projekt einer Konvention zum Schutz der Rechte der Bauern, die von Via Campesina entworfen wurde:

»In Anbetracht dessen, dass die neuerliche, viele Millionen Hektar verschlingende Zunahme des Land Grabbings eine Verletzung der Menschenrechte darstellt, da es den einheimischen, indigenen Gemeinschaften von Bauern, Viehzüchtern, Jägern und Fischern ihre Produktionsmittel raubt, ihren Zugang zu den natürlichen Ressourcen einschränkt und ihnen die Freiheit nimmt, nach Wunsch zu produzieren, und da durch dieses Land Grabbing auch die Ungleichheit der Zugangsmöglichkeiten und der finanziellen Kontrolle zu Lasten der Frauen verschärft wird ...

In Anbetracht dessen, dass die Investoren und die Regierungen,

---

1 Hohe Vertreterin der EU für Außen- und Sicherheitspolitik.

die mit ihnen gemeinsame Sache machen, das Recht auf Nahrung der ländlichen Bevölkerungen bedrohen, dass sie sie zu chronischer Arbeitslosigkeit und Landflucht verurteilen, dass sie die Armut und die Konflikte verschärfen und zum Verlust der Kenntnisse und Fertigkeiten sowie der kulturellen Identitäten der Bauern beitragen...

Appellieren wir an die nationalen Parlamente und Regierungen, dieses Land Grabbing, sofern es im Gang oder geplant ist, augenblicklich und überall zu beenden und den Opfern das geraubte Land zurückzugeben.«[1]

Die Aussicht, dieses neue Völkerrechtsinstrument könnte in Kraft treten, löst bei den westlichen Staaten Panik aus – vor allem bei den amerikanischen, französischen, deutschen, englischen Regierungen, die häufig in enger Verbindung zum Raubgesindel der Agrarspekulanten stehen. Denn eine von den beteiligten Staaten verhandelte, unterzeichnete und ratifizierte Völkerrechtskonvention wäre durchaus ein Mittel, den Dschungel des Freien Marktes ein wenig zu zähmen und zu zivilisieren!

Zumal diese Konvention in ihrem Entwurf die Rechte der Bauern genau spezifiziert und die Signatarstaaten zwänge, die erforderlichen Gerichte zur Durchsetzung dieser Rechte zu schaffen.

In diesem Zusammenhang sei erwähnt, dass der Menschenrechtsrat eine neue Rechtsprechung geschaffen hat. In Senegal, Mali, Guatemala, Bangladesch und andernorts in der südlichen Hemisphäre ist für einen Bauer der Versuch, gegen einen Geier des »Grünen Goldes« oder einen Spekulanten aus Paris, China oder Genf vor einem Gericht im eigenen Land zu klagen, oft zu riskant oder ganz einfach unmöglich.

Die Unabhängigkeit der einheimischen Richter ist in vielen Fällen zweifelhaft und der Gegner übermächtig.

Daher hat der Rat die »exterritoriale Verantwortung« der Staaten anerkannt. Wenn also Frankreich die Konvention zum Schutz der Rechte der Bauern unterzeichnen und ratifizieren würde, wäre es da-

1 Appell von Dakar gegen das Land Grabbing. http://www.petitiononline.com/accapar/petition.html.

297

mit verantwortlich für das Verhalten von Bolloré, Vilgrain und anderen Marseiller Obstkonzernen auf beninischem, senegalesischem oder kamerunischem Boden ...

Die geschädigten afrikanischen Bauern und ihre Gewerkschaften könnten die französische Justiz anrufen.

Angesichts so finsterer Aussichten ist nur zu verständlich, dass die westlichen Regierungen ihre letzten diplomatischen Ressourcen mobilisieren, um den von den Gewerkschaften und Bauern des Südens auf den Weg gebrachten und vom Beratungsausschuss für sie eingereichten Entwurf zu Fall zu bringen.

Der Beratungsausschuss ist proportional zu den Erdteilen mit gewählten internationalen Fachleuten besetzt. Der Rat dagegen ist ein zwischenstaatliches Organ: Er umfasst die Vertreter von 47 Staaten. Der Rat kann Empfehlungen, die der Beratungsausschuss aufgesetzt hat, nur erörtern, wenn der Entwurf von einem Mitgliedsstaat [des Rates] eingebracht wird.

Auf der XVI. Session des Rates, im März 2011, wurde die Resolution über den Entwurf einer Konvention zum Schutz der Rechte der Bauern von Rodolfo Reyes Rodríguez eingebracht, Vizepräsident des Rates und Kubas UN-Botschafter.

Reyes Rodríguez ist ein glänzender Diplomat und nicht gerade schüchtern. In Angola hat er als Freiwilliger gegen das südafrikanische Expeditionskorps gekämpft und 1988 in der Entscheidungsschlacht bei Cuito Cuanavale ein Bein verloren.

Doch die Obstruktion der westlichen Botschafter zwang ihn, die Resolution abzuändern.

Zur Stunde ist noch ungewiss, welches Schicksal die neue Konvention zum Schutz und zur Justiziabilität der Rechte der Bauern erwartet.

Die Hoffnung

»Die stärksten Mauern
fallen durch ihre Risse.«

Che Guevara

Die Erde hat eine Fläche von 510 Millionen Quadratkilometern: Davon entfallen 361 auf Wasser und 149 auf Land. 7 Milliarden Menschen leben auf ihr.

Sie sind sehr ungleich verteilt in Bezug auf Leere und Überfülle – das gilt für die natürlichen Verhältnisse (Polgletscher, Wüsten, semiaride Regionen, Bergmassive, fruchtbare Täler und Ebenen, Meeresküsten etc.) ebenso wie für die wirtschaftlichen Realitäten (Ackerbau, Viehzucht, Fischerei, Industrie, Stadt, Land etc.).

Die wichtigste Funktion der Geschöpfe, die die belebte Natur bilden – Pflanzen, Tiere, Menschen –, ist die Ernährung. Ohne Nahrung stirbt das Lebewesen.

Die nächstwichtige Funktion ist die Fortpflanzung. Um erwachsen zu werden, um das Reifestadium zu erreichen, in dem die verschiedenen Lebewesen ihre Nachkommenschaft hervorbringen können, und um einem neuen Geschöpf das Dasein zu schenken, müssen sich alle Lebewesen unbedingt ernähren.

Um sich zu ernähren, hatten die Männer und Frauen gesammelt, gejagt, Waffen und Werkzeuge hergestellt, Wanderungen und Reisen unternommen. Um sich zu ernähren, haben sie den Boden bearbeitet, gesät, gepflanzt, andere Werkzeuge erfunden, ihre Pflanzenkenntnisse erweitert, Tiere gezähmt.

Gleichfalls, um sich zu ernähren, haben die Menschen, ähnlich den Tieren, ein obsessives Territorialverhalten entwickelt, die Grenzen festgelegt, innerhalb deren sie sich »zu Hause« fühlten, diesen Raum gegen andere verteidigt, die ihn möglicherweise begehrten. Die Begehrlichkeit letzterer war umso größer, als das Territorium ergiebiger als das ihre war oder gewisse Schätze, gewisse Vorteile barg.

Nach dem ersten Stadium des Ackerbaus, in dessen Verlauf die Menschen noch mehr Werkzeuge, Behälter, Kleidungsstücke und Verbesserungen für ihre Wohnstätten anfertigten, entwickelte sich die Handwerksproduktion. Daraufhin wurde es nötig, zu tauschen, zu handeln und zu reisen. Die Wirtschaft und ihre grenzenlose Entwicklung sind entstanden, weil die Menschen ihre Bedürfnisse befriedigen mussten, in erster Linie die ihrer eigenen Ernährung und derjenigen ihrer Kinder.

Das Baby schreit, wenn es einmal vergessen wird und Hunger bekommt. Das ist sein einziges Ausdrucksmittel, es schreit stundenlang, bis es nicht mehr kann. Wenn das hungernde Baby seine Kräfte verliert, verliert es auch seine Fähigkeiten, hört es auf, sein Bedürfnis durch Schreien mitzuteilen, und verstummt.

Heute ist die Hälfte der Kinder, die in Indien geboren werden, schwerst und permanent unterernährt. Für sie ist jeder Augenblick ihres Lebens ein Martyrium. Millionen von ihnen sterben vor dem zehnten Lebensjahr. Stumm leiden die anderen weiter, vegetieren dahin, versuchen zu schlafen, um den Hunger zu lindern, der ihnen die Eingeweide zerfrisst.

Am Anfang der menschlichen Geschichte war es Sache des Mannes, dank seiner physischen Stärke die Nahrung für die Frau und das Kind zu besorgen. Doch die Zeiten, in denen sich die Grundbedürfnisse der Menschen einer zu ihrer Befriedigung unzureichenden Menge an Gütern gegenübersahen, sind heute vorbei.

Der Planet bricht unter seinen Reichtümern zusammen. Wir haben es hier also mit keinem schicksalhaften Geschehen zu tun. Wenn eine Milliarde Menschen Hunger leiden, liegt es nicht an einer zu geringen Nahrungsproduktion, sondern daran, dass so viele Menschen keinen Zugang zu dieser Nahrung haben.

Auf unserem endlichen Planeten, auf dem keine »Entdeckungen« mehr möglich sind und keine neuen Territorien erobert werden können, bekommt diese einseitige Aneignung dessen, was die Erde uns schenkt, ein neues Gesicht. Der Skandal der ungerechten Verteilung ist ungeheuerlich.

Mahatma Gandhi schreibt: *The world has enough for everyone's need, but not for everyone's greed* (»Die Welt hat genug für jedermanns Bedürfnisse, aber nicht für jedermanns Gier«).

Als erster hat Josué de Castro gezeigt, dass der wichtigste Faktor, der für das Massaker von Unterernährung und Hunger verantwortlich ist, die ungleiche Verteilung von Reichtum auf unserem Planeten ist. Doch seit seinem Tod vor vierzig Jahren sind die Reichen noch reicher und die Armen unendlich viel notleidender geworden.

Nicht nur die finanzielle, wirtschaftliche und politische Macht der transkontinentalen Konzerne ist enorm gestiegen, sondern auch das individuelle Vermögen der reichsten Leute ist exponentiell angewachsen.

Éric Toussaint, Damien Millet und Daniel Munevar[1] haben während der letzten zehn Jahre die Entwicklung der Vermögen von Milliardären beobachtet. Hier die Ergebnisse ihrer Studie.

2001 belief sich die Zahl der Dollarmilliardäre auf 497 und ihr kumuliertes Vermögen auf 1,5 Billionen Dollar. Zehn Jahre später, 2010, hatte sich die Zahl der Dollarmilliardäre auf 1210 und ihr kumulatives Vermögen auf 4,5 Billionen Dollar erhöht.

Das kumulierte Vermögen dieser 1210 Milliardäre übersteigt das Bruttosozialprodukt Deutschlands.

Der Zusammenbruch der Finanzmärkte 2007/08 hat die Existenz vieler Millionen Familien in Europa, Nordamerika und Japan vernichtet. Laut der Weltbank sind zusätzlich 69 Millionen Menschen im Elend des Hungers versunken. In den Ländern des Südens wurden überall neue Leichengruben ausgehoben.

Doch 2010 hatte das Vermögen'der Superreichen jenes Niveau

---

1 Veröffentlichung des CADTM (Comité pour l'abolition de la dette du tiers-monde [Komitee zur Beseitigung der Schulden in der Dritten Welt], Lüttich 2011. Éric Toussaint, Damien Millet und Daniel Munevar sind auch die Koautoren (mit anderen) von *La Dette ou la Vie*, Brüssel und Lüttich, gemeinsame Ausgabe von ADEN und CADTM, 2011; vgl. ferner Merrill Lynch, *Global Wealth Management*, und Capgemini, *World Wealth Report 2011*.

überschritten, das ihr Reichtum drei Jahre vor dem Zusammenbruch der Finanzmärkte hatte.

Wer sind die Herren des Agrar- und Lebensmittelmarktes, die heute über die Ernährung der Menschen bestimmen?

Einige transkontinentale Konzerne beherrschen diesen Markt. Jeden Tag entscheiden sie, wer stirbt und wer lebt. Sie bestimmen die Herstellung und den Preis der Produktionsmittel, die die Bauern und Viehzüchter kaufen müssen (Saatgut, Pflanzenschutzmittel, Pestizide, Fungizide, Mineralischer Dünger etc.). Ihre Trader sind die Hauptakteure an den *Commodity Stock Exchanges* (den Agrarrohstoffbörsen) der Welt. Sie legen die Lebensmittelpreise fest.

Auch das Wasser unterliegt inzwischen großenteils der Kontrolle dieser Konzerne.

Seit kurzem haben sie sich viele Millionen Hektar Ackerland in der südlichen Hemisphäre angeeignet.

Sie berufen sich auf den Freien Markt und die »Naturgesetze«, die ihn angeblich regieren. Doch an den Gesetzen des Marktes ist gar nichts natürlich. Die Ideologen der transkontinentalen Unternehmen (der Hedgefonds, der internationalen Großbanken etc.) sind es, die, um ihre mörderischen Praktiken zu legitimieren und um das Gewissen der Akteure zu beruhigen, diese »Marktgesetze« als natürlich ausgeben, indem sie sie ständig als »Naturgesetze« bezeichnen.

Vielfältige Ursachen sind daran beteiligt, dass jeder siebte Mensch auf der Erde schwerstens unterernährt ist und dass von diesen eine skandalöse Zahl verhungert. Doch egal, was für Ursachen es auch sind, die Menschheit verfügt, wie in diesem Buch immer wieder dargelegt wurde, über die Mittel, diesen entsetzlichen Missstand zu beseitigen.

In seinem berühmten Elmhirst-Vortrag vom 26. August 1985 in Malaga stellte Amartya Sen fest: »Beim Hunger und der Ernährungspolitik ist rasches Handeln offenkundig von allerhöchster Bedeutung.«[1]

Amartya Sen hat Recht: Es gilt, keine Sekunde zu verlieren. Zu

---

1 Amartya Sen, »Food, Economics and Entitlements«, *Wider Working Paper 1*, Helsinki, 1986.

warten, sich über die Mittel zu streiten, sich in endlosen Debatten und haarspalterischen Diskussionen zu verlieren – mit diesem *Choral Singing*, das Mary Robinson so schockierte, als sie Hochkommissarin für Menschenrechte der Vereinten Nationen war –, machen wir uns zu Komplizen des raffgierigen Raubgesindels.

Die Lösungen sind bekannt und füllen viele Tausend Seiten von Projektentwürfen und Machbarkeitsstudien.

Wie berichtet, haben 146 der damals 193 der UNO angehörenden Staaten ihre Vertreter im September 2000 nach New York entsandt, um ein Verzeichnis der schlimmsten Tragödien anzulegen, von denen die Menschheit an der Schwelle des neuen Jahrtausend heimgesucht wurde – Hunger, extreme Armut, Wasserverschmutzung, Säuglingssterblichkeit, Geschlechterdiskriminierung, Aids, Epidemien, Klimazerstörung – und die Ziele für den Kampf gegen diese Geißeln festzulegen. Nach Berechnungen, die die Staats- und Regierungschefs vorlegten, müsste man, um die acht Tragödien zu besiegen – unter denen der Hunger den ersten Rang einnimmt –, fünfzehn Jahre lang eine jährliche Investition von 80 Milliarden Dollar vornehmen.

Dazu würde es genügen, bei den 1210 vorhandenen Milliardären eine jährliche Vermögenssteuer von 2 Prozent zu erheben…

Wie können wir der Unvernunft der Hungermacher ein Ende setzen?

Indem wir zunächst einmal gegen den Sittenverfall der Führungseliten in vielen Ländern der südlichen Hemisphäre kämpfen – gegen ihre Bestechlichkeit und die Besessenheit, mit der sie festhalten an der Macht ihrer Positionen und der Aussicht auf die Reichtümer, die diese ihnen versprechen.[1] In einigen Ländern der Dritten Welt sind die Unterschlagung öffentlicher Gelder und die Bereicherung der gewählten Volksvertreter ein großes Unglück. Wo die Käuflichkeit grassiert, werden die Ackerflächen den Oligarchen des globalisierten Finanzkapitals preisgegeben, die schalten und walten können, wie sie wollen.

---

1 Vgl. Georg Kremers klassische Abhandlung: *Korruption begrenzen: Praxisfeld Entwicklungspolitik*, Freiburg im Breisgau, Lambertus 2000.

Paul Biya, der seit nahezu dreißig Jahren kamerunischer Präsident ist, verbringt drei Viertel seiner Zeit im Genfer Hôtel Intercontinental. Ohne seine tätige Mithilfe könnte sich der Trust von Alexandre Vilgrain nicht die vielen Tausend Hektar Ackerland in Zentralkamerun aneignen. Ohne sie hätte Vincent Bolloré nicht die Privatisierung des Staatsunternehmens Socapalm erreicht und sich nicht 58 000 Hektar fruchtbares Ackerland unter den Nagel reißen können.

In Las Pavas, im nordkolumbianischen Departement Bolivar, werden die paramilitärischen Killer im Sold der spanischen transkontinentalen Ölpalmenkonzerne von der politischen Führung des Landes dazu »ermächtigt«, wenn nicht sogar aufgefordert, die Bauern von ihrem Ackerland zu vertreiben: Wie erwähnt, ist der gegenwärtige Präsident Juan Manuel Santos mit den spanischen Palmölkonzernen so eng verbandelt, wie sein Vorgänger Álvaro Uribe es mit den Paramilitärs war.

Ohne das Wohlwollen von Abdulaye Wade gäbe es keine Grands Domaines du Sénégal! Und was wäre in Sierra Leone der rührige Jean-Claude Gandur ohne die bestechlichen Regierungsvertreter, die den ländlichen Gemeinschaften ihr Ackerland entreißen, um es ihm zu überlassen?

Bleibt der Hauptfeind. Es wäre so absurd wie vergeblich, von diesen Kraken der Agrarkonzerne, Geiern des »Grünen Goldes« oder »Tigerhaien« der Börsenspekulation zu erwarten, dass ihnen das Gewissen schlägt. Das Gesetz der Profitmaximierung ist ein ehernes Gesetz.

Doch wie sollen wir dann diesen Feind bekämpfen und besiegen? Von Che Guevara stammt das Wort: »Die stärksten Mauern fallen durch ihre Risse.«

Bringen wir also der gegenwärtigen kannibalischen Weltordnung, die die Menschen unter ihrer Betondecke begräbt, so viele Risse wie möglich bei!

In seiner Gefängniszelle schrieb Antonio Gramsci 1929: »Der Pessimismus der Vernunft verpflichtet zum Optimismus des Willens.«[1]

---

1 Brief an seinen Bruder Carlo vom 19. Dezember 1929, *Cahiers de prison*, Paris, Gallimard, 1999 (1978).

Der Christ Péguy sprach von der »Hoffnung, dieser Blume der Schöpfung ... die selbst Gott entzückt«.

Der Bruch, der Widerstand, die Unterstützung der Gegenmächte durch die Völker sind unentbehrlich – egal, auf welcher Ebene. Ob global oder lokal. Theoretisch oder praktisch. Hier oder anderswo. Notwendig sind bewusste, konkrete Aktionen, Aufstände, Landbesetzungen etc. wie die der Bauerngewerkschafter von Ross Béthio, Benin, der Sierra Jotocán in Guatemala oder der Reisbauern von Las Pavas in Kolumbien.

In den Parlamenten, den internationalen Institutionen, können wir radikale Veränderungen durchsetzen: die Vorrangigkeit des Rechtes auf Nahrung festschreiben, Börsenspekulationen auf Grundnahrungsmittel verbieten, die Herstellung von Biotreibstoffen aus Nahrungspflanzen untersagen, das globale Kartell der Kraken des Agrarrohstoff- und Nahrungsmittelhandels zerschlagen, die Bauern gegen das Land Grabbing schützen, die Subsistenzlandwirtschaft im Namen des kulturellen Erbes erhalten und überall auf der Welt in ihre Verbesserung investieren. Die Lösungen sind da, die Waffen zu ihrer Durchsetzung verfügbar.

Was vor allem fehlt, ist der Wille der Staatengemeinschaft.

Doch zumindest im Westen können wir durch Wahlen, freie Meinungsäußerung, die Mobilisierung der öffentlichen Meinung und – warum nicht? – Streik eine radikale Veränderung der Allianzen und politischen Strategien bewirken. In der Demokratie gibt es keine Ohnmacht.

Deutschland ist die lebendigste Demokratie Europas und die vierte Wirtschaftsmacht der Welt. Durch vielfältige Formen politischen Engagements könnte das Volk auf das Parlament einwirken mit dem Ziel, das Börsengesetz zu ändern und die Spekulation auf Grundnahrungsmittel zu verbieten, das Agrardumping der EU und die Einfuhr von Agrotreibstoffen abzuschaffen. Bei der nächsten Sitzung des IWF in Washington könnten wir den deutschen Finanzminister zur Streichung der Auslandsschulden der 50 ärmsten Länder zwingen. Ich wiederhole: Es gibt keine Ohnmacht in der Demokratie, keine Entschuldigung für freie Bürger, nichts zu tun.

Zwischen Maniokpflanzungen und Zuckerrohrfeldern, zwischen familiärem Ackerbau und agroindustriellen Großunternehmen herrscht heute erbarmungsloser Krieg. In Zentralamerika und am Fuß der äquatorialen Vulkane, im sahelischen und im südlichen Afrika, auf den Ebenen des Madhya Pradesh und des indischen Orissa, im Delta des Ganges in Bangladesch – überall mobilisieren, organisieren, widersetzen sich die Bauern, Viehzüchter und Fischer.

Die globale Herrschaft der agroindustriellen Beutejäger bringt vielen Millionen Menschen Not, Hunger und Tod. Dagegen ist der familiäre Nahrungsmittelanbau, vorausgesetzt, er wird staatlich unterstützt und kommt in den Genuss der erforderlichen Investitionen und Betriebsmittel, ein Garant des Lebens. Für uns alle.

In der Präambel der Erklärung, die Via Campesina im März 2011 bei der XVI. Session des UN-Menschenrechtsrates vorgelegt hat, heißt es ergreifend: »Die Bauern und Bäuerinnen stellen fast die Hälfte der Erdbevölkerung. Selbst in der Welt der Hochtechnologie essen die Menschen die Nahrungsmittel, die die Bauern erzeugen. Die Landwirtschaft ist nicht einfach eine wirtschaftliche Tätigkeit, sondern aufs engste mit dem Leben und Überleben auf der Erde verknüpft. Die Sicherheit ihrer Bevölkerung hängt von dem Wohlergehen der Bauern und einer nachhaltigen Landwirtschaft ab. Um das Leben der Menschheit zu schützen, müssen wir die Rechte der Bauern anerkennen und durchsetzen. Tatsächlich bedroht die fortgesetzte Verletzung der Rechte der Bauern das menschliche Leben und den Planeten.«

Die vielen hundert Millionen Menschen, die sich der Vernichtung durch Hunger ausgeliefert sehen, sind auf unsere rückhaltlose Solidarität angewiesen. Nehmen wir uns zu Herzen, was Mercedes Sosa in ihrem wunderbaren Lied erfleht:

Sôlo le pido a Dios
Que el dolor no me sea indiferente,
Que la reseca muerte no me encuentre
Vacía y sola, sin haber
Hecho lo suficiente.

(Nur eines erbitte ich von Gott
Dass der Schmerz mich nicht gleichgültig lasse
Und dass der bleiche Tod mich nicht allein und leer finde,
ohne dass ich getan habe, was notwendig war auf
dieser Erde.)

Danksagung

Erica Deuber Ziegler war entscheidend an der Entstehung dieses Buchs beteiligt. Mit unendlicher Geduld, großer Professionalität und wahrhaft umfassendem Kenntnisreichtum hat sie die etwa zehn sukzessiven Fassungen des Manuskripts gelesen, korrigiert und umgestellt. Olivier Bétourné, der Präsident von Éditions du Seuil, hat als erster die Idee zu diesem Buch gehabt. Er hat die Endfassung persönlich korrigiert und den französischen Titel – *Destruction massive* – gefunden. Seine Freundschaft hat mir sehr geholfen.

Meine Mitarbeiter im Beratungsausschuss des UN-Menschenrechtsrates – Christophe Golay, Margot Brogniart, Ioana Cismas – unterstützten mich bei der Zusammenstellung der Dokumentation. Angespornt von unseren gemeinsamen Überzeugungen, waren mir ihr unermüdliches Engagement und ihre große Sachkenntnis unentbehrlich.

James T. Morris, Jean-Jacques Graisse, Daly Belgasmi haben mir die Türen des Welternährungsprogramms (WFP) geöffnet. Jacques Diouf, der Generaldirektor der FAO, sowie viele seiner Mitarbeiter und Mitarbeiterinnen haben mich großzügig unterstützt.

Pierre Pauli, Statistiker im Statistischen Amt der Republik und des Kantons Genf, half mir, die erdrückende Flut von Zahlen über Hunger und Unterernährung in den Griff zu bekommen.

Im Hohen Kommissariat der Vereinten Nationen für Menschenrechte konnte ich immer auf den scharfsinnigen, umsichtigen und stets vernünftigen Rat von Eric Tistounet zählen, dem Leiter der Abteilung der Vertragsorgane und des Menschenrechtsrats.

Beat Bürgenmeier, der emeritierte Dekan der wirtschaftswissenschaftlichen Fakultät der Universität Genf, und der Bankier Bruno Anderegg haben mich in das komplexe Universum der Börsenspekulation und der Hedgefonds eingeführt.

Francis Gian Preiswerk war siebzehn Jahre lang einer der renommiertesten Trader des transkontinentalen Konzerns Cargill. Er hat mich nicht nur empfangen und eingehende Gespräche mit mir geführt, sondern sich auch bereit erklärt, einige meiner Kapitel zu lesen. In vollkommenem Widerspruch zu praktisch allen meinen Thesen hat er mir geharnischte Briefe geschrieben. Aber seine reiche Erfahrung in der Welt des Handels, seine beruflichen Kenntnisse und seine freundschaftliche Großzügigkeit waren mir eine unschätzbare Hilfe.

Mit vorbildlicher Sorgfalt hat Arlette Sallin die verschiedenen Versionen des Buchs in Reinschrift übertragen.

Kompetent und sorgfältig hat Hainer Kober die Übersetzung aus dem Französischen besorgt. Karl Heinz Bittel hat die deutsche Ausgabe des Buchs kenntnisreich bearbeitet. Sabine Ibach, Johannes Jacob und Fabiola Zecha trugen wertvolle Ratschläge bei. Ihnen allen gilt mein tief empfundener Dank.

Personenregister

Adorno, Theodor W. 19
Agam, Hasmy 219
Al-Amoudi, Mohamed 248 f.
Albright, Madeleine 219, 221 ff.
Alencar, Miguel Arraes de 111 f.
Ali, Ali Tufik 202
Allende, Salvador 107
Altiera, Miguel 210
Amin, Samir 176
Amorim, Celso 218
Angrand, Jean-Charles 80
Annan, Kofi 67, 82, 155, 159, 190, 220 f., 254
Antonio, Sieu 135
Ashton, Catherine 296

Babicka, Maria 122
Bagwali, Dutima 202 f.
Bangura, Martin 252
Barillas, Eduardo Stein 37, 39
Bastide, Roger 135
Bavaud, Bernard 71 f.
Baxter, Joan 250
Belgasmi, Daly 167, 186 f., 189
Bella, Ahmed Ben 165
Bellamy, Carol 217
Ben Ali, Zine el-Abidine 46
Benjamin, Walter 19
Berlusconi, Silvio 80, 82, 197
Bétourné, Olivier 136
Binczak, Pascal 136
Biya, Paul 304
Blair, Tony 82
Blas, Yolanda Areas 41
Bloch, Ernst 19

Bolloré 284, 287 f., 295, 298
Bos, Kurt 88
Bossuyt, Marc 217
Bouteflika, Abdelaziz 80
Brabeck-Letmathe, Peter 229
Branco, Castelo 131
Braun, Joachim von 273
Breton, André 134
Brizola, Leonel 131
Brown, Gordon 277
Bué, Alain 108, 136
Bui, Doan 141
Burghart, Jutta 221
Bush, George W. 159, 179 f., 231

Câmara, Dom Hélder 71, 111, 115
Cardoso, Fernando Henrique 136
Cardoso, Ruth 136
Castro, Anna Maria de 105, 131
Castro, Josué Apolônio de 105 ff., 108, 110 f., 116 f., 126 ff., 132 ff., 181, 208 f., 301
Castro, Sonia de 131
Chalmin, Philippe 262 ff., 272
Churchill, Winston 128
Cismas, Iona 17, 92
Cissokho, Mamadou 77 ff.
Clavreul, Letitia 264 f.
Clinton, Bill 219, 250
Coelho, Italo 111
Corrêa, Luiz Felipe de Seixas 175
Couchepin, Pascal 80

Delpeuch, Francis 30
Demetrio, Demetrius 115

Diallo, Djibrill 292 f.
Dinham, Barbara 210
Diouf, Jacques 212 ff.
Djibo, Salou 57
Dougan, Brady 198
Dramé, Tiébilé 289
Dumont, René 16, 113 f.

Escobar, Jesus Emilio 246
Escobar, Pablo 246

Faye, Adama 265 ff., 291
Ferrari, Sergio 246
Feuerbach, Ludwig 103
Feyder, Jean 78
Fieger, Alexander 91
Flassbeck, Heiner 270, 272 f.
Fragoso, Dom Antônio Batista 71 f.
Frank, Hans 120
Franklin, Benjamin 97
Freyre, Gilberto 134 f., 241

Gaddafi, Muammar al 81
Gandhi, Mahatma 168, 301
Gandur, Jean-Claude 250, 252, 304
García, Lucas 38
Goethe, Johann Wolfgang von 123
Goita, Mamadou 289 f.
Golay, Christopher 17, 149, 202 f., 234
Gold, Gerald 141
Goldsmith, Edward 210
Goldstone, Richard 66
Gonsalves, Colin 152
Goulart, João 131
Graisse, Jean-Jacques 167, 187, 189
Gramsci, Antonio 304
Guevara, Che 304
Gutierrez, Antonio 213

Halliday, Denis 221
Hancock, Graham 210
Hansen, Peter 64
Hessel, Stéphane 66
Hiler, David 277
Himmler, Heinrich 122, 222
Hitler, Adolf 16, 117 f.
Hobsbawm, Eric 79
Hochschild, Adam 125
Horkheimer, Max 19 f.

Horman, Denis 141
Hussein, Saddam 214 f., 218, 220 f.

Islam, Aminul 206 f.
Jabre, Philippe 277
Jilani, Jalil 204 ff.
Joly, Eva 229
Jones, Brian 253
Julião, Francisco 111, 131

Kabila, Laurent 159
Kaiser, Edmond 153
Kaldor, Nicholas 258
Kanu, Vincent 252
Kaufmann, Frederick 271
Keita, Modibo 165
Kerviel, Jérôme 258
Kim, Jim Yong 157

La Rue, Frank 37, 39
Lachat, Anne Héritier 279
Lafontaine, Oskar 270
Lagarde, Christine 157
Lamy, Pascal 157, 168, 172 ff., 213 f.
Lebret, Loui-Joseph 113
León, Bernardino 213
Ley, Robert 119
Linera, Marco Âlvaro García 136
Lula da Silva, Luis Inácio 71, 80, 105,
    238
Lumas, Joyce 201, 206

Mahinou, Nestor 288
Mahon, Claire 17
Maire, Bernard 30
Malaparte, Curzio 120
Malthus, Thomas 19, 97 ff., 110
Mamère, Noël 229
Marck, Klaas 88
Marcuse, Herbert 19
Mazoyer, Marcel 158 f.
Mbeki, Thabo 80
Mello, Sergio Vieira de 190
Menchu, Rigoberta 38
Mende, Tibor 16, 113
Merkel, Angela 46, 194, 197
Millet, Damien 301
Mohapatra, P.K. 169
Molina, Otto Pérez 39 f.

312

Montt, Rios 37
Moose, George 159
Moratinos, Miguel Ángel 213
Morgan, Dan 140, 144
Morris, Jim 187 ff.
Mort, David 91
Movedi, Pizo 244
Mubarak, Hosni 46 f.
Munevar, Daniel 301
Murshid, Muammar 204
Mushid, S.M. 193 f.
Mussolini, Benito 208

N'Dour, Youssou 91
Nasser, Gamal Abdel 165
Nehru, Pandit 169
Nkrumah, Kwame 165
Noblet, Jean-Francois 173
Norberg-Hodge, Helena 210
Nord, Max 125

Obama, Barack 230
Obasanjo, Olusegun 80
Orr, John Boyd 128

Pastré, Olivier 259
Paul VI. 114
Pauli, Pierre 29
Pawar, Sharad 171
Péguy, Charles 305
Piccard, Bertrand 86, 253 f.
Pierre, Abbé 16, 114
Pillonel, Claude 71 f.
Ping, Jean 81
Piot, Peter 28
Pire, Georges 113
Plet, Francoise 136
Popal, Ghulam Rabani 217
Prokopanko, Jim 144
Puri, Hardeep Singh 171
Puri, Manjeev Singh 171

Rahman, Mujibur 203
Rahman, Waliur 203 f.
Ramazzini; Bischof von San Marco 38 f.
Rathle, Philippe 85, 87, 92
Rich, Marc 250
Ricupero, Rubens 158 f.
Robinson, Mary 18, 303

Robles, Miguel 273
Roche, Marc 276
Rodríguez, Rodolfo Reyes 298
Roed, Else Margarete 121
Roosevelt, Franklin D. 128 f.
Rousseff, Dilma 133
Rubin, James 221 f.
Rumsfeld, Donald 231

Sall, Diallo 292 f.
Santos, Juan Manuel 304
Sar, Ibrahima 265
Saravanamuttu, Rane 204
Sarkozy, Nicolas 194, 197
Sartre, Jean-Paul 31
Schumann, Harald 264
Schutter, Olivier De 174, 176 f., 270
Schwab, Klaus 271
Sen, Amartya 302
Senghor, Léopold Sédar 212
Sevan, Benon 216
Sharma, Pravesh 169
Sheeran, Josette 182
Shiva, Vandana 210
Shub, Boris 117
Snyder, Timothy 124
Sosa, Mercedes 306
Soudan, Francois 81
Sponeck, Hans-Christof Graf von 220 ff.
Stalin 125
Stauffenberg, Claus von 222
Stedilé, João Pedro 141
Storella, Mark 190
Strauss-Kahn, Dominique 158

Tanja, Mamadou 57, 155
Thorlby, James 233 f.
Tichenor, Warren W. 190
Torero, Maximo 273
Toussaint, Eric 301

Uribe, Álvaro 246, 304

Vanucci, Paulo 238
Varga, Getúlio 108
Vilgrain, Alain 284 ff., 295, 298
Voorde, Cornelius van der 88

313

Wade, Abdulaye 87, 304
Warschawski, Michel 66
Way, Sally-Anne 17, 149, 202 f., 234
Wiesel, Elie 200
Williamson, John 155

Yayi, Boni 287 f.
Youssef, Abdallah 289 f.

Zaïd, Karen Abou 64
Zapatero, José Luiz 197, 213 f.
Zaru, Davide 295 f.

Sachregister

Addax Bionenergy 249 ff.
AFDL 160
Afghanistan 54, 185
Afrika 45 ff., 60, 76 f., 83, 147, 160, 226, 228 f., 281, 306
Afrikanische Union 185
AGRA (Allianz für eine Grüne Revolution in Afrika) 82
Agrardumping 211, 305
Agrarindustrie 140 f.
Agrarkonzerne, transkontinentale 17, 207
Agrarstoffbörsen 199
Agro-Paris-Tech 158
Agrotreibstoffe → Biotreibstoffe
Ägypten 46 f., 60, 63 f., 250
Al-Badr Mühle 66
Algerien 60, 132
Amazonaswald 238 f.
Amnesty International 68 f., 232
Anämie 51, 64, 121
Anden 192, 226
Andenhochland 76
Angola 247, 298
Angst 12, 25 f., 38, 47, 53
Antibiotika 93
Arbeitslosigkeit 75, 297
Areva; franz. Staatskonzern 57 f.
Armut, extreme 40, 74, 91, 107, 274
Ärzte ohne Grenzen 155
ASCOFAM 114
Aserbaidschan 250
Asien 45, 89, 227, 295
Äthiopien 182, 194, 248
Auschwitz-Birkenau 89, 125, 200 f.
Auslandsschulden 56, 160

Australien 139
Aventis 140

Bamba Thialène 77 ff.
Banco 11
Bandenkriminalität 39
Bangladesch 18, 53, 184, 192 f., 195 f., 202, 206, 268, 297, 306
Bardoli Sugar Factory 242
BASF 141
Basler Ausschuss 198
Bauern 33 ff., 40, 76, 78, 98, 147, 150 f., 236 f., 239, 251 f., 289
Bauerngewerkschaften, transnationale 20, 296, 305
Bauernligen 111 ff., 133
Baumwolle 142 f.
Bayer 141
Belgien 121
Bengalen 168
Benin 286 f., 295
Bergen-Belsen 89
Beriberi 51
Bevölkerungsgesetz 98 ff., 106, 110, 127
Bevölkerungswachstum 101
Bewässerungssysteme 35, 58, 77
Bewegung Emmaus 114
Bildungsinstitutionen 33
Biocom 247
Biodiesel → Biotreibstoffe
Bioethanol → Biotreibstoffe
Biotreibstoffe 225 ff., 235, 240, 244 f., 248 ff., 253 f., 262 f., 269, 305
Blauhelme 32
Blindheit 51, 84
Bodenverarmung 226 ff.

Boia Frios 70 ff., 107, 240
Bolivien 226
Brasilien 70, 76, 106 ff., 133, 143, 214,
 233, 235, 237, 239 f.
Bundesamt für Gesundheit 92

Caboclos 106 ff., 234
Canasta básica 41
Candomblé 135
Cargill 140 ff.
CDC (Camerun Development
 Corporation) 248
Chicago Commodity Stock Exchange
 199, 257
China 67, 113, 227, 230 f., 281
Chiquita 247
Chirurgie, plastische 88, 92
Choral Singing 18, 303
Class Actions 151
Clean-Cloth Campaign 205
CODEN 285
Commissioners 151
Continental 144
Cooperative Society Act 242
Corn Belt 264
COSAN 283
Crédit suisse 198, 282

Dadaab 32
Dakar 199, 226, 266, 285, 293
Darfur 185, 228
Dauerarbeitslosigkeit 27
Demokratie 103, 305
Derivate 259, 261
Deutschland 90, 117, 125, 182, 301
Devisen 75, 161
Dhaka 195, 202 f., 205
Dhangor 204
Diama-Damm 288
DIME (Dense Inert Metal Explosive) 65
Diskriminierung 40, 237
District Controller 148 f., 169
Djakarta 34
Doha-Entwicklungsrunde 167, 174, 176
DOPS (Departamento de Orden Político
 y Social) 133
DPKO 185 f.
Drittes Reich 117, 126
Dschandschawid 32

Dumpingpreise 145, 162
Dünger 77, 105, 140 ff., 163 f., 257
Düngerknappheit 127
DuPont 141

Ekta Parishad 147
El Niño 262
El Salvador 75
Elmhirst-Vortrag 302
Employment and Land Act 164
Engenhos 233 ff., 240, 242
England 97
ENI 247 f.
Entwicklungshilfe 75, 80
Entwicklungsländer 74, 281
Erdöl 268
Ereignisgeschichte 20
Erklärung von Bern; Schweizer NGO 75
Ernährungsdiskriminierung 117
Ernährungssicherheit 237 f., 274
Ernährungssicherung 207
Ernährungssouveränität 34, 237
Erster Weltkrieg 118
Erzeugergewerkschaften 78
Estado Novo 111
EU 81, 276, 296
Europa 88, 117, 126, 181, 203, 301
Exportsubventionen 175

Facing Africa 91
Familienzerfall 40, 268
FAO (Food and Agricultural
 Organization) 16 f., 25, 29 ff., 35,
 44 ff., 50, 60, 63, 75 f., 80, 104, 109,
 130, 181, 189, 208 ff., 214, 236, 241,
 262
Favelas 133
Fazendeiros → Großgrundbesitzer
FCI (Food Corporation of India) 169 ff.
FEE (Europäischer
 Entwicklungshilfefonds) 174
Feed Lots 143
Feitores 70
Finca Alabama Grande 37
Finca Las Delicias 38
FINMA 279
Fome Zero 106
Food and Water Watch 142 f.
Food for Work 183

315

Foodwatch Deutschland 264
Franklin-Roosevelt-Preis 112
Frankreich 90, 126, 132, 214, 284
Frauen, Diskriminierung 47, 48
Freie Produktionszonen 205 f.

Gaïa World Agri Fund 258, 283
Gaza-Blockade 63, 66
Gaza-Getto 187
Gaza-Stadt 63 f.
Gazastreifen 64 ff.
GDS (Grands domaines du Sénégal)
288 f., 293
Genf 277 ff.
Geografie des Hungers 31, 49, 106, 136
Geopolitik des Hungers 110, 117
Georgien 183 f.
Gesetz der Notwendigkeit
→ Bevölkerungsgesetz
Gestapo 125
Gesundheitsdienste 33
Gewalt 36, 39
Ghana 165
Gleinol 247
Gletscher 226 f.
GlobalAgriCap 283
Goldmann-Sachs 261
Golfkriege 214, 219
Golshan 204
Gondar 36
Großbritannien 139, 182
Großgrundbesitzer 39, 70 f., 148 f., 233,
246
Grundnahrungsmittel 66, 105, 162 ff.,
213, 257, 261 ff., 267 ff., 272, 274, 305
Grundnahrungsmittel, Börsenspekulation
17, 139
Grundnahrungsmittel, Preisanstieg 45,
258
Grundnahrungsmittel, Subventionen
105, 161
Guatemala 18, 36 ff., 75, 182, 184, 297
Gujarat 242
Gulags 125
Gwalior 149

Hähnchen-Netz 144
Haiti 75, 106, 162 f., 182, 193, 261
Hazaribagh 153

Hedgefonds 17, 198, 259, 277 ff.
Heuschreckenplage 11 f., 35, 54, 58 ff.,
154
HG Consulting 249
Hilfsaktion Noma 91 f.
Horn von Afrika 196, 269
Human Rights Report 143
Humanitäre Korridore 184
Humanitäre Soforthilfe 181
Hunger, konjunktureller 31 f., 54, 182
Hunger, struktureller 31 f., 54, 74, 182
Hungerkrankheiten 28, 84
Hungerödeme 122
Hungerplan 16, 122
Hungerstrategie 118
Hungertod 14, 26
Hungerwaffe 63, 66

ICDs (Integrated Child Development-
Centers) 170 f.
IFAD (International Fund for Agricultural
Development) 34, 169
IFPRI (International Food Policy Research
Institute) 258, 273
Immigranten 75
Indianapolis Water Company 191
Indien 18, 29, 59, 76, 113, 147 ff., 152,
170 f., 230, 281, 300
Indonesien 269
Informelle Siedlungen 40
Infrastrukturkredite 174
Inputfaktoren 35
Insektizide 59
Integrierte Kette 288
Irak 214 f., 218 f.
Iran 76, 215
IRFED 114
Islamabad 186
Israel 63, 65, 187, 231
IWC International Resources Corporation
190
IWF (Internationaler Währungsfonds) 19,
56 f., 78, 146, 155, 160 ff., 165 f., 172,
207, 305

Jaber-Fonds 261
Jamalpur 204
Japan 144, 301
Jessore 193 f.

JetFin Agro 2010 Conference 280
Jodmangel 52
Johannesburg 154
Juba 282
Juden 16, 121

Kabul 187
Kairo 187
Kalorienbedarf 26, 29
Kalorienmangel 49 f.
Kalorienverteilung 30
Kalter Krieg 104
Kamerun 145, 247, 285
Kampala 81
Kanada 57, 139
Kandahar 186
Kannibalismus 124
Karni 187
Kilokalorien 26
Kim-Dynastie 68
Kinderarbeit 143
Kindersoldaten 193
Kindersterblichkeit 183
Kirchensteuer 101
Klimakatastrophen → Naturkatastrophen
Klimawandel 226
Kohlenmonoxidbestrahlung 143
Kohlenstoffsenken 248
Kolonialismus 129
Kolonisation 110
Kolumbien 244 ff., 305
Kongo 160, 248
Kontrolle, vertikale 144
Konzentrationslager 117, 121
Korruption 46, 55, 68, 170
Kriege 32, 54 f., 126, 217, 184
Kriegsrequirierung 119
Kuweit 214 f.
Kwashiorkor 13, 28, 84, 121
KZ-Häftlinge 16

Lagerbücher 124
Land Grabbing 238, 244, 281 ff., 288, 293, 296 f.
Landflucht 162, 297
Landlords 33
Landraub 17, 253
Landverteilung, ungerechte 39
Landwirtschaft, extensive 107

Landwirtschaftliche
    Genossenschaftsbanken 36
LAP 288
Lateinamerika 40, 89, 92, 136, 162 f., 295
Latifundium 110
LDC (Least Developed Countries) 51
Lebensmittelbestrahlung 143
Lebensmittelblockade 186
Lebensmittelhilfe 167 f.
Lebensmittelkonzerne, transkontinentale
    131, 161 f.
Lebensmittelkrise 270, 281
Lebensmittelpreisbildung 144 f., 261
Lebensmittelrationierung 121
Leerverkäufe 278
LEPI 288
Leverage-Effekt 278
Liberia 55
Litauen 124
London 98
Lonrho 247

Madagaskar 261
Madhya Pradesh 153
Maghreb 47, 59
Malaria 11
Mali 89, 282, 289, 292, 297
Mangelerkrankungen 50, 260
Mangelernährung 13 f., 49 ff., 52 f., 64,
    66, 69, 84, 88 f., 94, 107, 110, 126
Manila 40
Maradi 14
Market-Assisted Land Reform
    (marktgestützte Landreform) 34
Marokko 47, 60, 226
Meat Packer 142
Médecins du monde 90
Mekéle 36
Menschenjagd 67 f.
Menschenrechte 25, 39, 139, 152, 158,
    295
Menschenrechtserklärung 16, 18, 104,
    130
Menschenrechtsrat 189 f., 296 f., 306
Menschenrechtsverletzungen 245
Mexiko 232
Mikronährstoff-Initiative 50
Millennium-Entwicklungsziele 31, 75,
    274

317

Mineralstoffmangel 50, 52
Mongolei 18, 184, 192, 227
Monitoring 211 f.
Monokulturen 110, 284
Monopolisierung 110, 237
Monsanto 140 f.
Mozaïc 142
MSF (Ärzte ohne Grenzen) 14
MST (Bewegung der Landarbeiter ohne
    Boden in Brasilien) 34, 105, 233
Mundparasiten 27
Municipio d'El Tumbador 38
Mut 47
Mutlosigkeit 12

Nachkriegszeit 16
Nahrung für Arbeit 188 f.
Nahrungsmittelraub 119
Nahrungsmittelspekulation 257, 260,
    262, 265, 273, 274, 304 f.
Nahrungsmittelsoforthilfe 195
Napoleonische Kontinentalsperre 120
Narmada-Staudamm 153
National Poverty Line 164
Naturalhilfe 167
Naturkatastrophen 32, 54 f., 78
Nazis 15 f., 89, 117 f., 120, 123 f., 200 f.
Neoliberalismus 139, 157
Nestlé 229
Neu-Delhi 149
Niamey 11, 14, 155
Nicaragua 41
Niederlande 90, 120, 125
Niger 18, 55 ff., 161
Nigeria 88, 185, 282
Nile Trading and Development Inc. 282
Noma 13, 28, 84–93, 121
Noma Children Hospital von Sokoto 88
Nordafrika 88
Nordamerika 301
Nordkorea 67 f., 185
Norwegen 15, 120 f.
Nuer 249
Nyala 32

OAE (Organisation der Afrikanischen
    Einheit) 165
OECD 211, 229, 277
Öffentlicher Dienst, Auflösung 161 f.

Offshore-Fonds 278 f.
OIC (Organisation der Islamischen
    Konferenz) 87
Oil for Food 214 ff., 219 f.
Oligopole 141, 144 f.
Ölpalmen 246 ff.
Opération Sourire 91
Orissa 150 f., 169
Osteuropa 45, 121
Oxfam 160, 185

Pakistan 59, 182, 269
Palmölgewinnung 248, 304
Panafrikanische Plattform der Bauern
    Afrikas 78
Pauschalbesteuerung 276
Pawar, Sharad 147
PDS (Public Distribution System in
    Indien) 168, 171
Pernambuco 132
Peshawar 186
Pestizide 35, 60, 77, 140, 147
Petrobas 235
Pharmakonzerne 94
Philippinen 34
Pioneer 140
Plan Pro-Alkohol 235 ff.
Polen 15, 119, 122, 125
Polizeiterror 46
Pork Packer 143
Port-au-Prince 162 f.
Posseiros 33
Produktivitätsgefälle 35
Profitmaximierung 139
Prostitution 98
Protracted crisis (langwierige Krise)
    54 f.
PTB (Brasilianische Arbeiterpartei) 113,
    131
Public Interest Litigation 152

Quifel Natural Resources 247

Rainfed crops 76
Rajasthan 150
Rassendiskriminierung 117
Rassismus 108
Realimentation 27
Realimentationseinrichtungen 52

318

Recht auf Nahrung 16, 18, 25, 104 f.,
  139, 145 ff., 158 ff., 189 ff., 203, 238,
  270, 272, 295 ff.
Regenwirtschaft 35, 76
Reichsnährstand 118 ff.
Reis → Grundnahrungsmittel
Right to Food Campaign 151 f.
ROPPA 78, 288 f.
Ross Béthio 288, 293
Ruanda 185
Rural poors 33
Russland 124

Saatgutgenossenschaften 78
Saga 11, 13
Sahara 227
Sahelzone 35, 59, 77, 87, 182
Sambia 163, 165, 232
Sanitäreinrichtungen 33
São Paulo 235 f.
Saudi-Arabien 215
Schädigung, hirnorganische 27
Schattenwirtschaft 115
Schulspeisungsprogramme 193 ff.
Schwangerschaftsvorsorge 81
Schwarzafrika 53, 76, 81, 86, 90, 251
Schwarze Diät 118, 122
Schweiz 80 f., 90, 273, 276
Schwellenländer 74 f., 262
Schwester von Saga 14
Selbstmord 53, 147
Senegal 78, 87, 265 ff., 288, 297
Sentinelles 87, 90
Sertão 70
SGS 277
Shaotal 204
Sharecroppers 169
Shivpur 147 ff.
Sibirien 125
Sicherheitsrat 130, 190, 216 f., 220 ff.
Sidamo 194
Sierra Jocotán 49
Sierra Leone 55, 249 ff., 285
Silent hunger 50
Sinopec 250
Skorbut 51
Socapalm 247 f., 304
Somalia 32, 47, 54, 196
SOS-Enfants 91

Sosucam 286
Soweto 154
Sowjetunion 124, 160
Soziale Gerechtigkeit 103
Sozialgesetze 100 f.
Sozialistische Internationale 213
Spanien 46, 214
Spectrum Sweater 205
Spotmarkt 268
Sri Lanka 55
Star Agricultural Development Company
  248
Stateless Global Governance 155
Straßenkinder 115
Strukturanpassungsprogramme 56, 161,
  163
Subprime-Kredite 270
Subsistenzlandwirtschaft 161
Südafrika 52, 153 f.
Sudan 54
Sudan-Sahelzone 47
Südasien 52, 76, 161
Südsudan 185, 281
Swasiland 28
Syngenta 140 f.
SYNPA 288
Syrien 63

Tahrir-Platz 46
Taliban 186
Taschkent 143
TDB (Welthandels- und Entwicklungsrat)
  78
Teheran 215
Teilpächter 33 f., 40
Thailand 144
Torkham Gate 187
Totalliberalisierung 146, 158
Totalprivatisierung 146
Tradax 144
Trinkwasser 33, 66, 228, 252
Trockenzeit 11
Tuaregs 58
Tuberkulose 121 f., 204, 240
Tunesien 46 f.

Überbevölkerung 107
Überbrückungzeit 11
Überschuldungsspirale 36

319

Uganda 55
Ukraine 46, 124
Umbanda 135
Umerziehungslager 67 f.
UNCTAD (Konferenz der Vereinten
    Nationen über Handel und
    Entwicklung) 75, 114, 272 f.
UNDP 55
UNICEF 46, 50, 81, 164, 170, 219, 273
UNO → Vereinte Nationen
UNRWA (United Nations Relief and
    Works Agency in the Near East) 65
Unterernährung 13f, 26, 49, 53, 110,
    127, 66, 67, 85, 90, 94, 98, 147, 150,
    167, 197, 201, 210 f., 216, 260, 265,
    268, 286, 301
Unterernährung, Mütter 81
Unterernährung, pränatale 28
Urban poors 33, 40
US Air Force 186
Usbekistan 143

VAM (Vulnerability Analysis and
    Mapping Unit) 200
Vaqueros 70, 72
VAR-Palmarès 133
Vereinigte Staaten 146, 181 f., 215, 230 f.,
    263 f.
Vereinte Nationen 15 ff., 31, 39, 69, 82,
    87, 104, 127 ff., 185, 196, 288, 303
Vereinte Nationen, Entwicklungspolitik
    157
Versteppung 228
Vertrag von Paris 97
Via Campesina; internationale
    Bauerbewegung 34, 41, 176, 244, 292,
    296, 306
Vier Freiheiten 128
Vietnam 182
Vitamin-A-Mangel 51
Völkerrechtsnormen 103
Volksreligionen 135

Waisenhäuser 45 f.
Wanderarbeiter 33 f.
Wassermangel 229
Weißrussland 15
Weizen → Grundnahrungsmittel
Weltagrarhandel 139
Weltagrarmärkte, Liberalisierung 145
Weltbank 40, 58, 74, 91, 146, 155, 157,
    253, 268 f., 274 f., 295
Weltlandwirtschaft, Produktivität 146
Weltsozialforum 285
Weltumweltkonferenz 133
Westeuropa 46
Westsudan 185
WFP (UN-Welternährungsprogramm)
    11, 16 f., 32, 68, 104, 155, 167 f.,
    181 ff., 190, 196 f., 199, 206, 214,
    221
WFP, strategisches Zentrum 200
WHO (Weltgesundheitsorganisation) 26,
    51, 91, 94, 130, 217, 228 f.
Wiedergutmachungsmaßnahmen 151
Winds of Hope; Schweizer Stiftung 85,
    91 f.
WMO (Weltorganisation für
    Meteorologie) 76
WTO (Welthandelsorganisation) 19, 78,
    146, 155, 157 f., 167 f., 171 ff., 207,
    213

Zentrale Nahrungsdepots 184
Zigeuner 16, 121
Zinkmangel 52
ZTE Agribusiness Company Ltd 248
Zuckerrohr 235 ff., 239 ff., 248 ff.
Zugtiere 76
Zwangsarbeit 69
Zwangsvertreibungen 245
Zweite Welternährungkonferenz 212
Zweiter Weltkrieg 15, 103, 125, 158
Zweites Vatikanisches Konzil 114